魏晋南北朝研究

第2辑

中国社会科学院古代史研究所魏晋南北朝史研究室 编
戴卫红 主编

庆祝中国社会科学院古代史研究所建所七十周年

GUANGXI NORMAL UNIVERSITY PRESS
广西师范大学出版社
·桂林·

魏晋南北朝史研究
WEI-JIN NAN-BEI CHAO SHI YANJIU

出版统筹：汤文辉
出 品 人：乔祥飞
责任编辑：杨　磊
责任技编：王增元
封面设计：田　洁

图书在版编目（CIP）数据

魏晋南北朝史研究. 第 2 辑 / 中国社会科学院古代史研究所魏晋南北朝史研究室编 ; 戴卫红主编. -- 桂林 : 广西师范大学出版社, 2024. 9. -- ISBN 978-7-5598-7160-2

Ⅰ. K235.07-53

中国国家版本馆 CIP 数据核字第 2024N9K658 号

广西师范大学出版社出版发行
（广西桂林市五里店路 9 号　邮政编码：541004
网址：http://www.bbtpress.com）
出版人：黄轩庄
全国新华书店经销
三河市三佳印刷装订有限公司印刷
（河北省三河市杨庄镇杨庄村　邮政编码：065200）
开本：710 mm × 1 000 mm　1/16
印张：19　　字数：281 千
2024 年 9 月第 1 版　　2024 年 9 月第 1 次印刷
定价：198.00 元

目 录

郑玄祭地说析义

中国人民大学历史学院　赵永磊

摘　要：郑玄祭地说以方泽、北郊为二说及社稷说为内核，郑玄方泽、北郊为二说的提出，在于《周礼》经文的内在罅隙，方泽、北郊所祭神祇则全据纬书。社稷祀地祇，而非勾龙、后稷等人鬼神，郑玄也是依托纬书。郑玄祭地说的分疏，较之其六天说的讨论，具体研究理路较为固定化，经书、纬书的衔接并未浑然形成一体，反而更多呈现出以纬书解经的特征。

关键词：郑玄；祀地说；《周礼》；纬书；汉魏礼学

学界有关郑玄祭地说的研究，间嶋润一已有相关的讨论。[①]特就郑玄郊社祭礼模式而言，仍有更进一步探究的必要。《大唐开元礼·序例》引郑玄云："祭地有二，一是大地昆仑为皇地祇，则《宗伯》黄琮所祭者；一是帝王封域之内，谓之神州，则两圭有邸所祭者。"[②]此说综括郑玄立说之要旨，

① ［日］间嶋润一：《鄭玄と「周礼」：周の太平国家の構想》，东京：明治书院，2010 年，第 266—282 页。

② 《大唐开元礼》卷一《序例上》，民族出版社，2000 年，第 16 页。

不过郑玄以祭社稷也属祀地的范畴。如《周礼·春官·大司乐》:"乃奏大蔟,歌应钟,舞《咸池》,以祭地示。"郑玄注:"地祇,所祭于北郊,谓神州之神及社稷。"[①]故探讨郑玄祀地说,不妨分疏方泽、北郊为二说及社稷说如次。

一、郑玄方泽、北郊为二说

汉武帝元鼎四年(前113)于汾阴立后土祠,与甘泉太一相对,后土遂为最高地祇。[②]至汉平帝元始五年(5),立北郊,祀皇地后祇。[③]东汉光武帝中元元年(56)立北郊,祀后土神祇。[④]而在郑玄礼说中,地祇有二,且后土并非地祇,这与东汉皇帝祭礼略有分殊。

郑玄方泽、北郊为二说的提出,在于《周礼》经文内在不统一。《周礼·春官·大宗伯》:"以黄琮礼地。"[⑤]《周礼·春官·典瑞》:"两圭有邸以祀地,旅地望。"[⑥]祭地用玉不同,故郑玄以前者礼地指夏至祀昆仑之神,后者"祀地"指祀北郊神州之神;《周礼·春官·大司乐》:"乃奏大蔟,歌应钟,舞《咸池》,以祭地示。"下文又云:"夏日至,于泽中之方丘奏之,若乐八变,则地示皆出,可得而礼矣。"[⑦]同为祭地祇,用乐不同,故郑玄释前者为北郊神州之神,后者为昆仑之神。

郑玄析昆仑、神州为二,议者以为郑玄有强分之嫌,礼地用玉不同,当

---

① 《周礼注疏》卷二二《春官·大司乐》,艺文印书馆,2001年,第340页。

② 李零、唐晓峰:《汾阴后土祠的调查研究》,《九州》(第4辑),商务印书馆,2007年,第6页。

③ 《汉书》卷二五《郊祀志下》,中华书局,1962年,第1268页。

④ 《后汉书·续汉书·祭祀志中》,中华书局,1965年,第3181页。神祇名号,见《后汉书·续汉书·祭祀志上》,第3157页。

⑤ 《周礼注疏》卷一八《春官·大宗伯》,第281页。

⑥ 《周礼注疏》卷二〇《春官·典瑞》,第314页。

⑦ 《周礼注疏》卷二二《春官·大司乐》,第340、342页。

即“黄琮以礼地，两圭以自执”，不当析而为二。[①]而郑玄则细绎《周礼》经文的细微差异，离析为二。郑玄以方泽所祀地祇为昆仑之神，所据者即纬书。纬书以昆仑为地中，《河图括地象》：“地中央曰昆仑。”[②]“昆仑者，地之中也”[③]，郑玄据此推论方泽所祀即昆仑之神。而《河图括地象》又载：“昆仑之墟，下洞含石，赤县之州，是为中则。东南神州曰晨土，正南迎州曰深土，西南戎州曰滔土，正西弇州曰并土，正中冀州曰白土，西北柱州曰肥土，北方玄州曰成土，东北咸州曰陷土，正东扬州曰信土。”[④]神州在《河图括地象》中不过是九州之一，郑玄独以北郊所祀地祇为神州之神，推究其故，或当与帝王居神州相关，《河图括地象》载“昆仑东南，地方五千里，名曰神州。其中有五山，帝王居之”[⑤]，而战国邹衍以“中国名曰赤县神州”[⑥]，也为其中重要因素。

在郑玄礼说中，地祇也具有辰象。郑玄以“祭地方泽，象后妃”[⑦]，后妃即“后妃四星”[⑧]。《孝经援神契》载“辰极横，后妃四星从（纵），端大妃光明”[⑨]，据“后妃四星”所处方位，可知“后妃四星”即《史记·天官书》所载“后句四星”[⑩]，亦即钩陈四星，与北极星所在帝星纵横相对。（图1）

---

① 杨复：《杨复再修仪礼经传通解续卷祭礼》卷六《地示篇·祭后土地示礼》，“中研院中国文哲所”，2011年，第303页。

② ［日］安居香山、［日］中村璋八辑：《纬书集成》，河北人民出版社，1994年，第1089页。

③ 《太平御览》卷三六《地部一》引《河图括地象》，中华书局，1960年，第171页。

④ ［日］安居香山、［日］中村璋八辑：《纬书集成》，第1089—1090页。

⑤ ［日］安居香山、［日］中村璋八辑：《纬书集成》，第1089页。

⑥ 《史记》卷七四《孟子荀卿列传》，中华书局，2014年，第2848页。

⑦ 《周礼注疏》卷二七《春官·神仕》，第423页。

⑧ 《礼记正义》卷七《檀弓上》，艺文印书馆，2001年，第125页。

⑨ 《史记》卷二七《天官书》索隐引，第1540页；《礼记正义》卷七《檀弓上》疏引，第120页。

⑩ 《史记》卷二七《天官书》，第1539页。

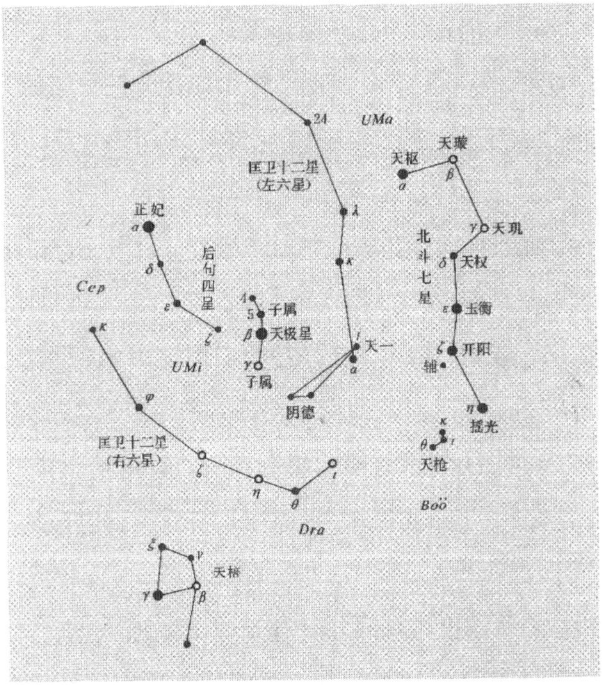

图1 《史记·天官书》北极诸星位置示意[①]

郑玄不以地祇为后土，反据纬书引入昆仑之神、神州，似属不经之论，故孙诒让《周礼正义》以为："神州之说，出于图纬，其言不经。以义求之，北郊之祭卑于方丘，当祭后土，后土为五示之一，犹之南郊祭苍帝为五帝之一也。"[②]由于《周礼》经文已言及"后土"，如《周礼·春官·大宗伯》"王大封，则先告后土"[③]，又如《周礼·春官·大祝》"建邦国，先告后土，用牲币"[④]，有此两者，可知在《周礼》经文中后土并非地祇，故后土与"礼地""祀地"并存，故郑玄释前者"后土"为"土神也。黎所食者"，即"五祀之土神"（此用孙诒让语）[⑤]，后者土神即"社神也"。

---

① 潘鼐：《中国恒星观测史》，学林出版社，2009年，第105页。

② 〔清〕孙诒让：《周礼正义》卷三九《春官·典瑞》，中华书局，1987年，第1587页。

③ 《周礼注疏》卷一八《春官·大宗伯》，第285页。

④ 《周礼注疏》卷二五《春官·大祝》，第389页。

⑤ 〔清〕孙诒让：《周礼正义》卷三五《春官·大宗伯》，第1419页。

祭方泽时日，《周礼》有明文可据。《周礼·春官·大司乐》：“凡乐，函钟为宫，大蔟为角，姑洗为徵，南吕为羽，灵鼓灵鼗，孙竹之管，空桑之琴瑟，《咸池》之舞，夏日至，于泽中之方丘奏之，若乐八变，则地示皆出，可得而礼矣。”[①]据其中“夏日至，于泽中之方丘奏之”，可知祭方泽在夏至。而北郊则未详，郑玄亦未作推论。北郊祭祀时日，东汉光武帝以正月祀北郊，东晋顾和、梁崔灵恩《三礼义宗》、唐孔颖达《礼记正义》均以为在正月，[②]贾公彦《周礼疏》以为在七月，与南郊正月相对。[③]

方泽、北郊配享问题，郑玄未明文言之。《周礼·地官·牧人》有“阳祀”“阴祀”之说，汉平帝元始五年王莽祭祀天地说，取《周礼·春官·大司乐》有祭“先祖”“先妣”之文，创造出“先祖配天”“先妣配地”的制度，[④]这也与郊天属阳祀、祭地属阴祀说契合。而孔颖达《礼记正义》则以为“后稷配天南郊，又配地北郊”，“周人以喾配圜丘，亦当配方泽也”[⑤]，即南郊与北郊相对，配祀先祖相同，而圜丘与方泽相对，配享先祖亦不异。

二、郑玄社稷为地祇说

汉平帝元始五年王莽奏议，建言立官社、官稷，以“社者，土也”，“稷者，百谷之主”，并以夏禹、后稷分别配食。[⑥]东汉光武帝建武二年（26）

---

① 《周礼注疏》卷二二《春官·大司乐》，第 342 页。

② 〔清〕孙诒让：《周礼正义》卷三九《春官·典瑞》引，第 1587 页；《礼记注疏》卷五《曲礼下》，第 97 页；《旧唐书》卷二一《礼仪志一》引，中华书局，1975 年，第 826 页。

③ 《周礼注疏》卷二〇《春官·典瑞》，第 314 页；《周礼注疏》卷二二《春官·大司乐》，第 343 页。

④ 《汉书》卷二五《郊祀志下》，第 1265—1266 页。

⑤ 《礼记正义》卷五《曲礼下》疏，第 97 页。

⑥ 《汉书》卷二五《郊祀志下》，第 1269 页。

立太社稷于宗庙之右，[1]而史料缺载其所祀神祇。社稷之神，《左传》略言之。《左传》昭公二十九年（前513）载蔡墨言："共工氏之子曰勾龙，为后土，……后土为社；稷，田正也。有烈山氏之子曰柱为稷，自夏以上祀之。周弃亦为稷，自商以来祀之。"[2]据《左传》此说，社祭勾龙，而稷在夏以上所祀神祇为柱，商以后祀周弃为稷，故贾逵、马融、许慎、王肃等据此以"社祭勾龙，稷祭后稷，皆人鬼也"[3]。

若依贾逵等人之说，社稷所祀为勾龙、后稷等神祇，则社稷之祀不当在祭地祇之列。而郑玄《周礼·春官·大宗伯》注则以为："社稷，土谷之神，有德者配食焉。共工氏之祀曰句龙，食于社；有厉山氏之子曰柱，食于稷。汤迁之而祀弃。"[4]郑玄中"共工氏之祀曰句龙，食于社；有厉山氏之子曰柱，食于稷。汤迁之而祀弃"，此即本诸《左传》而为说，与贾逵、马融、许慎等无别，而郑玄以"社稷，土谷之神"，"句龙以有平水土之功，配社祀之；稷有播五谷之功，配稷祀之"[5]，即以社稷为"土谷之神"，此与王莽说相类，而以人鬼神勾龙、后稷配食社稷，此与贾逵等人之说殊异。

郑玄以社稷为"土谷之神"，贾公彦以郑玄据《孝经援神契》"社者，五土之总神；稷者原隰之神。五谷稷为长，五谷不可遍敬，故立稷以表名"而为说，[6]此说甚是。郑玄释社稷神祇既据纬书立说，其《驳五经异义》又据《周礼》《毛诗》申明之。《周礼·春官·大宗伯》："以血祭祭社稷、五祀、

---

① 《后汉书·续汉书·祭祀志下》，第3200页。

② 《春秋左传正义》卷五三"昭公二十九年"条，艺文印书馆，2001年，第925页。

③ 贾逵、马融、王肃说，见《礼记正义》卷二五《郊特牲》疏引，第490页。许慎说见《说文解字》，第3页。参见〔汉〕许慎撰，〔汉〕郑玄驳，〔清〕陈寿祺疏证：《五经异义疏证》，上海古籍出版社，2012年，第30、32页。

④ 《周礼注疏》卷一八《春官·大宗伯》，第272页。

⑤ 郑玄此说，见《礼记注疏》卷二五《郊特牲》疏引，第490页。

⑥ 《周礼注疏》卷一八《春官·大宗伯》疏引，第272页。

五岳，以狸沉祭山林、川泽。”[①]郑玄《驳五经异义》据血祭之次第，以为“《宗伯》以血祭祭社稷、五祀、五岳。社稷之神若是勾龙、柱弃，不得先五岳而食”[②]，即社稷非人鬼神可知。郑玄又据《周礼·地官·大司徒》所载五土之名（山林、川泽、丘陵、坟衍、原隰）以及《周礼·春官·大司乐》“五变而致介物及土祇”，以为“土示，五土之总神，即谓社也”，即郑玄以社即五土之神。

《周礼·春官·大司乐》所载六乐，土祇、象物而外，川泽、山林、丘陵、坟衍则与《周礼·地官·大司徒》五地相合，但未言及原隰，郑玄以为“六乐于五地无原隰，而有土祇，则土祇与原隰同用乐也”，并又据《毛诗·小雅·信南山》“昀昀南山”[③]“黍稷彧彧”，以为“原隰生百谷，稷为之长。然则稷者原隰之神，若达此义，不得以稷米祭稷为难”[④]。即郑玄以原隰与土示用乐同，而稷为百谷之长，且生在原隰，故稷即百谷之神。据以上可知，郑玄释社稷为“土谷之神”，而非贾逵等人所谓人鬼神，乃先据纬书立意，而后准以《周礼》《毛诗》证成之，并未拘泥于《左传》之文。

郑玄郊丘为二说，主要包括圜丘、南郊为二说，方泽、北郊为二说。郑玄圜丘、南郊为二说的提出，《周礼》经文内在不统一固然为重要因素，其最为重要的特征是有机融合经书、纬书为一体，且六天帝呈现出辰象、天神同体的特色。[⑤]郑玄祀地说以方泽、北郊为二说及社稷说为内核（见表1），郑玄方泽、北郊为二说的提出，同样也在于《周礼》经文的内在罅隙，而方泽、

---

① 《周礼注疏》卷一八《春官·大宗伯》，第272页。

② 〔汉〕许慎撰，〔汉〕郑玄驳，〔清〕陈寿祺疏证：《五经异义疏证》，第32页。

③ 按，郑玄所引《诗》，文字与今本《毛诗》同，而《周礼·地官·均人》郑玄注“旬，均也，读如‘畇畇原隰’之畇”，与《毛诗》文字微异，清人吕飞鹏《周礼补注》以为郑玄所据者盖属《韩诗》。〔清〕吕飞鹏：《周礼补注》卷二，清道光二十九年（1849）吕氏立诚轩刻本，第29叶。

④ 以上见〔汉〕许慎撰，〔汉〕郑玄驳，〔清〕陈寿祺疏证：《五经异义疏证》，第32页。

⑤ 赵永磊：《缔造六天帝：昊天上帝、五精帝与郑玄郊社立说探赜》，《文史》2023年第3辑，第17—40页。

北郊所祭神祇则全据纬书。与此相类，社稷祀地祇，而非勾龙、后稷等人鬼神，郑玄也是依托纬书。郑玄祭地说的分疏，较之其六天帝说的讨论，具体研究理路较为固定化，经书、纬书的衔接并未浑然形成一体，反而更多呈现出以纬书解经的特征。

表1　郑玄祭地说

祭祀时日	郊社	神祇	用玉	配祀
夏至	方泽	昆仑	黄琮	—
正月（孔颖达说） 七月（贾公彦说）	北郊	神州	两圭有邸	—
未详	社稷	土谷之神	—	勾龙配社，后稷配稷

杜恕的《体论》与杜预的《春秋》学[①]

韩国圆光大学历史教育系　［韩］金锡佑

摘　要：杜恕的学术思想集中反映在《体论》中，“体”指具体的实践规范，包括君臣应该遵守的言行规范，以及进行政治、法治、军事活动时要遵守的原则等。《体论》的思想源于《左传》，杜预继承了父亲杜恕的这一思想，试图在《左传》中寻求“春秋大义”，由此开拓了解释《左传》的史学研究方法。因此，杜预的学问从狭义上讲，发展了父亲杜恕的学术思想；从广义上讲，反映了曹魏时期重视“本体”的时代精神。

关键词：杜恕；《体论》；杜预；《春秋》学

在《春秋左传补疏》中，清朝学者焦循（1763—1820）主张西晋学者杜预为乱臣贼子，曲解《春秋》。[②]另一位清朝学者丁晏（1794—1876）指责杜

---

① 这篇论文收录在金锡佑：《두예 춘추학에 대한 새로운 이해—‘보정체제’의 관점에서 본 두예 학문 》（《对杜预〈春秋〉学的新理解——基于“辅政体制论”的观点看杜预学问》），首尔：一潮阁，2019 年。

② 〔清〕焦循撰，郭晓东等点校：《春秋左传补疏》，上海古籍出版社，2016 年。

预窃取了汉代学者的《左传》注释。[①]但是比起批判杜预的伦理问题，现代的《左传》学者一般更倾向于称赞他的学术优秀性。日本学者川胜义雄评价说，杜预的《左传》研究是非常科学和实证的。[②]在如此相反的评价中，哪一个更妥当呢？为了解开这些疑问，笔者认为有必要了解杜预学问的思想背景。但到目前为止，关于杜预学问思想背景的研究较少，这可能是因为杜预的青年时代几乎没有记录。从杜预本传来看，自从他三十六岁成为官员后，才出现了有关他的记录。但是，关于他的祖父和父亲有很多记录。祖父杜冀（163—224）是曹魏的河东郡太守，广发学问，为“河东学”兴盛作出了贡献。父亲杜恕（198—252）在曹魏历任了黄门侍郎和幽州刺史等多个官职。他收录在《三国志》中的上疏文表现出他对各种悬案的渊博的知识和洞察力。叔父杜宽是撰写过《礼记》和《春秋左氏传》解说书的经学家。笔者认为，这些家族的学者对年轻时的杜预产生了影响。

但是到目前为止，没有人从家学角度讨论过杜预的学问。笔者认为这里有两个因素。首先，相关资料不够充分。其次，正如焦循所言，杜预被认为是不孝和不忠的人物，所以很难说家人的学问对他产生了影响。但笔者认为，要想理解杜预的人生观和学问思想，有必要特别关注父亲杜恕的作用。第一个理由是笔者认为杜预继承了父亲杜恕的人生观，第二是因为杜恕撰写的《体论》构成了杜预学问的思想背景。到目前为止，还没有研究通过杜恕的学问来理解杜预的《春秋》学。从这一点看，可以说是理解杜预学问的新尝试。

一、杜恕与杜预

年轻时杜预的身边有两个《左传》学家。一个是他的叔父杜宽，另一个是被称为曹魏“儒宗”的乐详。杜预的祖父杜畿提拔了乐详，并使他掀起了

---

① 何晋：《〈左传〉贾服注与杜注比较研究》，载袁行霈主编《国学研究》（第4卷），北京大学出版社，1997年。

② ［日］川胜义雄：《史学論集》，东京：朝日新闻社，1973年，第94页。

"河东学"。曹魏时期乐详是拥有数千名弟子的大儒。他还是撰写《左氏乐氏问七十二事》的《左传》学者。[①]乐详后来在朝廷颂扬了杜畿的功德。得益于此，杜畿的孙子杜预以三十六岁的年龄登上了官位。

像这样，小时候杜预身边有杜宽和乐详两位《左传》学者。但是关于他们对杜预的《左传》学问产生了怎样的影响，并没有资料保留下来。笔者注意到，杜宽和乐详的人生与杜预非常不同。杜宽是离世隐居的学者，他直到四十二岁去世为止都没有官职。他被形容为"清虚玄精"。乐详虽然登上了官位，但由于没有特别的能力，所以没能登上高位。他"学优能少……竟不出为宰守"[②]。这两个人的人生，与既是学者又是卓越官吏的杜预形成了很大的对比。除了《左传》学家这一点，杜宽、乐详和杜预之间很难找到任何相似之处。因此，可以说两人对杜预的影响并不大。

父亲杜恕却不同。他是著有《体论》和《兴盛论》的重要学者，同时也是历任散骑黄门侍郎、幽州刺史等各种官职的有能力的官员。他留下的各种上奏文充分体现了他对政治悬案的高度见解，这种面貌与西晋时代作为官员和学者活跃的儿子杜预的人生面貌非常相似。从这一点来看，可以想象父亲才是对杜预影响最大的人。

笔者想进一步了解杜恕的官僚生活和政治立场。杜恕虽然当了官，但与权力集团保持距离，没有加入特定党派。这一点也酷似儿子杜预。杜恕"推诚以质，不治饰，少无名誉"[③]。另外，他"父忧行丧，在礼多愆，孝声不闻"[④]。不知是不是因为这样的品德，杜恕没有与那些汲汲声名的浮华派官员进行交流。他的品性被认为与浮华派的名士李丰（？—254）形成鲜明对比，直到浮华派从中央官界中退出的曹魏明帝太和六年（232），他才进入中央政府

---

① 《三国志》卷一六《杜恕传》，中华书局，1959 年，第 507 页。

② 《三国志》卷一六《杜恕传》，第 507 页。

③ 《三国志》卷一六《杜恕传》，第 498 页。

④ 〔清〕严可均校辑：《全三国文》卷四二，《全上古三代秦汉三国六朝文》（第 2 册），中华书局，1958 年，第 1292 页。

成为官员。七年后的明帝景初三年（239），浮华派官员重返中央政府，这次杜恕离开京城成为弘农郡太守。

即使他不与浮华派站在一边，他也不是浮华派的政敌司马懿的党派。他声称自己不是甲党，也不是乙党，“余处甲乙之间，幸无毁誉耳”[①]。因此，明帝景初元年（237），皇帝制定考课法，试图牵制浮华派官员时，杜恕却反对，他声称那样的措施有损于君臣间的和谐关系。[②]他不是追求特定党派的利益，他只是“在朝，不结交援，专心向公”[③]。

杜恕的这种政治处事方式与杜预非常相似。杜预在西晋政府中担任了八年度支尚书，并作为镇南大将军指挥了灭吴战争。杜预对“公家之事，知无不为”[④]。他在处理许多政务时，“务崇大体”[⑤]。杜预并不属于特定的政治党派，这一点和他的父亲一样。有的学者把杜预列为西晋时期政界的“玄学派”[⑥]，但是没有发现他介入政治斗争的痕迹。西晋武帝泰始五年（269），杜预提出法案时，他只提出了“去人而任法，则以伤理”[⑦]的原则，没有任何政治意图。他的这种主张与曹魏时期反对实行考课制的杜恕非常相似。

考虑到这些相似之处，可以推测出杜恕的哲学与人生对儿子杜预产生了很大的影响。同样，可以认为杜恕的学问对杜预年轻时思想的形成产生了很大影响。但是有一个阻碍这种想法的问题，就是焦循的主张，他认为杜预是背叛父亲杜恕的不孝子。根据他的说法，杜恕是被司马懿杀死的，因此与司马氏政权携手的杜预是背叛父亲的不孝子。焦循的这种主张是否妥当呢？

---

① 〔清〕严可均校辑：《全三国文》卷四二，《全上古三代秦汉三国六朝文》（第2册），第1292页。

② 《三国志》卷一六《杜恕传》，第501页。

③ 《三国志》卷一六《杜恕传》，第498页。

④ 《晋书》卷三四《杜预传》，中华书局，1974年，第1031页。

⑤ 《晋书》卷三四《杜预传》，第1026页。

⑥ 王晓毅：《儒释道与魏晋玄学形成》，中华书局，2003年，第223页。

⑦ 《晋书》卷三四《杜预传》，第1026页。

二、杜恕与司马懿

据《晋书》卷三四《杜预传》记载，杜预“其父与宣帝不相能，遂以幽死”。关于杜恕之死与司马懿有关的主张，就是以该史料为依据的。清代学者焦循据此，把与司马党联手的杜预贬为悖伦之子。有人曾提出这样的解释有些过分。[①]为了解释这个问题，笔者先整理了杜恕的行迹。（表1）

表1　杜恕行迹

时间	主要事件
献帝建安三年（198）	杜恕出生
文帝黄初四年（223）	父亲杜畿死亡。袭爵为戴侯
明帝太和六年（232）以后	散骑黄门侍郎 ①232年上疏：批判明帝法家的统治 ②232年上疏：反对刺史兼领军队 ③237年上疏：反对考课法施行
齐王芳景初三年（239）	弘农郡太守
正始年间（240—247）	赵相→河东郡太守→淮北督军护军→御史中丞
正始九年（248）	幽州刺史，建威将军、使持节、护乌桓校尉
嘉平元年（249）	剥夺官职，流配章武郡
嘉平四年（252）	死亡

232年的上疏文[②]记载了理解杜恕和司马懿关系的重要线索。在这篇文章中，杜恕批评了当时的选举，提到了司马懿的五弟司马通被司隶校尉辟召的事情。他批评说，对辟召司马通这样“狂悖”的人保持沉默，比行贿买官更不对。[③]

---

① 夏平：《焦循诋毁杜预及其〈春秋经传集解〉辨》，《急就二集》，中华书局香港分局，1978年。

② 《晋书》卷三四《杜预传》，第1025页。

③ 《三国志》卷一六《杜恕传》，第504页。

当时官员们保持沉默的原因可能是害怕司马懿的权力。因此，杜恕上疏批评选举就是针对司马懿。如果司马懿对杜恕怀恨在心，可能就是因为这件事。

但是十七年后，齐王芳嘉平元年（249）杜恕被剥夺官职的事情与司马懿无关。杜恕在一年前的齐王芳正始九年（248）赴任了幽州刺史，当时斩首了越过关塞的鲜卑大人的孩子。杜恕没有向上级报告这一事实，因此受到了征北将军程喜的弹劾。此后，杜恕被押送至廷尉，考虑到其父杜畿的功劳，被削去官职，“免为庶人”，此后被流放到章武郡。

早在248年杜恕赴任幽州刺史时，尚书袁侃就劝告杜恕小心程喜。程喜在明帝时期担任青州刺史时，曾陷害过郡太守田豫。但是，性格大胆的杜恕没有听从这样的警告。杜恕“倜傥任意，而思不防患，终致此败”[①]。但是《杜氏新书》中出现了有趣的记录。当时，程喜在弹劾杜恕之前曾试图笼络他，但杜恕拒绝了，杜恕回答说：“杀胡之事，天下谓之是邪，是仆谐也，呼为非邪，仆自受之。”[②]最终，怀柔提案被拒绝的程喜严格依照法律弹劾了杜恕。根据该记录，如果杜恕接受了程喜的怀柔，那么他就可以免于弹劾。如果下定决心消灭杜恕的罪魁祸首是司马懿的话，真的会发生这样的事情吗？

但是余嘉锡主张《杜氏新书》的记录并不可信。他认为，杜预的后代在编纂这本书时，故意删除了与司马懿有关的内容。虽然裴松之也照原样引用了被删除的记录，但余嘉锡还是主张，实际上杀害杜恕的罪魁祸首是司马懿。[③]曹道衡等人却对余嘉锡的主张提出了反对意见。其理由有以下两点：第一，杜氏家族的后代是否编纂了《杜氏新书》尚不明确；第二，作为刘宋时代的注释家，裴松之没有理由为了杜预家族隐瞒与司马懿相关的历史事实。从常识上看，如果杜恕真的被司马懿杀死，杜预在结束父亲的三年丧事后，就马上与司马懿二女儿高陆公主结婚，这实在令人无法接受。从司马氏一方

① 《三国志》卷一六《杜恕传》，第506页。

② 《三国志》卷一六《杜恕传》，第506页。

③ 〔南朝宋〕刘义庆著，〔南朝梁〕刘孝标注，余嘉锡笺疏，周祖谟等整理：《世说新语笺疏》，上海古籍出版社，1993年，第293页。

的立场来看，也没有必要让有仇的杜预当女婿。[①]笔者认为，曹道衡的上述主张具有很大的说服力。因此，笔者很难接受余嘉锡认为《杜氏新书》有故意删除司马懿相关记录的主张。因此，根据目前留下的记录，笔者认为杜恕的死亡与司马懿没有直接关系是合理的。

249年司马懿发动政变掌握权力后，他有权阻止杜恕流放，实际上他并没有这么做。这也不能说导致杜恕死亡的责任人是司马懿。正因为如此，杜预在三年父丧结束后，立即与司马懿的女儿结婚，成为了“尚书郎”。而且，即使杜预进入了司马氏政权，他也没有在继承父亲的人生观和哲学上经历任何心理矛盾。

三、《体论》的构成

本章主要探讨杜恕的学问思想。作为学者，杜恕并不是很受关注。[②]他晚年著述了《体论》八节，《兴性论》一篇。[③]249年，杜恕被流放到章武郡，在那里又生活了三年后死亡。看来他所著上述文章正在这段时间。清代严可均编辑的《全三国文》卷四二中，辑佚了《体论》的一部分，还剩下几句《兴性论》。《隋书》卷三四《经籍志》记载，杜恕的著作有《体论》和《笃论》两篇。[④]据说，这里的《笃论》是东晋时期编纂的书，因为杜恕著述的《兴性论》位于该书的最前面，所以杜恕被记录为《笃论》的编纂者。[⑤]

据说《体论》在唐末亡佚了。严可均在《群书治要》中收集了六千多

---

① 曹道衡、沈玉成：《杜预为司马氏婿》，《中古文学史料丛考》，中华书局，2003年。

② 林校生：《杜恕傅玄与魏晋的儒学人生论》，《华侨大学学报》（哲学社会科学版）1998年第4期；孔毅：《礼与杜恕〈体论〉》，《重庆师范大学学报》（哲学社会科学版）2007年第3期。

③ 《三国志》卷一六《杜恕传》，第507页。

④ 《隋书》卷三四《经籍志》子部：“《杜氏体论》四卷，魏幽州刺史杜恕撰。”（中华书局，1973年，第998页）“梁有《笃论》四卷，杜恕撰。”（第1006页）

⑤ 韩格平主编：《魏晋全书》（第2册），吉林文史出版社，2006年，第151页。

字（《君》《臣》《行》《政》《法》《听察》等六篇）、《太平御览》中的一部分（《言》与《用兵》二篇），还有《意林》的《自叙》等，并集成了《体论》。[1]辑佚的《体论》一共有八篇。其内容由《君第一》《臣第二》《言第三》《行第四》《政第五》《法第六》《听察第七》《用兵第八》的顺序构成。对于书的构成和《体论》这一书名的意义，在《杜氏新书》有以下说明。

> 以为人伦之大纲，莫重于君臣，立身之基本，莫大于言行，安上理民，莫精于政法，胜残去杀，莫善于用兵。夫礼也者，万物之体也，万物皆得其体，无有不善，故谓之体论。[2]

根据以上说明，《体论》的八个编目是"人伦""立身""理民""胜残"等四个主题的下位范畴。关于《听察第七》主题的说明尚不得见，目前还不知道原因，但是其内容是君主要倾听臣子的意见，也就是说是关于君臣关系的，所以可以列入讨论君臣关系的"人伦"项目中。如果可以这样看，《体论》的构成可以整理如下。

> ①"人伦"：《君第一》《臣第二》《听察第七》
>
> ②"立身"：《言第三》《行第四》
>
> ③"理民"：《政第五》《法第六》
>
> ④"胜残"：《用兵第八》

《杜氏新书》里有这样的句子："夫礼也者，万物之体也，万物皆得其体，无有不善，故谓之体论。"[3]据此，《体论》的"人伦""立身""理民""胜残"等成为"万物"的四大主题。下面从《君第一》到《用兵第八》重新设立了八个具体项目。而且这些具体项目都提出了相应要遵守的"体"。如果每个"体"都能遵守，万物就会到达"善"。包含上述内容的《体论》虽然分量不长，但这本书可以看作是描写万物的本体，即世界的本质。

---

① 〔清〕严可均校辑：《全三国文》卷四二，《全上古三代秦汉三国六朝文》（第2册），第1287—1292页。

② 《三国志》卷一六《杜恕传》，第507页。

③ 《三国志》卷一六《杜恕传》，第507页。

但是为什么使用“体”这个词呢？“体”是指万物内在的某种本质属性。这样的概念让人想起了曹魏时代流行的玄学思维。这个世界的本质是什么，在汉帝国崩溃后，这个问题在大多数知识分子心中占据一席之地。从这一点看，《体论》可以看作是反映当时知识分子共同关怀的书。但是，杜恕在《体论》中提出的主张与玄学家们提出的主张多少有些不同。

以下把《体论》中讨论的“体”具体内容整理成表2。

表2 《体论》的构成和内容

四个主题	八个细目	“体”的内容
人伦	一、君	“君为元首，臣为股肱，期其一体相须而成也” ①“设官分职，君之体也” ②“委任责成，君之体也” ③“好谋无倦，君之体也” ④“宽以得众，君之体也” ⑤“含垢藏疾，君之体也” ⑥“不动如山，君之体也” ⑦“难知如渊，君之体也”
	二、臣	“进不失忠，退不失行，此正士之义，为臣之体也” “守满以冲，为臣之体也” “成功而不处，为臣之体也” “推贤让能，而安随其后……事君之道，臣之体也”
	七、听察	“夫听察者，乃存亡之门户，安危之机要也” “听察之所考，不可不精，不可不审者”
立身	三、言	“其上在于不言，其次莫如寡知也”
	四、行	“直道以耦世”“揜人之过以长善”“宽贤容众”等君子之行 “诚者……君子之所守也”
理民	五、政	“善御民者，壹其德礼，正其百官，齐民力，和民心” “善政者简而易行，则民不变” “为政者，必慎择其左右，左右正则人主正矣”
	六、法	“公之于法，无不可也”，基于“公”原则的法律适用 “以为法不独立，当须贤明共听断之也” “重所谓善，然后断之，是以为法参之人情也”
胜残	八、用兵	①“征之以义，以责其过”②“振之以武，以威其淫” ③“怀之以德，以誓其民”④“置之以仁，以救其危” “此四者，用兵之体”

上表记述了在八个细目中分别追求的“体”的内容。《君第一》和《臣第二》中出现了君主应该守护的“君之体”和臣子应该守护的“臣之体”。“君之体”由七个内容组成，概括起来，就是君主要懂得恰当地利用臣僚，勤劳宽大，不要表露心迹，要威严。“臣之体”由四个项目组成，从“守满以冲”“推贤让能”等句子中可以看出，谦让是最高品德。像这样强调谦让的道家倾向，在提出“不言”和“寡知”等主要品德的《言第三》方面也可以看到。这些句子表明，杜恕受到了曹魏时代流行的老庄思想影响。

《行第四》大致分为两个部分。前半部分提到了“直道”和“宽容”等与小人区别的“君子之行”，后面还强调了“诚”。对于杜恕来说，“诚”不仅是人类社会，也是推动万物生长和消失的自然秩序的力量。另外，“诚”也是在“言外”世界中引领万物的动力。从提及“言外”这一点也可以看出玄学的影响。在《政第五》中讨论了政治的“体”，所谓政治，就是要根据德与礼来运营，而且有责任团结民心，为此，只有让合适的人才担任亲信，政治才能顺利实现。其内容可以说是典型的儒教政治观的表现。

在《法第六》中，杜恕告诫不要滥用法律。法治只有在“公”的价值得到遵守时才是正当的。如果对淫秽或偷窃的人施以刑罚杀害，那不是“暴”而是“公”。如果宽恕了饱受饥饿和寒冷折磨的百姓的犯罪，那就是“公”而不是“偏”。这里杜恕所说的“公”是指“百姓之心”。换句话说，法只有遵从“百姓之心”才是正当的。杜恕主张，法吏在处理狱事时也必要斟酌“情”，即人情。从这些杜恕的主张中，我们可以看出他对过度强调法治的曹魏时代政治的批判性认识。

《听察第七》中，杜恕强调了君主要善于采纳臣子的谏言。君主应该以“情”和“审”的姿态倾听臣子的话，只有懂得分辨忠臣是谁，才能管理好国家。《用兵第八》中反对不义战争，只主张以“义、武、德、仁”为基础的战争的“用兵之体”。像这样的战争是“因民之欲，乘民之力也”[①]。杜恕的战争

---

① 韩格平主编：《魏晋全书》（第2册），第151页。

观可以看作是在民本的理念下最大限度地抑制战争。

如上所述，《体论》的“体”是君主或大臣应该遵守的事情，是说话和行动时要注意的规范，也是进行政治和法治、动员武力时要遵守的原则等。即“体”不是形而上学的概念，而是具体实践的规范。这种“体”可以认为类似于“礼”的概念。前面引用的《杜氏新书》有“夫礼也者，万物之体也”这一段。但一般来说，“礼”与其说是事物中内在的抽象概念，不如说是万物之间关系中应该遵循的具体规范。像这样，杜恕所说的“体”与“礼”概念很接近，与玄学所说的形而上学中的“无”概念不同。这是现实中必须遵守的具体的“体”。从这一点看，杜恕的本体论与玄学的本体论不同。

四、《体论》与曹魏政治

杜恕的《体论》与其说是哲学书，不如说是政论书。在《体论》中提出的主张与杜恕在作为中央政府官员活跃的曹魏明帝（226—239在位）时期的政治状况有很大关系。虽然从儒教观点上，明帝并不被评价为卓越的君主，但是他打开言路，接受了活跃的谏争，这一点值得关注。在他的时代，多数官员站出来毫不畏惧地批评了大兴土木、师出无名、皇帝奢侈、任人唯亲等现象。

值得注意的是，在当时官员们上谏言的逻辑中，比起天变灾异，他们更重视个别事案的“本质”。虽然高堂隆等也在那时提出了有关灾异的谏言，但从整体上看，灾异在政治中的重要性有所减少。早在黄初二年（221），魏文帝就曾宣布，不会再因灾异追究宰相的责任。[①]明帝时的灾异论者高堂隆也曾展开过只有正“本”才能救“末”的本体论。他说“不正其本而救其末，譬犹棼丝，非政理也”[②]。青龙二年（234），明帝欲在北邙山建台观，卫尉辛

① 《三国志》卷二《文帝纪》，第78页。

② 《三国志》卷二五《高堂隆传》，第712页。

毗（？—235）批评如下："天地之性，高高下下，今而反之，既非其理。"[1]从这种主张中可以看出，强调"天地之性"或"理"与依靠自然的灾异现象批判政治的汉代政论相比，可以说更合理。从这一点来看，笔者认为，杜恕的《体论》反映了以事物的本性为基础建立政论的曹魏明帝时代的政治意识。

《体论》的政论和明帝时期谏争之间的逻辑相似性的事例汇总如下。

第一，君臣关系论。杜恕认为君臣关系是比父子关系更重要的"人伦"的核心。"父子至亲矣，然其相须，尚不及乎（君臣关系之）身之与手足也。"[2]君主与臣子的关系就像元首与股肱的关系，他们共同组成一个身体。这一主张包含着批判法家的君臣关系的意图。杜恕批判了法家的君臣关系如下。"君过乎头而臣不及乎手足，是离其体也，君臣体离而望治化之洽，未之前闻也。"[3]从这样的标准来看，明帝可以看作是法家的君主。不仅万机亲览，还只委托中书监刘放和中书令孙资等亲信的少数官员从政。杜恕主张，把政事委任给官僚是政治的根本。[4]他在232年的上疏中说，万事不宁的原因是"非独臣有不尽忠，亦主有不能使"[5]。当时中护军蒋济（？—249）也说过"然人君……当有所付"[6]。曾批评明帝过度推进土木工事的杨阜也主张君臣一体论，即君主是元首，臣民是股肱。[7]在《体论》的《听察第七》中，杜恕也积极提出了这样的君臣一体论。人君要好好听臣子的话，"听察者，乃存亡之门户"[8]。

第二，批判法治。《体论》的"政"项目有下列句子。"耳目以效聪明，

---

① 《三国志》卷二五《辛毗传》，第698页。

② 韩格平主编：《魏晋全书》（第2册），第145页。

③ 韩格平主编：《魏晋全书》（第2册），第144页。

④ 《三国志》卷一六《杜恕传》，第504页。

⑤ 《三国志》卷一六《杜恕传》，第502页。

⑥ 《三国志》卷一四《蒋济传》，第453页。

⑦ 《三国志》卷二五《杨阜传》，第707页。

⑧ 韩格平主编：《魏晋全书》（第2册），第149页。

设倚伏以探民情，是为以军政虏其民也”，“是以为政者，必慎择其左右”[1]。杜恕的这两句话可以看作是对明帝任命校事官，让他们监察官员，只把政事交给少数亲信的政治运作方式的批判。在《体论》的“法”中，杜恕主张了法治应该在考虑“公”与“情”，即民心和人情的基础上实行。明帝试图制订考课法时，当时的法治问题争议很大。司空掾傅嘏（209—255）反对考课法的施行，主张管理好百姓和物资是根本，考课法的施行只是细枝末节。“夫建官均职，清理民物，所以立本也，循名考实，纠励成规，所以治末也。”[2]杜恕反问了考课法如何成为照亮世界的手段。他说：“故君为元首，臣作股肱……焉有大臣守职辨课可以致雍熙者哉。”[3]

第三，战争论。从《体论》的“胜残”即“用兵”项目来看，杜恕主张只允许仁义的战争，这使人联想起明帝时代提出的战争论。太和四年（230），华歆（157—231）反对曹魏对蜀征伐，并如是说：“为国者以民为基，民以衣食为本。”[4]也就是说，比起战争，国家更应该重视国民的福利。杨阜和王肃（195—256）也以相似的理由反对了对蜀征伐。太和六年（232）明帝试图征伐辽东公孙渊，蒋济也以发动战争只会结怨、丧失信义为由表示反对。[5]景初元年（237）毌丘俭（？—255）主张辽东征伐，光禄大夫卫臻如是说：“皆战国细术，非王者之事也。”[6]

正如以上所见，从《体论》中可以看出其主张包含了对明帝时代政治状况的担忧。但是从根本上讲，这似乎是对从后汉末以后开始流行的浮华风潮的批评。因为浮华的风气，政治丧失了根本即“本体”。杜恕在《体论》“立身”中提到：“君子之养其心，莫善于诚。夫诚，君子所以怀万物也……诚

---

① 韩格平主编：《魏晋全书》（第 2 册），第 148 页。

② 《三国志》卷二一《傅嘏传》，第 623 页。

③ 《三国志》卷一六《杜恕传》，第 501 页。

④ 《三国志》卷一三《华歆传》，第 405 页。

⑤ 《资治通鉴》，中华书局，1956 年，第 2277 页。

⑥ 《资治通鉴》，第 2319 页。

者，天地之大定，而君子之所守也。”[1]像这样，杜恕强调了“诚”。“诚”的实践是“行之体”，可以说是与浮华派保持距离的一贯的杜恕哲学的中心思想。杜恕可能是认为明帝时代政治的最大问题是浮华的流行和“诚”的丧失。

当时有一个故事很好地揭示了浮华问题的本质。徐邈（171—249）是明帝时期以“志高行洁”而闻名的人。但是有人对他提出了以下问题：“徐公当武帝之时，人以为通，自在凉州及还京师，人以为介，何也？”对此，一位叫鲁钦的人回答说，过去士大夫们假装俭素来寻求高名声时，徐邈不拘泥于此，坚守本来面目，人们认为这是“通”的。但是最近风气变了，天下竞相追求奢侈，但徐邈仍然没有跟上这种世态。因此，人们过去把徐邈称为“通”，现在反而把徐邈说成是“介”。但是这些人的评价才“是世人之无常，而徐公之有常也”[2]。后汉末建安年间流行节俭之风，当时士大夫们故意表现节俭来求名。但在曹魏明帝时期，遵循法术和奢侈的行为反而变成了获得名誉的事情。无论是后汉末建安年间假装节俭，还是在曹魏明帝时期追求法术和奢侈，都是“浮华”，都是与“诚”相反的行为。在《体论》中，杜恕以为“行之体”来强调“诚”，是不是表现出想要突破这种双重浮华的价值颠倒的世态的意志呢？正是在这一点上，《体论》可以说是反映曹魏时代政治社会问题的文章。

但是，这样的外部政治社会环境并不是《体论》著述的全部理由。杜恕在《体论·臣第二》中提出了“贤主”“明主”“中主”“庸主”等多种君主的类型。[3]这种君主的类型让人联想到《左传》中出现的各种君主。从这一点来看，笔者认为有必要了解《体论》和《左传》，以及杜恕和杜预父子之间的学问关系。

---

① 韩格平主编：《魏晋全书》（第 2 册），第 147 页。

② 《三国志》卷二七《徐邈传》，第 740—741 页。

③ 韩格平主编：《魏晋全书》（第 2 册），第 146 页。

五、《体论》与杜预的《春秋》学

前面说《体论》的本体论与玄学的形而上学的本体论不同。《体论》可以说是强调作为社会规范的礼的“礼本体论”，这种思想是从哪里来的呢？

关于这个问题，笔者关注到《体论》与《左传》的关系。其理由可以从表现形式中找到。在《左传》“隐公十年”条有下列句子：“以王命讨不庭，不贪其土以劳王爵，正之体也。”[①]这里把君主的任务称为“正之体”。《左传》里面出现了不少“神之主”“民之望”“国之干”“身之干”这样“A之B”式的表达。这样的表达方式让人想起了《体论》中的“君之体”“臣之体”等表达。从这一点来看，可以推测杜恕可能借用了《左传》这种的“体”概念，将其用作当时流行的玄学本体论观念。不仅如此，《左传》“礼”的概念不仅具有单纯的礼制和礼法等行为规范的意义，还具有万事和万物本体的观念。作为实例，笔者关注到《左传》中的以下事例。

①（隐公十一年，前712）礼，经国家，定社稷，序民人，利后嗣者也。[②]

②（桓公二年，前710）礼以体政，政以正民。[③]

③（庄公二十三年，前671）夫礼，所以整民也。[④]

④（僖公十一年，前649）礼，国之干也。敬，礼之舆也。不敬，则礼不行。[⑤]

---

① 十三经注疏整理委员会整理：《春秋左传正义》，北京大学出版社，2000年，第137页。

② 十三经注疏整理委员会整理：《春秋左传正义》，第146页。

③ 十三经注疏整理委员会整理：《春秋左传正义》，第175页。

④ 十三经注疏整理委员会整理：《春秋左传正义》，第315页。

⑤ 十三经注疏整理委员会整理：《春秋左传正义》，第418页。

⑤（文公十五年，前612）礼以顺天，天之道也。[①]

⑥（成公十三年，前578）礼，身之干也；敬，身之基也。[②]

⑦（襄公三十年，前543）礼，国之干也。杀有礼，祸莫大焉。[③]

⑧（昭公七年，前535）礼，人之干也。无礼，无以立。[④]

⑨（昭公十五年，前527）礼，王之大经也。[⑤]

⑩（昭公二十五年，前517）夫礼，天之经也，地之义也，民之行也。天地之经，而民实则之。[⑥]

⑪（昭公二十五年）礼，上下之纪、天地之经纬也，民之所以生也。[⑦]

“礼”是治理国家和百姓的根干，是君主应该遵循的道。（①②③④⑦⑨）“礼”是天之路（⑤⑩⑪），是“身”和“人”的根干（⑥⑧）。所以如果没有“礼”即“无以立”（⑧）。从这些句子中可以看出，在《左传》中，“礼”不仅是日常的规范，也是个人和国家、人类和社会，甚至是宇宙的存在原理，也是他们的行动原理。换句话说，《左传》中的“礼”就像主持万物的本体一样。

杜恕在《左传》“礼”的概念上，像曹魏时代的玄学名士一样，运用“体用”的逻辑，将“礼”解释为与本体的概念相同，而且把《左传》中出现的众多历史事实分为“人伦”“立身”“理民”“胜残”等四个主题和“君”“臣”等八个下位项目后，以各自应遵守的原理，即“礼”为本体进行了叙述。如果可以进行这样的推论，《体论》可以看作是把包含庞大历史事实的《左传》压缩为体用逻辑，整理核心内容的书。从这一点看，杜恕也和杜宽或乐详一

---

① 十三经注疏整理委员会整理：《春秋左传正义》，第646页。

② 十三经注疏整理委员会整理：《春秋左传正义》，第865页。

③ 十三经注疏整理委员会整理：《春秋左传正义》，第1286页。

④ 十三经注疏整理委员会整理：《春秋左传正义》，第1441页。

⑤ 十三经注疏整理委员会整理：《春秋左传正义》，第1551页。

⑥ 十三经注疏整理委员会整理：《春秋左传正义》，第1666页。

⑦ 十三经注疏整理委员会整理：《春秋左传正义》，第1675页。

样，可以说是《左传》学者。他把《左传》立足于自己独有的本体论来整理，其结果就是《体论》。

至今为止，杜恕的文章被较低地评价为没有经过哲学上的论证，只不过是一种政治理论，缺乏形而上学的根据。[①]从哲学抽象性不足这一点来看，杜恕的学说被认为是玄学发展前阶段的思想。但是以正始玄学为标准评价《体论》，这样的视角似乎并不妥当。如前所见，杜恕有意识地与玄学名士群体保持距离。笔者认为杜恕的思想指向了与玄学不同类型的思维。

在这里暂时想一下杜预《左传》学问的特性是什么。杜预想要在《左传》传文中寻找"春秋大义"。这种研究法通常称为"传文主义"。但是，对于这种特征的思想背景，至今没有提出特别的说明。有学者认为这种特征源于杜预卓越的学术能力或科学实证主义，也有学者认为这是受到后汉末年流行的荆州学的影响。但是，笔者认为，以至今的讨论为基础，杜预的"传文主义"起源于他父亲杜恕的礼本体论。

杜恕将"礼"设定为本体，确立了掌握《左传》中出现的众多历史事件意义的理论。在这一点上，"礼"是本体，历史事实是万物，是相互联系的。这种"礼"不是存在于历史之外的抽象标准，而是只有通过《左传》的历史事实才能获得意义的标准。杜预继承了父亲的这种思想，试图在《左传》内部寻求"春秋大义"，笔者认为这种立场产生了"传文主义"的《左传》解释法。杜预开拓了以《左传》中的事实为基础解释《左传》所记史事意义的历史学研究方法。这样的研究方法克服了用《春秋公羊传》等其他经典来衡量《左传》意义的汉代《左传》学的局限。

如果到这一点为止的推论没有太大的错误，那么可以说把杜恕的哲学视为玄学的预备阶段的评价是不恰当的。笔者认为，有必要设定曹魏时代"体用论"的两大分支。其一是吸引老庄思想，寻找现象的本体的玄学之路；其

---

① 孔毅：《礼与杜恕〈体论〉》，《重庆师范大学学报》（哲学社会科学版）2007年第3期。

二可以说是以《左传》为基础，在历史中追求本体的史学之路。这也意味着重视《易经》和《左传》的汉末荆州学的分化。杜恕的思想就位于开启史学之路的岔点。杜恕试图在《左传》内部掌握本体，以此来掌握历史事实的意义。其学术方法通过其子杜预的《左传》研究得以继承，并取得了巨大的成就。

从这一点看，杜预的学问从狭义上讲，是其父的学术思想的发展；从广义上讲，这反映了重视“本体”的曹魏时期的时代精神。杜预从父亲杜恕那里继承了人生观和学术思想。那么，笔者认为，应该重新考虑焦循所认为的“杜预是背叛父亲的不孝子”的逻辑。

东晋门阀政治的内向性与前燕建政之策略

华东师范大学历史学系　李　磊

摘　要：东晋立国的大一统规制与门阀政治的内向性之间具有矛盾性。一方面，东晋“器与名”成为两晋之际诸多政权所需的合法性资源，东晋由此拥有了影响对方内政的能力。在慕容氏政权的建构过程中，无论是将军幕府、平州刺史（牧）府，还是燕王国，均有赖于东晋的“器与名”。另一方面，由于东晋门阀政治着眼于内部各方势力的平衡，向外积极运用权力的内驱力不足，这使得慕容氏在双边关系中占据主动。咸和六年（331）慕容廆将请封燕王与鼓动北伐相关联，利用苏峻之难后的政局不稳，策动陶侃改变王导“清虚寡欲”的门阀路线。咸康七年（341）刘翔为慕容皝请封燕王，利用门阀政治中皇权与门阀的结构性矛盾，将求取朝命操作为成帝与庾氏之间的政治议题，以此胁迫主政的庾冰。无论是慕容廆干预门阀政治路线，还是刘翔利用门阀政治的结构性矛盾，均是利用东晋门阀政治内向性的特点。当慕容氏完成政权建构暨慕容儁称帝之后，东晋不仅丧失了对前燕内政的影响力，而且在法统问题上还面临着前燕的挑战。门阀政治的内向性深刻地制约了东晋大一统的实现。

关键词：东晋；慕容氏；大一统；门阀政治

关于东晋建立之意义，陈寅恪先生从西晋大一统崩溃后“赤县神州免于全部陆沉”与“东晋南朝三百年之世局因是决定”内外两个方面予以了肯定。[①]田余庆先生进一步阐述了东晋政权之所以能延续百年，是因为取决于三个条件，即士族之存在、皇统之存在以及民族矛盾十分尖锐，并以“门阀政治”概括这一政治形态。[②]陈先生“赤县神州”与东晋南朝之“世局”互相关照的视角，与田先生所指出的门阀政治存在的外部条件，这些卓识不仅提示我们须关注东晋门阀政治与十六国族群政治之间的互动关系，而且指出了门阀政治所具有的内向性特征，即它是以外部条件为前提的内趋性发展，着眼于内部的稳定。与内趋性发展相矛盾的是，东晋虽偏安于南方，但仍以大一统为其规制。司马睿建国以晋王名号为开端最终迈向皇帝之位，[③]便清晰地反映了东晋的这一自我定位。同时，东晋的大一统规制还为两晋之际诸多缺乏合法性资源的地方政权、民族政权所拥护，它们从中获取建政所需的体制支撑。

由于前赵、后赵等中原政权的阻隔，东晋与这些以晋室为旗号的政权间缺乏地域连接，依赖汉人流民所维系的社会网络也随时间推移而渐趋破坏，因而东晋与这些拥晋政权间的关系更多呈现为独立政治体之间的联合。但这种关系是非对称性的，大一统规制使东晋拥有在双边交往中更多的影响力。对此，学界已经积累了相当丰厚的成果。[④]本文拟在前人研究基础上，聚焦于东晋门阀政治内向性特征，考察慕容氏获取东晋“器与名”的策略。既从慕容氏政权建构的阶段性特质来解读其与东晋关系的变动，又借以呈现门阀政

① 陈寅恪：《金明馆丛稿初编》，生活·读书·新知三联书店，2001年，第55—77页。

② 田余庆：《东晋门阀政治》，北京大学出版社，1996年，第359—362页。

③ 田余庆：《东晋门阀政治》，第39—42页；权家玉：《魏晋政治与皇权传递》，社会科学文献出版社，2019年，第170—182页。

④ 关于东晋与慕容氏关系的学术史，参见［日］三崎良章：《五胡十六国の基礎的研究》序论《日本における「五胡十六国」研究と本書の目的》，东京：汲古书院，2006年，第13—17页；李海叶：《慕容鲜卑的汉化与五燕政权——十六国少数民族发展史的个案研究·前言》，中国社会科学出版社，2015年，第1—8页；高然：《慕容鲜卑与五燕国史研究·绪论》，北京大学出版社，2018年，第1—12页。

治之内向性对于东晋外向发展的制约作用。或许能从门阀政治的角度阐释东晋十六国时期的特殊政治形态。

一、东晋的“器与名”与慕容廆、慕容皝的政权建构

东晋永和八年（352）十一月戊辰，慕容儁在蓟即皇帝位，时值东晋使者至，慕容儁对使者言道：“汝还白汝天子，我承人乏，为中国所推，已为帝矣。”[①]慕容廆、慕容皝、慕容儁三世受封于东晋，在与东晋的关系上，慕容儁的这一表态无疑宣告双方历史关系的断绝。如果说慕容儁“汝天子”之言语还带有承认东晋皇帝天子之位的含义的话，那么前燕“运历传属”则是彻底否定了东晋的正统性。在群下的建议下，慕容儁宣布前燕“代金行之后，宜行夏之时，服周之冕，旗帜尚黑，牲牡尚玄”[②]。罗新认为这表明前燕在历运上远承西晋。[③]

对于慕容儁称帝及在五德上“代金行之后”，东晋方面其实是有所准备的。咸康七年（341）慕容皝使者刘翔至建康，为慕容皝求取大将军号及燕王之封。“翔留建康岁余，众议终不决。”[④]其中持反对意见最力者为诸葛恢，其反对理由是：“夷狄相攻，中国之利；惟器与名，不可轻许。”[⑤]以慕容氏为夷狄，这反映了东晋朝廷重要的认识变化。

如所周知，慕容廆对东晋的建立有拥立之功。[⑥]建武初，司马睿承制拜廆假节、散骑常侍、都督辽左杂夷流人诸军事、龙骧将军、大单于、昌黎公，

---

① 《晋书》卷一一〇《慕容儁载记》，中华书局，1974 年，第 2834 页。

② 《晋书》卷一一〇《慕容儁载记》，第 2834 页。

③ 罗新：《十六国北朝的五德历运问题》，《中国史研究》2004 年第 3 期，第 51 页。

④ 《资治通鉴》卷九六《晋纪十八》“咸康七年”条，中华书局，1956 年，第 3043 页。

⑤ 《资治通鉴》卷九六《晋纪十八》“咸康七年”条，第 3043 页。

⑥ 李磊：《天下的另一种形态——东晋及东北族群政权建构中的天下意识探析》，《华东师范大学学报》（哲学社会科学版）2014 年第 5 期，第 22—23 页。

慕容廆遣其长史王济浮海劝进。[①]太兴元年（318）司马睿即皇帝位后，作为酬答，遣谒者陶辽重申前命，授廆将军、单于。[②]慕容廆与司马睿之间的良性互动其实是基于各自的内政所需，但以慕容廆有求于东晋为多。建武、太兴之际，慕容氏以平州昌黎郡棘城为中心立足辽西，但西邻宇文氏、段氏，东邻高句丽的地理位置使其处于强敌环伺之下。太兴元年东晋册封慕容廆为昌黎公，是对其占据昌黎郡的承认；大单于之授，则是对永嘉元年（307）慕容廆自称鲜卑大单于之号的承认。[③]以上措施使其在与宇文氏、段氏的竞争中占据大义名分。都督辽左杂夷流人诸军事，将流亡辽东的汉人及杂夷归于慕容廆统治之下，并授予其军事动员权，这与平州刺史、东夷校尉的职权相重叠、冲突。[④]《晋书·慕容廆载记》载："平州刺史、东夷校尉崔毖自以为南州士望，意存怀集，而流亡者莫有赴之。毖意廆拘留，乃阴结高句丽及宇文、段国等，谋灭廆以分其地。"[⑤]西晋平州刺史、东夷校尉以辽东襄平为治，[⑥]内地流亡者通往辽东须经慕容廆控制的辽西地域，故莫有赴崔毖者。东晋授予慕容廆都督辽左杂夷流人诸军事，更进一步动摇了平州刺史、东夷校尉对辽东的统治，故而引发崔毖联络高句丽及宇文、段氏围攻慕容氏的战争。

《资治通鉴》将这场战争系于太兴二年（319），[⑦]战争的结果是慕容廆获

---

① 慕容廆遣使入晋的整体情况，参见赵红梅：《两晋在慕容廆君臣中的地位与影响探论——以前燕慕容廆遣使入晋为中心》，《学习与探索》2009年第4期，第227—230页。

② 《晋书》卷一〇八《慕容廆载记》，第2805—2806页。

③ 陈勇：《〈资治通鉴〉十六国史料释证·汉赵、后赵、前燕国部分》，中国社会科学出版社，2010年，第414—415页。

④ 关于东夷校尉，参见［日］三崎良章：《五胡十六国の基礎的研究》，第193—210页；宫健泽、李路：《东夷校尉与慕容政权的东北亚秩序建构》，《河北学刊》2020年第6期，第208—213页。

⑤ 《晋书》卷一〇八《慕容廆载记》，第2806页。

⑥ 《晋书》卷一四《地理志上》，第426—427页。

⑦ 《资治通鉴》卷九一《晋纪十三》"太兴二年"条，第2872页。

得胜利并夺取辽东。太兴三年（320），慕容廆派遣裴嶷出使建康，旨在传达他占领辽东的消息。《晋书·慕容廆载记附裴嶷传》载："初，朝廷以廆僻在荒远，犹以边裔之豪处之。嶷既使至，盛言廆威略，又知四海英贤并为其用，举朝改观焉。"[①]东晋之所以不再将慕容廆视作"边裔之豪"，并不完全缘于裴嶷的外交（"盛言廆威略"），而取决于他控制昌黎、辽东、玄菟、带方、乐浪等平州五郡国的实力。[②]晋元帝随即承认慕容廆在平州的最高军事与民政权力，遣使者拜廆监平州诸军事、安北将军、平州刺史，增邑二千户。[③]太兴四年（321）加使持节、都督幽平东夷诸军事、车骑将军、平州牧，封辽东郡公，丹书铁券，承制海东。咸和元年（326）加侍中、特进。[④]太兴四年的任命主要包含三个方面的内容：以车骑将军号使持节、都督幽州、平州、东夷诸军事，将慕容廆的都督权限由平州扩大至宇文、段氏活动的幽州；以平州牧掌控平州最高军政大权，并获得在平州设置守宰的权力；进封辽东郡公，获封万户，这是以辽东郡为慕容廆封地来承认其对辽东的占领。对于东晋而言，这是通过承认慕容廆统治平州的既成事实，将其纳入官爵、州郡体系中，既在形式上实现对平州的统治，又在实质上保留对平州局势的影响力。

将军号及平州刺史（牧）是慕容廆的核心政治资源，他借以搭建慕容氏早期的政治架构。太兴元年慕容廆任龙骧将军，以游邃为龙骧长史，刘翔为主簿，"命邃创定府朝仪法"[⑤]。太兴三、四年间，慕容廆既以将军号开府，又以平州刺史（牧）选州佐，"于是备置僚属，以裴嶷、游邃为长史，裴开为司

① 《晋书》卷一〇八《慕容廆载记附裴嶷传》，第2812页。

② 玄菟太守裴武去世，其子裴开与昌黎太守裴嶷投奔慕容廆，事见《晋书》卷一〇八《慕容廆载记附裴嶷传》，第2811页。据乐浪、带方二郡的辽东张统帅其民千余家归附慕容廆，慕容廆为之侨置乐浪郡，事见《资治通鉴》卷八八《晋纪十》"建兴元年"条，第2799页。

③ 《晋书》卷一〇八《慕容廆载记》，第2807页。

④ 《太平御览》卷一二一《偏霸部五·前燕慕容廆》引《十六国春秋·前燕录》，中华书局，1960年，第583页上栏。

⑤ 《资治通鉴》卷九〇《晋纪十二》"太兴元年"条，第2855页。

马，韩寿为别驾，阳耽为军咨祭酒，崔焘为主簿，黄泓、郑林参军事”[1]。晋车骑府设有长史、司马，加兵者增置司马一人、从事中郎二人，主簿、记室督各一人。[2]州佐有别驾、治中、主簿、祭酒等。《通典》云：“自魏晋以后，刺史多带将军。开府则州与府各置僚属，州官理民，府官理戎。”自注州官“别驾、治中以下是”，府官“长史、司马等官是”[3]。将军幕府与平州刺史（牧）府是慕容氏政权的核心组织架构。《晋书·慕容廆载记》将太兴四年的掾属设任视作东晋朝廷“命备官司”的结果。[4]

太兴三年后东晋朝廷对慕容廆及对后继者慕容皝的除授，尽管军号有升降，州牧与刺史相更迭，但将军号和刺史（牧）始终是最主要的部分。咸和八年（333）慕容廆卒，慕容皝以平北将军行平州刺史，并遣长史王济赴建康告丧。随即慕容皝与慕容仁展开内战，慕容仁也于咸和九年（334）自称平州刺史、辽东公。双方均自称平州刺史，可见该职对于慕容氏政权的重要性。在慕容氏的继承权之争中，东晋支持了世子慕容皝。东晋一共派遣了两批使者，一批是侍御史王齐，任务是祭祀慕容廆；另一批是谒者徐孟、闾丘幸等，任务是持节拜慕容皝为镇军大将军、平州刺史、大单于、辽东公，持节、都督、承制封拜。这两批使者均为慕容仁所留，徐孟等至棘城宣命的时间已是咸康元年（335）。慕容皝受朝命后于次年发动反击，剪灭了慕容仁势力。慕容皝赢取夺嫡之争，东晋“一如廆故事”的官爵除授对其合法性论证起到了至关重要的作用。[5]慕容皝遣长史刘斌、兼郎中令阳景送徐孟等还建康的时间是在咸康二年（336）九月。[6]这一时间安排旨在让徐孟等目睹慕容皝的胜利及统治的

① 《资治通鉴》卷九一《晋纪十三》“太兴四年”条，第2890页。

② 《通典》卷二九《职官十一》，中华书局，1992年，第799—800页。

③ 《通典》卷三二《职官十四》，第889页。

④ 《晋书》卷一〇八《慕容廆载记》，第2807页。

⑤ 《太平御览》卷一二一《偏霸部五·前燕慕容皝》引《十六国春秋·前燕录》，第583页下栏；《晋书》卷一〇九《慕容皝载记》，第2816页。

⑥ 《资治通鉴》卷九五《晋纪十七》“咸康二年”条，第3007页。

稳固，以便争取建康朝廷的支持。咸康四年（338），成帝“又遣使进皝为征北大将军、幽州牧，领平州刺史，加散骑常侍，增邑万户，持节、都督、单于、公如故”[①]。在此次除授中，慕容皝的军号得以晋升，并获得对幽州的统治权。

二、咸康三年（337）慕容皝“自立为燕王”与晋、燕关系的转变

如前所述，东晋所授“器与名”对于慕容廆在平州统治的建立、慕容皝的继位均发挥了重要作用，东晋朝廷对此心知肚明。咸康七年（341）尚书诸葛恢反对轻许“器与名”，并将慕容氏视作夷狄，这标志着东晋幽、平政策的重大转向。慕容氏政权不再被视作东晋治下机构，甚至不再被视作盟友。其中原因，一方面是慕容皝所求已逾出人臣之分，燕王之号标志着慕容氏由东晋官爵体系中的臣僚转为实土之封的诸侯；另一方面则与咸康三年慕容皝“遣将军宋回称藩于石季龙”有关。[②]

慕容氏对燕王位号的求取始自慕容廆。咸和六年（331），慕容廆僚属宋该等共议，以“廆立功一隅，位卑任重，等差无别，不足以镇华、夷，宜表请进廆官爵”，参军韩恒在表达了反对意见后，“廆不悦，出恒为新昌令”[③]。向东晋求取官爵是慕容廆的既定政策，只是在形式上由僚属自下而上推动。韩恒提出反对意见后，慕容廆将之出为新昌令即是借以表明自身的态度。随后由东夷校尉封抽领衔上疏太尉陶侃府，[④]请封慕容廆为燕王、行大将军事。这

---

① 《晋书》卷一〇九《慕容皝载记》，第 2818 页。

② 《晋书》卷一〇六《石季龙载记》，第 2768 页；卷一〇九《慕容皝载记》，第 2818 页。

③ 《资治通鉴》卷九四《晋纪十六》“咸和六年”条，第 2980 页。

④ 关于封氏与慕容氏的关系，参见李文才：《渤海封氏与慕容鲜卑关系试探》，《河北学刊》2007 年第 6 期，第 117—121 页。

一官爵与咸康七年慕容皝之求大致相同，可见慕容氏政治目标的明确性与连贯性。

慕容皝剪除慕容仁势力后于咸康三年（337）“自立为燕王”[①]。陈勇先生认为《晋书》有关“自立”的表述来源于东晋官方档案中语。[②]在缺乏东晋册命的情况下，慕容皝不仅自立为燕王，立段氏为王后、世子慕容儁为王太子，还“追尊武宣公为武宣王，夫人段氏曰武宣后”[③]，建构了燕王谱系。在对政权的改造方面，慕容皝设置了完备的王国官僚体制，委任了国相、司马、奉常、司隶、太仆、大理、纳言令、常伯、冗骑常侍、将军、记室监。[④]按晋制，“王国有傅、友、典书令丞、文学、郎中令、中尉、大农、左右常侍、内史、将军、典祠、典卫、学官令、治书中尉、司马、世子庶子、陵庙牧长、谒者、中大夫、舍人、典府等。其后省相及仆，省郎中，置侍郎二人”。[⑤]慕容皝的燕王府突破了两晋的封国规制，其官制设置不服务于诸侯王家事，而是以燕王国的政务职能为中心。

李海叶认为慕容氏僭置王国官始于慕容廆，[⑥]辽东高翊为郎中令、渤海封奕为国相。按晋制，“公侯以下国官属递减”[⑦]，郡公国亦置郎中令。泰始六年（270）诏：“其为寿光、朗陵、临淮、博陵、巨平国置郎中令，假夫人、世子印绶，食本秩三分之一，皆如郡公侯比。”[⑧]寿光、朗陵、巨平为县，临淮、博

① 《晋书》卷七《成帝纪》，第181页。

② 陈勇：《〈资治通鉴〉十六国史料释证·汉赵、后赵、前燕国部分》，第443页。

③ 《资治通鉴》卷九五《晋纪十七》“咸康三年”条，第3013页。

④ 《资治通鉴》卷九五《晋纪十七》“咸康三年”条，第3012—3013页。

⑤ 《通典》卷三一《职官十三》，第861页。

⑥ 李海叶：《慕容鲜卑的汉化与五燕政权——十六国少数民族发展史的个案研究》，第27页。

⑦ 《通典》卷三一《职官十三》，第861页。

⑧ 《晋书》卷三三《郑冲传》，第992页。

陵为郡，[①]寿光等五国置郎中令，其规制如郡公国与郡侯国。太兴四年（434）慕容廆封辽东郡公后，辽东郡国常制中便有郎中令之设。正因如此，慕容皝受朝命继任辽东公后，遣使送徐孟等还建康，使者阳景的身份便是辽东国兼郎中令。慕容氏官制僭置王国官当开端于咸康三年（337）慕容皝“自立为燕王”。《晋书》在叙述即王位、设官制、立王后太子之后，总结说：“皆如魏武、晋文辅政故事。”[②]魏武、晋文皆非人臣，其建国称王均是为禅让作准备。[③]慕容皝称燕王“如魏武、晋文辅政故事”，所指向的也是皇帝之位。

“自立为燕王”还意味着慕容氏不再受到依傍东晋之政治路线的约束。慕容皝“遣扬烈将军宋回称藩于赵”，即是这一战略调整的表现。如前所述，在东晋的建立与慕容氏夺取辽东的过程中，双方互相给予政治支持。在对待刘、石的态度上，慕容氏与东晋保持一致。[④]太宁元年（323）“石勒遣使通和，廆距之，送其使于建邺，勒怒，遣宇文乞得龟击廆，廆遣皝距之”[⑤]。慕容廆将石勒使者执送建康，意在表明拥晋的立场。这一态度引发石勒策动对慕容氏的战争。《资治通鉴》记载宇文乞得龟（归）之所以受石勒驱使，乃是因为接受后赵官爵的缘故，“后赵王勒加宇文乞得归官爵，使之击慕容廆”[⑥]。在东晋“不与刘、石通使”的背景下，[⑦]分别接受东晋与后赵官爵的慕容氏与宇文氏，他们之间的地缘霸权之争被纳入到正朔之争中去了。咸和六年（331）“慕容

---

① 《晋书》卷一四《地理志上》，第420、421、424页；卷一五《地理志下》，第450、452页。

② 《晋书》卷一〇九《慕容皝载记》，第2818页。

③ 楼劲：《魏晋以来的“禅让革命”及其思想背景》，《华东师范大学学报》（哲学社会科学版）2017年第3期，第1—15、172页。

④ 李磊：《天下的另一种形态——东晋及东北族群政权建构中的天下意识探析》，《华东师范大学学报》（哲学社会科学版）2014年第5期，第22—23页。

⑤ 《晋书》卷一〇八《慕容廆载记》，第2808页。

⑥ 《资治通鉴》卷九三《晋纪十五》“太宁三年”条，第2933页。

⑦ 田余庆：《东晋门阀政治》，第28—38页。

廆遣使与太尉陶侃笺，劝以兴兵北伐，共清中原”[①]。慕容廆主动联络东晋北伐，固是为了获封燕王而自彰功劳，但也与咸和四年（329）石勒灭前赵后北方政局的急剧转变有关。咸和五年（330）石勒自称大赵天王、行皇帝事，慕容廆在与太尉陶侃书中以“王郎、袁术虽自诈伪，皆基浅根微，祸不旋踵”来形容石勒的处境，认为这是东晋北伐的最佳时机。在与太尉陶侃书中，慕容廆还特别强调了东晋之“器与名”的重大政治效用，“假号之强，众心所去，敌有衅矣，易可震荡”[②]。

尽管咸康三年扬烈将军宋回称藩与咸康四年（338）都尉赵盘使赵均以策动征伐段氏的战争为实质目的，[③]但在慕容廆时期依傍东晋的历史背景下，慕容皝“自立为燕王”与“称藩于赵”便在形式上具有了自外于东晋的意义。《资治通鉴》将称藩后赵记述于咸康三年十月即燕王位，十一月立王后、王太子之后，[④]这一时间顺序表明了两件事情之间的关联。然而改弦易辙后慕容氏不仅没有迎来发展机遇，反而遭到了路线改易的反噬。咸康四年后赵击败段氏后发动了对慕容氏的战争，慕容皝治下“郡县诸部叛应季龙者三十六城”[⑤]。有学者将慕容氏内部的这场变乱视作慕容皝缺乏东晋册命而自行即燕王位的结果。[⑥]

慕容皝虽然赢得了咸康四年战争的胜利，但与后赵的军事对抗愈演愈烈。据《晋书·石季龙载记上》，石虎战败后转而谋划从海路攻击慕容氏，“季龙谋伐昌黎，遣渡辽曹伏将青州之众渡海，戍蹋顿城，无水而还，因戍于海岛，运谷三百万斛以给之，又以船三百艘运谷三十万斛诣高句丽，使典农中郎将

① 《资治通鉴》卷九四《晋纪十六》“咸和六年”条，第2980页。

② 《晋书》卷一〇八《慕容廆载记》，第2809页。

③ 《资治通鉴》卷九六《晋纪十八》“咸康四年”条，第3014页。

④ 《资治通鉴》卷九五《晋纪十七》“咸康三年”条，第3012—3013页。

⑤ 《晋书》卷一〇九《慕容皝载记》，第2818页。

⑥ ［日］小林聡：《慕容政権の支配構造の特質—政治過程の検討と支配層の分析を通して—》，《九州大学東洋史論集》第16号，1988年；杨懿：《慕容氏的立国法统与族群聚合》，《社会科学战线》2015年第7期，第255—259页。

王典率众万余屯田于海滨，又令青州造船千艘”[①]。在陆地战场上，咸康四年至五年间，慕容皝击败了后赵征东将军麻秋，袭击了后赵辽西，并在凡城击退后赵征东将军李农与征北大将军张举。李农的官号是使持节、监辽西北平诸军事、征东将军、营州牧，镇令支。[②]营州领辽西、北平二郡，为咸康五年分幽州所置。[③]营州的设置主要是出于征战慕容氏的军事目的。

与后赵间军事对抗的升级是慕容皝派遣刘翔出使建康求取册命的直接原因。[④]《晋书·慕容皝载记》：“皝虽称燕王，未有朝命，乃遣其长史刘祥献捷京师，兼言权假之意，并请大举讨平中原。”[⑤]“献捷京师”“并请大举讨平中原”正反映了慕容氏承受后赵军事压力巨大，故寻求东晋的战略配合。在这一现实诉求下，寻求东晋册命并获准“权假”，便成为对因“未有朝命”而自立燕王所造成之政治分裂的补救措施。诸葛恢等反对册命慕容皝，不仅是因为察觉到双方合作基础已经动摇，而且也是因为看到了慕容氏在后赵军事压力下的窘迫处境，故而将燕赵之争视作“夷狄相攻”，认为是“中国之利”。

三、慕容氏鼓动东晋北伐及其与王导“清虚寡欲”政治路线的冲突

按《资治通鉴》所述，慕容皝使者刘翔的出发时间是咸康五年（339）冬，[⑥]抵达建康的时间是咸康七年（341）二月，[⑦]他与东晋兼大鸿胪郭悕至燕

---

① 《晋书》卷一〇六《石季龙载记》，第 2768 页。

② 《晋书》卷一〇六《石季龙载记》，第 2770 页。

③ 牟发松、毋有江、魏俊杰：《中国行政区划通史（十六国北朝卷）》，复旦大学出版社，2016 年，第 87—88 页。

④ 李海叶：《慕容鲜卑的汉化与五燕政权——十六国少数民族发展史的个案研究》，第 46 页。

⑤ 《晋书》卷一〇九《慕容皝载记》，第 2819 页。

⑥ 《资治通鉴》卷九六《晋纪十八》“咸康五年”条，第 3035—3036 页。

⑦ 《资治通鉴》卷九六《晋纪十八》“咸康七年”条，第 3042 页。

册命慕容皝的时间是同年七月。[①]刘翔返抵慕容氏的时间似有疑问。按《资治通鉴》所述，“翔留建康岁余，众议终不决”[②]，则刘翔在建康居留时间超过一年。咸和六年（331）东夷校尉封抽、行辽东相韩矫等上疏陶侃，疏文中曾言及贡使往来所需时间，“方今诏命隔绝，王路崄远，贡使往来，动弥年载”[③]。考虑到刘翔“留建康岁余”及“贡使往来，动弥年载”，则其返燕的时间似在咸康八年（342）。《十六国春秋·前燕录》记载燕王皝八年七月晋使鸿胪郭悕持节至燕，当年九月慕容皝“迁都龙城宫阙”[④]。燕王皝八年即咸康七年，《晋书·慕容皝载记》所记迁都时间与《十六国春秋》一致，[⑤]《资治通鉴》则记于咸康八年十月。[⑥]如《十六国春秋》对受封、迁都均发生在同一年的记载准确，且《资治通鉴》对迁都的时间记载准确，[⑦]那么依据《资治通鉴》提供的时间坐标（仅见于《资治通鉴》的刘翔抵达建康时间及“留建康岁余”），[⑧]刘翔及晋使郭悕至燕的时间或许可修正至咸康八年。

按《资治通鉴》所述，当刘翔向东晋提出册命慕容皝时，诸葛恢“独主异议”。自咸康六年起，诸葛恢一直担任尚书令，[⑨]这使得他的意见在慕容皝求取燕王的过程中异常重要。诸葛恢反对燕王之册命并不仅仅是出于对咸康年

① 《资治通鉴》卷九六《晋纪十八》“咸康七年”条，第3045页。

② 《资治通鉴》卷九六《晋纪十八》“咸康七年”条，第3042、3043、3045页。

③ 《晋书》卷一〇八《慕容廆载记》，第2810页。

④ 《太平御览》卷一二一《偏霸部五·慕容皝》引《十六国春秋·前燕录》，第583页下栏。

⑤ 《晋书》卷一〇九《慕容皝载记》，第2821—2822页。

⑥ 《资治通鉴》卷九七《晋纪十九》“咸康八年”条，第3049—3050页。

⑦ 《晋书》校勘记及邱敏先生主张咸康七年迁都说，见邱敏：《慕容皝迁都龙城年代考异》，《徐州师范学院学报》（哲学社会科学版）1981年第4期，第35页。

⑧ 陈勇：《〈资治通鉴〉十六国史料释证·汉赵、后赵、前燕国部分》，第456—459页。

⑨ 〔清〕万斯同：《东晋将相大臣年表》，《二十五史补编》（第3册），中华书局，1960年，第3344页。

间天下局势的考虑，同时还是在延续东晋建国以来的一种政策主张。

诸葛恢跻身东晋决策层的时间非常早，他于西晋末年避地江左，“名亚王导、庾亮”，先后任司马睿安东将军主簿、镇东将军参军，“与卞壸并以时誉迁从事中郎，兼统记室”。《晋书》本传称“时四方多务，笺疏殷积，恢斟酌酬答，咸称折中”，又述“于时王氏为将军，而恢兄弟及颜含并居显要，刘超以忠谨掌书命，时人以帝善任一国之才”[①]。诸葛恢为曹魏司空诸葛诞之孙，与王导兄弟、颜含、刘超皆出身琅邪著姓。如所周知，以琅邪为封国的司马睿在其草创时期十分依赖本国士族，王导为安东司马，“军谋密策，知无不为”，司马睿镇建康后，王导“尤见委杖，情好日隆，朝野倾心，号为‘仲父’”[②]。诸葛恢参预司马睿幕府机密，至少是得到了琅邪王氏的肯定。太兴四年（321），诸葛恢任中书令，该年王导以骠骑大将军拜司空、录尚书事、领中书监。[③]太兴三、四年间，晋元帝为加强皇权任用刁协、刘隗行“刻碎之政”，此时正是与南北士族矛盾最为激化的时期。[④]据《晋书·王导传》，“及刘隗用事，导渐见疏远”[⑤]。太兴四年七月，王导拜司空，田余庆先生认为这是晋元帝部署戴渊、刘隗防范王敦后的平衡之策，并认为王导处境艰难。[⑥]诸葛恢在西晋末年至太兴元年的三年间外任会稽太守（内史），此后又以母忧去官，[⑦]他在这一时间节点被召回建康并出任中书令，极有可能是琅邪王氏策划的结果。诸葛恢受晋元帝信任并与王导、王敦有良好的关系，这些条件都是琅邪

---

① 《晋书》卷七七《诸葛恢传》，第 2042 页。

② 《晋书》卷六五《王导传》，第 1745—1746 页。

③ 《晋书》卷六五《王导传》，第 1749 页；〔清〕万斯同：《东晋将相大臣年表》，第 3340 页。

④ 唐长孺：《王敦之乱与所谓刻碎之政》，《魏晋南北朝史论拾遗》，中华书局，1983 年，第 151—167 页。

⑤ 《晋书》卷六五《王导传》，第 1749 页。

⑥ 田余庆：《东晋门阀政治》，第 17—27 页。

⑦ 《晋书》卷七七《诸葛恢传》，第 2042 页。

王氏所看重的。由诸葛恢出任中书令重新参预机密，恰好可以平衡刁协、刘隗之用事。永昌元年（322），“王敦上恢为丹杨尹”[①]。王敦于同年正月举兵，四月占据石头城并“自为丞相、都督中外诸军、录尚书事”[②]。诸葛恢在这一背景下被王敦委以掌控建康的关键之职丹杨尹，可见其与琅邪王氏关系之密切。

东晋元、明、成三帝时期，王导皆处于权力中枢，前述东晋对待慕容氏政策的出台，王导至少具有知情权。然而慕容廆却对王导颇有微词，在给陶侃的笺中写道：

> 王司徒清虚寡欲，善于全己，昔曹参亦崇此道，著画一之称也。庾公居元舅之尊，处申伯之任，超然高蹈，明智之权。廆于寇难之际，受大晋累世之恩，自恨绝域，无益圣朝，徒系心万里，望风怀愤。今海内之望，足为楚汉轻重者，惟在君侯。[③]

按《晋书》所述，“廆使者遭风没海。其后廆更写前笺”，可见慕容廆对上引意见的表达具有迫切之情。以“清虚寡欲，善于全己”评价王导，并以对比的方式用“海内之望”“惟在君侯”来赞誉陶侃，字里行间表达了对王导的不满。东夷校尉封抽等给陶侃上疏，试图通过陶侃太尉府而非王导司徒府表达册命燕王的诉求，这一渠道选择也反映了慕容廆对王导的疏离态度。

按笺文所述，慕容廆对王导的批评有两点：一是认为在其治理之下发生了王敦、苏峻之难；二是责怪“深怪文武之士，过荷朝荣，不能灭中原之寇，刷天下之耻”。尤其是第二点，笺文的措辞异常严厉，如“况今吴土英贤比肩，而不辅翼圣主，陵江北伐”，“不知今之江表为贤俊匿智，藏其勇略邪？将吕蒙、凌统高踪旷世哉”[④]。从慕容廆的立场而言，只有东晋将北伐上升至国

---

① 《晋书》卷七七《诸葛恢传》，第2042页；〔清〕万斯同：《东晋将相大臣年表》，《二十五史补编》（第3册），第3340页。

② 《晋书》卷六《元帝纪》，第156页。

③ 《晋书》卷一〇八《慕容廆载记》，第2809页。

④ 《晋书》卷一〇八《慕容廆载记》，第2809页。

是的层面，与后赵相敌对的慕容氏政权之政治意义才会被凸显，[1]其治下的汉人士族也会因这一政治号召而强化对慕容氏的认同，慕容廆本人便更有资格求取东晋官爵，以大义名分增强内部凝聚力。与笺文同时送达的还有东夷校尉封抽等给陶侃的疏文，疏文说："廆虽率义众，诛讨大逆，然管仲相齐，犹曰宠不足以御下，况廆辅翼王室，有匡霸之功，而位卑爵轻，九命未加，非所以宠异藩翰，敦奖殊勋者也。"[2]便将"诛讨大逆""匡霸之功"对于慕容廆"御下"的重要意义予以了明说。

可以说，东晋北伐对于慕容氏政权建构具有关键意义，但对于王导而言，维系东晋朝廷的稳定以及门阀政治的格局才是首要政治任务。笺文所谓"清虚寡欲"，实指王导"网漏吞舟"的施政方针；[3]"善于全己"，则指王导保护门阀利益的政治取向。[4]慕容氏对东晋的北伐期待与王导的施政路线出现了严重的冲突，这是慕容廆抨击王导的缘由所在。在东晋朝廷中，"陶侃尝欲起兵废导，而郗鉴不从，乃止"[5]，而且他"志在中原"[6]，咸和七年六月疾笃之际，陶侃在逊位表文中留下了"欲为陛下西平李雄，北吞石季龙"的政治遗言。[7]在慕容氏的研判中，陶侃是能够改变王导执政路线的人，因而将鼓动北伐及燕王册命的希望寄托在他身上。

咸和六年（331）慕容廆笺文、封抽等人疏文上陶侃太尉府后，陶侃回复："今腾笺上听，可不、迟速，当任天台也。"《晋书》又言"朝议未

---

① 慕容氏对东晋的心理认同，参见黄寿成：《从慕容燕政权看所谓"五胡乱华"之说》，《社会科学辑刊》2019 年第 3 期，第 119—126 页。

② 《晋书》卷一〇八《慕容廆载记》，第 2810 页。

③ 李济沧：《六朝门阀贵族制度与地方政治》，《南京师大学报》（社会科学版）2010 年第 4 期，第 63—69 页。

④ 陈寅恪：《述东晋王导之功业》，《金明馆丛稿初编》，第 55—77 页。

⑤ 《晋书》卷七三《庾亮传》，第 1922 页。

⑥ 《晋书》卷九五《戴洋传》，第 2474 页。

⑦ 《晋书》卷六六《陶侃传》，第 1777 页。

定”[①]。王导时为司徒、录尚书事、中书监，諸葛恢时任侍中，[②]陶侃“腾笺上听”后，王导、诸葛恢皆是参预朝议者。他们对于慕容廆的诉求及对王导“清虚寡欲”之施政方针与“善于全己”之政治取向的抨击是了然于胸的。咸康七年刘翔为慕容皝求取燕王册命时，王导虽然去世，但其对慕容氏的基本政策则为诸葛恢所承袭。或许“夷狄相攻，中国之利，惟器与名，不可轻许”的政策便诞生于咸和六年的朝议之中。也或许是慕容皝知晓求取燕王之命的最大障碍在于诸葛恢，故而派遣与之有姻亲关系的刘翔出使。然而姻亲之谊无法取代政治利益，站在王导门阀政策立场上的诸葛恢依然“独主异议”。

四、东晋门阀政治的结构性矛盾与咸康七年慕容皝求取朝命的权谋

咸和六年慕容廆给陶侃的笺文中还批判了庾亮，称其“居元舅之尊，处申伯之任，超然高蹈，明智之权”。苏峻之难后，庾亮于咸和四年外镇芜湖，即笺文所言之“处申伯之任”。庾亮此举既是引咎出都，也是为了就近控制朝政，与王导相抗。[③]笺文将庾亮的这一政治策略表述为“超然高蹈，明智之权”。庾亮虽然与王导有竞争关系，但在维系门阀政治格局及门阀利益的问题上则态度一致，[④]这是慕容廆将庾亮与王导并列为抨击对象的原因。

王导、庾亮分别逝世于咸康五年、六年。咸康七年刘翔抵达建康之时主政者为录尚书事、中书监庾冰，“庾冰兄弟以舅氏辅王室，权侔人主”[⑤]。刘翔留居建康的咸康七、八年间，正是庾、王江州之争的关键时期，[⑥]而且庾氏兄

① 《晋书》卷一〇八《慕容廆载记》，第 2811 页。

② 〔清〕万斯同：《东晋将相大臣年表》，《二十五史补编》（第 3 册），第 3342 页。

③ 田余庆：《东晋门阀政治》，第 114—118 页。

④ 田余庆：《东晋门阀政治》，第 106—113 页。

⑤ 《晋书》卷七七《何充传》，第 2029 页。

⑥ 田余庆：《东晋门阀政治》，第 119—131 页。

弟正以北伐为政治号召。咸康五年即刘翔启程的当年，庾亮“有开复中原之谋”，上疏请求“率大众十万，据石城”。疏文言：“臣宜移镇襄阳之石城下，并遣诸军罗布江沔。比及数年，戎士习练，乘衅齐进，以临河洛。”[①]尽管庾亮的真实目的在于借北伐之名控制襄阳，[②]但是北伐毕竟成为庾氏的政治旗号。

如依照咸和六年慕容廆以“志在中原”的陶侃为盟友、以“清虚寡欲”的王导为对方的政治策略，刘翔求取燕王册命当以倡议北伐的庾氏为依靠，然而他在居留建康期间的一系列操作却以庾氏为主要对手。慕容皝在刘翔交涉不利后上表晋成帝指斥庾氏权势过重，称庾亮“居元舅之尊，势业之重，执政裁下，轻侮边将”，庾冰“内执枢机，外拥上将，昆弟并列，人臣莫畴”[③]。在上表晋成帝的同时，慕容皝还给庾冰写了书信，文意相同：

> 君以椒房之亲，舅氏之昵，总据枢机，出内王命，兼拥列将州司之位，昆弟网罗，显布畿甸。自秦汉以来，隆赫之极，岂有若此者乎！以吾观之，若功就事举，必享申伯之名；如或不立，将不免梁窦之迹矣。[④]

慕容皝上表及与庾冰书皆是指斥颍川庾氏之执掌朝政。从书中所言来看，如“（庾冰）舅氏之昵，总据枢机，出内王命，兼拥列将州司之位，昆弟网罗，显布畿甸”，慕容氏对东晋权势结构十分清楚。考虑到咸康五年之前，东晋尚且处于由王导为核心的琅邪王氏与庾亮领导的颍川庾氏门阀相争的状态，慕容氏对咸康七年新局势的情报掌握可谓迅速且精准。《晋书·慕容皝载记》称“又闻庾亮薨，弟冰、翼继为将相”[⑤]，这些所闻当来自于“留建康岁余”的刘翔。

慕容皝的表、书甚有可能为刘翔代笔。与庾冰书有言：“方今四海有倒悬

① 《晋书》卷七三《庾亮传》，第 1923 页。

② 田余庆：《东晋门阀政治》，第 131—139 页。

③ 《晋书》卷一〇九《慕容皝载记》，第 2819 页。

④ 《晋书》卷一〇九《慕容皝载记》，第 2820 页。

⑤ 《晋书》卷一〇九《慕容皝载记》，第 2819 页。

之急，中夏逋僭逆之寇，家有漉血之怨，人有复仇之憾，宁得安枕逍遥，雅谈卒岁邪！”[①]《资治通鉴》载：“翔疾江南士大夫以骄奢酣纵相尚，尝因朝贵宴集，谓何充等曰：‘四海板荡，奄逾三纪，宗社为墟，黎民涂炭，斯乃庙堂焦虑之时，忠臣毕命之秋也。而诸君宴安江沱，肆情纵欲，以奢靡为荣，以傲诞为贤；謇谔之言不闻，征伐之功不立，将何以尊主济民乎！’”[②]慕容皝与庾冰书和刘翔劝何充之言的语义、语气均相同。

刘翔在面临“留建康岁余，众议终不决”的情况时，推动慕容皝上表及与庾冰书，以期用指斥权臣、干预东晋内政的方式达成求取册命的目的。这一路线选择是利用东晋门阀政治结构中固有的皇权与门阀阶层之矛盾，有意让求取册命之事成为成帝与庾氏之间政治较量的议题。《晋书》载成帝“少为舅氏所制，不亲庶政，及长，颇留心万机”，又载其为南顿王宗之死质问庾亮，为庾怿毒杀江州刺史王允之之事斥责他“大舅已乱天下，小舅复欲尔邪”，“怿闻，饮药而死”[③]。庾怿之死在咸康八年春，[④]刘翔留居建康的咸康七、八年间正是成帝与庾氏矛盾不断激化的时期。这一矛盾被刘翔敏锐地察觉并予以利用。

按《资治通鉴》的叙事，在慕容皝上表指斥庾氏之前，刘翔曾游说中常侍彧弘，“弘为之入言于帝，帝意亦欲许之”[⑤]。在成帝已然许诺的情形下，刘翔推动慕容皝上表并给庾冰书信，其目的便在于让庾冰意识到反对燕王册命便成为冒犯成帝权威的现行实例。《晋书·慕容皝载记》记载：“冰见表及书甚惧，以其绝远，非所能制，遂与何充等奏听皝称燕王。”[⑥]庾冰并非惧怕“绝

---

① 《晋书》卷一〇九《慕容皝载记》，第 2821 页。

② 《资治通鉴》卷九六《晋纪十八》“咸康七年”条，第 3044—3045 页。

③ 《晋书》卷七《成帝纪》，第 184 页。

④ 吕思勉：《两晋南北朝史》，上海古籍出版社，2005 年，第 134 页；田余庆：《东晋门阀政治》，第 119—131 页。

⑤ 《资治通鉴》卷九六《晋纪十八》“咸康七年”条，第 3043—3044 页。

⑥ 《晋书》卷一〇九《慕容皝载记》，第 2821 页。

远”的慕容氏，而是担心与成帝的矛盾会借由燕王册命事件被进一步发酵。何充时任中书令、领军将军，[①]他为王导妻之姊子，又娶明穆皇后之妹，与成帝、琅邪王氏、颍川庾氏均有姻亲关系，是各方间的调停缓冲者。[②]在咸康末年的立储君之争中，何充力主立成帝子，而与主张立成帝母弟之庾氏相异。[③]庾冰联络立场偏向于成帝的何充“奏听皝称燕王”，实有缓和与成帝之矛盾的考虑。

刘翔出使除了为慕容皝求取朝命，还有“请大举讨平中原”的意图，[④]慕容氏与后赵军事对峙的处境也确实需要东晋的战略配合，然而慕容皝、刘翔并未沿袭慕容廆依靠主张北伐之东晋权臣的路线。这是因为北伐一直是庾氏的政治号召，无需慕容氏越俎代庖。而且北伐与东晋内政密切相关，并非慕容氏单方面所能推动。刘翔出身平原刘氏，永嘉之乱中依附王浚，后于建兴元年（313）“帅诸流寓同归于廆”[⑤]。他与流寓江左的冀、兖士族声息相通，如诸葛恢即为刘翔姊夫。[⑥]上述一系列精准的政治操纵也证明刘翔对东晋政局的洞悉，因而他将主攻方向放在求取朝命上。从东晋北伐之于慕容氏内政之关系而言，慕容皝时代燕王国已经在实质上建立，借由参与东晋北伐来整合内部的需求已经时过境迁。对于燕王国而言，燕赵战争中所暴露出的燕王之号凝聚力不足才是更为关键的问题。

与慕容廆的策略相比，慕容皝、刘翔并不追求对东晋门阀“清虚寡欲”执政路线的改变，他们在承认门阀政治既有格局的前提下，利用其中固有的皇权与门阀间的矛盾，以权术运作的方式达成自身目的即可。这种心理上的疏离与政治上的脱嵌被庾冰视作“绝远”“非所能制”，被诸葛恢以“夷狄”

① 〔清〕万斯同：《东晋将相大臣年表》，《二十五史补编》（第 3 册），第 3344 页。

② 田余庆：《东晋门阀政治》，第 119—131 页。

③ 《晋书》卷七七《何充传》，第 2029 页。

④ 《晋书》卷一〇九《慕容皝载记》，第 2819 页。

⑤ 《资治通鉴》卷八八《晋纪十》“建兴元年”条，第 2798 页。

⑥ 《资治通鉴》卷九六《晋纪十八》“咸康七年”条，第 3043 页。

待之。

永和元年（345），“燕王皝以为古者诸侯即位，各称元年，于是始不用晋年号，自称十二年”[1]。慕容皝“不用晋年号”表明燕国对东晋“器与名”的依赖大为下降。尽管慕容儁即位后“遣使诣建康告丧”[2]，并获得东晋册命，“承制封拜，一如廆、皝故事”[3]，但距离脱离东晋、登上皇帝之位仅一步之遥。攻灭冉魏、占领后赵疆域正提供了这样一个契机，故而永和八年慕容儁才会对东晋使者说：“汝还白汝天子，我承人乏，为中国所推，已为帝矣。”

结 论

东晋虽偏安南方，但以大一统为其规制。这既是东晋法统所需，也是两晋之际诸多地方政权、民族政权共同促成的结果。在大一统规制下，它们得以分享政治名分，完成内部整合。

建武元年（317）六月参与劝进司马睿即皇帝位时，慕容氏尚为辽西诸多势力中的一支，东晋以“边裔之豪”待之。太兴三年，东晋朝廷获悉其击败东夷校尉崔毖、高句丽及宇文、段氏，几乎完全控制平州五郡国后，承认慕容廆在平州的最高军事与民政权力。此后慕容廆及后继者慕容皝的军号有升降，州牧与刺史号有更迭，但将军幕府与平州刺史（牧）府是慕容氏政权的核心组织架构。慕容廆死后，慕容皝与慕容仁的夺嫡之争便是围绕着平州统治权而展开，东晋对慕容皝的官爵除授对其取得胜利起到关键作用。

咸和六年慕容廆请封燕王，与咸康三年慕容皝自称燕王并僭越两晋封爵制度建立燕王国体制，皆表明慕容氏“自立”的动向。慕容皝“自立”还表现在背离传统的依傍东晋路线，转而向后赵称藩。由于咸康四年燕赵战争暴

---

① 《资治通鉴》卷九七《晋纪十九》“永和元年”条，第3068页。

② 《资治通鉴》卷九八《晋纪二十》“永和四年”条，第3085页。

③ 《太平御览》卷一二一《偏霸部五·慕容儁》引《十六国春秋·前燕录》，第584页上栏。

露出慕容皝燕王位号因缺乏朝命而凝聚力不足问题，“郡县诸部叛应季龙者三十六城”，以及面临着与后赵军事对峙的升级，故而派遣刘翔出使建康求取册命，寻求重归东晋规制。

慕容氏政权的建构过程充分证明了东晋在大一统规制下所拥有的影响力。无论其政权形式是将军幕府、平州刺史（牧）府，还是燕王国，均有赖于东晋的“器与名”。然而，东晋门阀政治着眼于内部各方势力的平衡，向外积极运用影响力的内驱力不足，这导致慕容氏在双边关系中占据主动，利用门阀政治的结构性矛盾为其政权建构服务。具体而言，咸和六年慕容廆的策略是将请封燕王与鼓动东晋北伐相关联，通过抬高北伐议题在东晋政治中的优先度来彰显功劳、获得册命。此时东晋经历苏峻之难不久，陶侃有废黜王导之谋。慕容廆趁政局动荡之际，主动联络陶侃，以北伐大义抨击王导“清虚寡欲”的施政方针，期待策动陶侃来改变东晋门阀的政治路线。慕容氏的笺疏被送至建康朝议，或许从此时开始，由王导所主导的建康朝廷便定下了“夷狄相攻，中国之利，惟器与名，不可轻许”的政策。在这一政策下，咸康七年刘翔出使建康为慕容皝求取朝命，便遭到琅邪王氏关系密切的尚书令诸葛恢之坚决反对。

刘翔在滞留建康期间，利用门阀政治中皇权与门阀的结构性矛盾，将求取朝命操作为成帝与庾氏之间的政治议题，胁迫主政的庾冰同意册命。相较于慕容廆追求改变东晋门阀的政治路线，慕容皝、刘翔则以接受门阀政治的态度，充分利用其结构性矛盾达成自身目的。这种差异反映慕容氏在心理上越来越疏离东晋，其利益主体性越来越凸显，东晋的“器与名”仅具形式正义的意义。

东晋因其大一统规制所天然赋予的对外影响力，因门阀政治的内向性而未能得到充分运用。慕容氏则干预门阀政治路线、利用门阀政治结构性矛盾以达成自身目的。随着慕容氏建政的完成，其对东晋大一统规制的依赖性便逐步降低。慕容儁称帝不仅终结了东晋对其内政的影响力，更是进一步成为东晋正朔的直接挑战者。

也论“天安”

——刘宋的政治转型与北魏的国策传承

华东师范大学历史学系　王昊哲

摘　要：460年刘宋的“天安”佛瑞本是一次孝武朝政治转型的信号释放，其不仅使得与刘骏即位合法性密切相关的“中兴”寺名发生改换，亦与彼时清河战事后南北共同的和平诉求息息相关。而466年北魏的“天安”改元只是一场新君即位的常规举措，年号的选择源于拓跋弘对君父“和平”年号系统的延续，预示着北魏文成朝“镇之以静”国策的传承，尚未有与南朝争夺祥瑞的政治意图。淮北诸州的北属是一次意外事件，“皇兴”改年才是这场国运转折的信号之一。6世纪后，随着东魏、北齐与萧梁在淮北地区的争端再起，“天安”巧合日益发酵，终被魏收构建成为论证北朝统治合法性的有力论据。

关键词：天安；中兴寺；刘骏；和平；魏收

刘宋大明年间，一位未被邀请、来自“天安”的异僧，突然现身建康皇家的斋会之上，言众数语后，又当众消失。这一神迹使刘骏君臣以为是灵感，改换斋会所在的“中兴”寺名为“天安”，以应佛瑞。是后六年，北魏拓跋弘即位改元，年号亦作“天安”，之后淮北诸州先后北附，北魏正式控制了青徐地区，国运发生重大转折。魏收发现这场“天安”巧合后，认为祥瑞最终应验在北方，故以佛教原理，重新构建了一场时隔数年，括及南北的“天安”佛瑞。

前人或聚焦刘宋政治，讨论异僧事件与刘骏通过宗教强化自身合法性的关系问题，或在南北统一性的视角下，以刘宋天安寺改名及北魏永宁寺创立为中心，揭示两者关联，进而对宋、魏宗教与政治的互动作出一定的阐释。[①]诸文虽立足相异，却仍未尽其意，该事件尚有再论的余地。首先，大明斋会的历史场景本身呈现何种面貌，异僧明慧为何许人，“天安”寺名又有何渊源？其次，刘宋中兴寺的更名存在怎样的历史契机，其前身中兴寺既如此重要，何以寺名在大明年中发生更换？最后，北魏的“天安”年号究竟具有怎样的意义，除了南北皇家佛寺的隐晦关联，彼时还存在怎样的南北互动？本文拟对上述问题展开讨论。

一、明慧与天安：异域僧寺的神迹解读

5世纪中叶以来，佛教的影响在南北政权的支持下持续加深。东魏、北齐与萧梁佞佛尤甚，魏收身为佛家信徒，于史书中首创《释老志》，前述佛教源流，后记北魏诸帝佛事。然而令人费解的是，魏收却不惜笔墨，在献文帝处描述了一场南朝刘宋的皇家斋会事件：

> 初，高宗太安末，刘骏于丹阳中兴寺设斋。有一沙门，容止独秀，举众往目，皆莫识焉。沙门惠璩起问之，答名惠明。又问所住，答云，从天安寺来。语讫，忽然不见。骏君臣以为灵感，改中兴为天安寺。是

---

① 林飞飞涉及该问题较早，见其《刘宋帝王与宗教关系研究》，南开大学博士学位论文，2013年，第165页。又可参雷启斌：《东晋南北朝僧人行脚研究》，华东师范大学硕士学位论文，2021年，第90—115页。最近姜望来对刘宋天安寺在南北宗教、政治关系领域有精辟的论述，见其《从天安寺到永宁寺：刘宋、北魏皇家大寺与南北形势》，《中国史研究》2022年第3期，第103—116页。

后七年而帝践祚，号天安元年。是年，刘彧徐州刺史薛安都始以城地来降。明年，尽有淮北之地。其岁，高祖诞载。于时起永宁寺……[①]

这起南朝佛事成为魏收理解当时南北前后政事的关键线索。斋会之中，异僧“惠明”施展神迹，留下法号与寺名两则关键信息后倏然不见，刘宋孝武帝以此为灵感，更换“中兴”寺名以回应本次事件。此事极具宗教神秘色彩，又与南北格局相关，其历史场景本身疑点颇多。

南方慧皎的《高僧传》中有关于本次斋会记述，因比魏收文本形成稍早且更为详尽，兹不避繁冗，全引于下：

路昭皇太后大明四年十月八日，造普贤像成，于中兴禅房设斋，所请凡二百僧，列名同集，人数已定。于时寺既新构，严卫甚肃。忽有一僧晚来就座，风容都雅，举堂瞩目。与斋主共语百余许言，忽不复见。检问防门，咸言不见出入，众乃悟其神人。温时既为僧主，乃列言秣陵白：“皇太后睿鉴冲明，圣符幽洽，涤思净场，研衿至境。固以声藻宸内，事虚梵表。乃创思镕斫，栖写神华。摸造普贤，来仪盛像。宝倾宙珍，妙尽天饰。所设斋讲，讫今月八日。瞡会有限，名簿素定。引次就席，数无盈减。转经明半，景及昆吾。忽睹异僧，预于座内。容止端严，气貌秀发。举众惊嗟，莫有识者。斋主问曰：‘上人何名？’答曰：‘名慧明。’‘住何寺？’答云：‘来自天安。’言对之间，倏然不见。阖席悚愧，遍筵肃虑。以为明祥所贲，幽应攸阐。紫山可觌，华台不远。盖闻至诚所感，还景移纬。澄心所殉，发石开泉。况帝德涵运，皇功懋洽。仁洞乾遐，理畅冥外。故上王盛士，克表大明之朝；劝发妙身，躬见龙飞之室。适若因陛下慧烛海隅，明华日月，故以慧明为人名。继天兴祚，式垂无疆，故以天安为寺称。神基弥远，道政方凝。九服咸太，万寓齐悦。谨列言属县，以显天休。”县即言郡。时京兆尹孔灵符以事表闻，诏仍改禅房为天安寺，以旌厥瑞焉。[②]

---

① 《魏书》卷一一四《释老志》，中华书局，1974 年，第 3037 页。

② 《高僧传》卷七《释道温传》，中华书局，1992 年，第 288—289 页。南齐时期王琰《冥祥记》中的记载已大体有此雏形。

萧梁僧传极大丰富了本次斋会的细节，但也与魏收的记载存在差异：首先，《高僧传》中并未提及问者惠璩，皇帝刘骏甚至并不在场，[①]异僧的神通与祥瑞的阐释是经由僧主道温的书表传至皇帝案前的；其次，异僧并非只回答了法号与寺名，还言语了“百余许言”的内容；最后，诏书强调了禅房这一地点，且目的在于嘉奖道温上报祥瑞的功绩。

在慧皎的叙事结构中可以发现，异僧的法号“慧明”与寺名“天安”被赋予了与皇帝功德一致性的建构。本次宗教祥瑞印证了刘骏的天命正统，事件背后所蕴藏的政治需求欲盖弥彰。显然，结合魏收所记，“天安”佛瑞在6世纪前叶成为南北政权争相建构本朝正统性的工具，却也在神秘性的描述中，逐步远离了斋会场景的真实面貌。姜望来对该事件考略至此而终，认为：“此事件乃是由名僧兼佛教领袖道温与慧璩领衔推进、孝武帝与路太后牵涉其中并予以认可、在与孝武帝有深厚渊源之‘龙飞之地’所上演、为皇帝与刘宋政权鼓吹之重要佛教祥瑞。”[②]

关于本次斋会的记载最为原始的文本或可追溯至沈约的《宋书》：

> 世祖大明四年，于中兴寺设斋。有一异僧，众莫之识，问其名，答言名明慧，从天安寺来，忽然不见。天下无此寺名，乃改中兴曰天安寺。大明中，外国沙门摩诃衍苦节有精理，于京都多出新经，《胜鬘经》尤见重内学。[③]

可以发现，事件的核心——法号[④]与寺名——于《宋书》的文本中就已然成型，而沈约的记载虽然简练，却为理解本次更名行为提供了新的线索。

---

① 魏收所载提问者惠璩为瓦官寺僧人，善于唱导。《高僧传》中确有其参加刘骏斋宴并被任命为京邑都维那的记载。见《高僧传》卷一三《僧惠璩传》，第512页。故惠璩或许在本次斋会出席的二百僧之列，但并不能说明孝武帝亲自参加了此次斋会。

② 见前揭姜望来文。

③ 《宋书》卷九七《天竺迦毗黎国传》，中华书局，1974年，第2392页。

④ 异僧明慧法号的讹误发生于《宋书》《高僧传》《魏书》三者为代表的文本流传过程之中。

沈约指出，中兴寺更名“天安”的契机在于“天下无此寺名”，这代表明慧极有可能来自异域。根据隋代费长房《历代三宝纪》中的记载，南齐道慧《宋齐录》中收录的《贤愚经》一书，正出自西域高昌国的天安寺。[①]然而，将此佚文与僧祐《出三藏记集》比对，却又发生了抵牾：

> 河西沙门释昙学、威德等凡有八僧，结志游方，远寻经典，于于阗大寺遇般遮于瑟之会……还至高昌，乃集为一部。既而逾越流沙，赍到凉州。于时沙门释慧朗，河西宗匠。道业渊博，总持方等。以为此经所记……号曰《贤愚》焉。元嘉二十二年，岁在乙酉，始集此经。京师天安寺沙门释弘宗者，戒力坚净，志业纯白。此经初至，随师河西。时为沙弥，年始十四。亲预斯集，躬睹其事。洎梁天监四年，春秋八十有四，凡六十四腊，京师之第一上座也。经至中国，则七十年矣。祐总集经藏，访讯遐迩，躬往咨问，面质其事……[②]

僧祐没有指出昙学（昙觉）等人还至高昌于何寺。“京师天安寺沙门”所指，为僧祐咨问时的弘宗身份。费长房等传抄的经书记录是否因为忽视这则辨析而产生误解难以论断，但多少反映了南朝建康的天安寺与译经僧人群体的微妙关联。

元嘉以来，佛法隆盛，[③]异域僧人沿江进行译经传法活动并不罕见。[④]本次中兴寺的斋会的主题“普贤像成”正是早前西域僧人摩昙蜜多等人传法

---

① 《历代三宝纪》卷九，《大正新修大藏经》（第49册），新文丰出版社影印，1983年，第85页有云：“右一部合十五卷。宋文帝世，凉州沙门释昙觉，一云慧觉，共威德于于填，得此经梵本来。当元嘉二十二年，于高昌国天安寺译。”注曰：“见《宋齐录》。”唐代道宣的《大唐内典录》和靖迈的《古今译经图纪》记载亦同。

② 《出三藏记集》卷九《贤愚经记》，中华书局，1995年，第351页。弘宗在元嘉二十二年（445）时，始集《贤愚经》，并于天监四年（505）在建康圆寂。若大明斋会所提天安寺与《贤愚经》译经僧人群体有关，时间上并不矛盾。然而出于孤证，该处疑点有待出土资料的补充，兹列于此，不作更多推论。

③ 汤用彤：《汉魏两晋南北朝佛教史》，北京大学出版社，2011年，第231—232页。

④ 彼时行脚僧人活动频繁，可参前引雷启斌文。

译经的影响所致。[1]从该视角切入，不难理解，这次斋会云集了以路太后为代表的皇族重要成员以及京师各寺的高僧。这种场合下，异僧的出现与神迹施法本身，极有可能是扬名法号与佛寺的宣传表演。这就可以解释，若仅仅是一场建康僧官团体的作秀安排，何以异僧还需言语“百余许言”的内容。故而《宋书》只字不提“百余许言”，直接提炼出“明慧”与“天安”的关键信息，此恰恰是该事件剔除斋会意外环节，进行神秘性构建的重要步骤，而“明慧”法号与“天安”寺名的流传也在官方的祥瑞化解释中失去了本身的扬名目的。斋会之后，刘骏君臣没有寻僧问寺，明慧的佛法见解也未被传扬，一场僧人的炫技表演被刘宋的政治需要所利用，成为了传达某种政治信号的象征。

大明斋会的历史场景本身恐怕并非一场彻头彻尾的政治作秀，异域天安寺僧人传法与炫技的意外活动是其前提，道温与惠璩的推动是事件性质发生转变的关键，刘骏的认可与更名回应则是该事件的完结。由此而言，真正吸引后世史家参与该事件创作的，是寺名更换行为背后的政治逻辑。其实，更换寺名所传达的信号和刘宋孝武一朝的政治转型有着密切的关联，而这一时期同步发生的清河战事也对后来刘宋、北魏天安年间的淮北冲突，东魏、北齐与萧梁的淮北争端产生重要影响。

二、中兴与天安：刘宋寺名的政治象征

天安寺的前身为中兴寺。元嘉三十年（453）刘劭弑杀刘义隆，旋即刘骏在江州起兵。同年，刘骏兵至建康新亭即皇帝位，改新亭为中兴亭，与建康城内的刘劭对峙。[2]根据《高僧传·竺法义传》记载：

> （竺法义）晋太元五年卒于都，春秋七十有四矣。帝以钱十万买新亭

---

① 《出三藏记集》卷一四《摩昙蜜多传》，第546页。

② 《宋书》卷六《孝武帝纪》，第110页。

岗为墓，起塔三级。义弟子昙爽于墓所立寺，因名新亭精舍。后宋孝武南下伐凶，銮斾至止，式宫此寺。及登禅，复幸禅堂，因为开拓，改曰中兴。故元嘉末童谣云："钱唐出天子。"乃禅堂之谓。故中兴禅房犹有龙飞殿焉，今之天安是也。[①]

可见早在东晋时，新亭之地即有佛寺建筑。刘骏为应"钱唐"与"禅堂"之谶，在新亭精舍禅堂登基，改其名为中兴寺。因此，中兴寺的得名与新君即位的神秘谶言有关，[②]其与中兴亭一同构成了刘骏登基仪式的神圣空间。

实则"钱唐出天子"之谶与彼时的另一位宗王——刘诞，关系更为密切。首先，《宋书》载"文帝元嘉中，谣言钱唐当出天子，乃于钱唐置戍军以防之"，[③]谶语所指，最为贴合的地点为吴郡钱唐之地。其次，刘诞在元嘉二十八年（451）五月的任命中本应出镇始兴，[④]却临时改任，被授予安东将军、会稽太守之职，都督浙东五郡。[⑤]要之，刘诞是元嘉末年太子之位的重要备选，其徐妃之父徐湛之在元嘉二十八年五月的任命中成为尚书仆射，[⑥]刘诞后来改任很可能与此相关。最后，刘劭巫蛊事件发生后的废立决策中，徐湛之是刘诞的支持者。[⑦]其间，刘诞一直镇于浙东，与钱唐之地关系密切。

"太初之乱"爆发后，浙东的刘诞成为刘劭与刘骏拉拢的对象。刘诞在调走刘骏派来的顾彬之后，"自顿西陵"[⑧]。西陵之地有西陵牛埭，正位于钱

① 《高僧传》卷四《竺法义传》，第 172 页。

② 刘骏早在镇戍彭城与浔阳之时就有意利用佛家谶语神谕帮助自己竞争太子地位，但并未受到文帝重视。见《宋书》卷七五《颜竣传》，第 1959—1960 页；《高僧传》卷七《释僧含传》，第 276 页。

③ 《宋书》卷二七《符瑞志上》，第 786 页。

④ 《宋书》卷五《文帝纪》，第 100 页。

⑤ 《宋书》卷七九《竟陵王诞传》，第 2026 页。

⑥ 《宋书》卷七一《徐湛之传》，第 1847 页。

⑦ 《宋书》卷七一《王僧绰传》，第 1851 页。

⑧ 《宋书》卷七九《竟陵王诞传》，第 2026 页。

塘江的东岸。[1]刘骏曾派遣吴兴沈氏的沈僧荣东入游说，或是有意联系浙西地区，亦有协助刘诞北上的用意。事实也证明，刘诞在吴兴与吴郡之地进军顺利，这次煞有其事的屯兵行为无疑是一场有意攀附“钱唐出天子”谶语的政治作秀。所以，刘骏的禅堂登基仪式有着与刘诞争夺谶语的政治目的，借着稍显牵强的解读方式，夺取了刘诞参与帝位争夺的合法性。两人的矛盾也在此有所显现，刘骏即位之后的册封与笼络举措中，刘诞并不满意刘骏赐予的卫将军与荆州刺史之职，一番交涉后方才达成妥协。[2]

刘骏此前有奉诏刘劭之嫌，起兵又无臧质首倡之先，强宗叔父在后，附谶兄弟在东，这种格局导致了登基仪式的仓促，也影响到了其因合法性不足而采取的一系列举措。中兴亭与中兴寺的“中兴”内涵在于继承乃父的“中兴语境”[3]。后来刘骏以孝建为年号，改尊文帝为太祖，所谓“孝建缔孝业”[4]，以正自己的法统地位。登基仪式中禅堂、飞龙殿、中兴寺（中兴亭）三层空间的记录分别对应了“钱唐”谶语、天子象征与继承君父法统地位的三点合法性依据。这样的合法性建构，既杜绝了叔父藩王的继位可能，亦抢夺了兄弟藩王利用“钱唐”谶语的资源，一举将自身皇位与谶纬、宗法、宗教等神圣性元素绑定。同时，这也为后来刘骏任用寒人掌握机要，

---

① 〔明〕顾祖禹：《读史方舆纪要》卷九二《浙江四》，中华书局，2005 年，第 4216 页。

② 《宋书·竟陵王诞传》记载事平之后，刘诞因卫将军官号与原刘濬官号相同，故深恶之，而求改进位为骠骑将军。但是《宋书·刘劭传》中，刘濬亦曾被刘劭进为骠骑将军，此处抵牾。实则当以《资治通鉴》记其事于刘骏登基，而建康未下之际。刘诞不满卫将军号实则忌其号在臧质车骑将军之下。《宋书》卷七九《竟陵王诞传》，第 2026 页；《宋书》卷九九《刘劭传》，第 2428 页；《资治通鉴》卷一二七《宋纪九》，中华书局，1956 年，第 4002 页。

③ 相关观点可参严耀中：《评宋孝武帝及其政策》，《上海师范大学学报》（哲学社会科学版）1987 年第 1 期，第 99—104 页；赫兆丰：《正统的诉求与建构——对刘宋文帝“太祖”庙号的考察》，《北京社会科学》2017 年第 8 期，第 28—38 页。

④ 《宋书》卷二二《乐志四》，第 637 页。

利用宗教提升神威，达到“主威独运”“外内服其神明”[①]的皇权强化奠定了基础。因此，“中兴”寺名是刘骏即位环节中对自己在刘宋统治历史时间性定位上的一种宣告，也是组成其合法性地位的关键。

孝建以后，因原新亭精舍简陋，刘骏非常重视中兴寺的营建工作。沈约有“先帝（孝武帝）建中兴及新安诸寺”[②]云云，《高僧传·求那跋陀罗传》又载：“及中兴寺成，敕令移住为开三间房。”[③]结合上引《宋书》天安寺文本后的沙门摩诃衍（求那跋陀罗）译经之事可以推见，中兴寺的扩建正是在大明年中得以完工，故而大明斋会有“寺既新构”之语。但便是在这样的契机下，具有上述合法性象征的“中兴”寺名却发生了改换，这又与刘诞势力的消亡及孝武朝政治重心的转移密切相关。

大明元年，刘诞受猜忌而被调往广陵，其间因修筑城防和多封吏民的举报书信而被认为意图谋反。在讨伐广陵的过程中，刘骏多次要求沈庆之速攻。刘诞伏诛后，又制造了广陵屠城，证明兄弟二人已势同水火。[④]《资治通鉴》有关刘骏和刘诞有这样的描述：

> 上自即吉之后，奢淫自恣，多所兴造……上闺门无礼，不择亲疏、尊卑，流闻民间，无所不至。诞宽而有礼，又诛太子劭、丞相义宣，皆有大功，人心窃向之。诞多聚才力之士，蓄精甲利兵，上由是畏而忌之，不欲诞居中，使出镇京口；犹嫌其逼，更徙之广陵。[⑤]

可见，孝建、大明之际，刘骏的为君态度发生了重大转变。此前，为了消弭刘诞所仰赖的扬州东部五郡的势力，刘骏不仅采取了“一州两格”的政

---

① 《南史》卷二《宋孝武帝本纪》，中华书局，1975年，第67页。

② 《宋书》卷九七《天竺迦毗黎国传》，第2387页。

③ 《高僧传》卷三《求那跋陀罗传》，第133页。

④ 鲁力认为刘骏与刘诞有共同的雍州势力关系网，并将此视为二者矛盾的焦点，见氏著《魏晋南朝宗王问题研究》，武汉大学出版社，2013年，第116—124页。

⑤ 《资治通鉴》卷一二八《宋纪十》，第4031页。

区改制，[1]更不惜触动谶纬学说的合法地位，于大明中“始禁图谶”[2]。如果说刘骏孝建年间的为政重心在于构建法统、压制叔父、调和文帝旧臣的话，那么随着孝建政治的完结，其便转向对刘诞等兄弟藩王的整治与自己天命地位的再强化当中。户川贵行曾指出，随着代际更迭，南朝已逐渐放弃了恢复中原版图的责任感，随着建康“王畿”的制度性确立以及“移郊坛”“造五路”“设明堂”等诸多改制，人们以建康为中心的新型天下观逐渐形成。[3]诸多迹象表明，孝武朝政治在大明年中迎来转型，[4]而刘诞覆亡后，中兴寺更名出现可能，“天安”寺名正是这场转型中的一环。

上文提到，建康天安寺得名于明慧所在的异域佛寺，但其内涵已被刘宋官方作了祥瑞化解释。此时再来看释道温上表中所谓“继天兴祚，式垂无疆，故以天安为寺称”的阐释，就不难发现其所指。“继天兴祚”既宣告了刘骏继承君父“中兴”语境的合法性地位，也表达了刘骏“受命于天”法统地位的确立；“式垂无疆”则是刘骏礼制改革，以建康“王畿”为中心的新天下观形成后，刘宋既有空间疆域格局的合法性宣示。两则阐释共同构成了建康“天安”寺称的内涵。当然，或许“天安”也包含了“顺天安民”与“人天安乐”的统治理想，[5]是为其彰显自身道统要求的崇高标识。总而言之，“天安”寺名的采用，是大明年间刘骏政治转型的信号之一，其与谢

---

① 南朝建康与三吴腹地始终存在矛盾，“钱唐”之谶是表现之一。相关观点详参李磊：《“肇构神京”与“缔我宋宇”：刘宋的王畿设置与疆域界定》，《社会科学》2018年第9期，第165—173页；《扬州“一州两格”与宋明帝的上台——孝武帝置王畿的政治影响》，《北京社会科学》2021年第5期，第45—53页。

② 《隋书》卷三二《经籍志》，中华书局，1973年，第9421页。

③ 有关刘骏礼制改革与南朝南方“天下观”的演变，详参［日］户川贵行：《東晋南朝における傳統の創造》，东京：汲古书院，2015年；李磊：《“肇构神京”与“缔我宋宇”：刘宋的王畿设置与疆域界定》；等等。

④ 赫兆丰：《大明二年的转折——刘宋孝武帝朝初期政治平衡的构建、瓦解与寒人上位》，《中南大学学报》（社会科学版）2020年第5期，第207—218页。

⑤ 儒经中有“顺天安民”，佛经中有“人天安乐”。

庄在《世祖孝武皇帝歌》中所谓"袭圣承矩""缔我宋宇""肇构神京"表达的政治内涵是一致的。[①]

刘骏人亡政息，其所兴建的诸寺在前废帝时一度遭受毁坏。《宋书》载，太宗即位后，有令曰"先帝建中兴及新安诸寺……随宜修复"[②]，而后世亦不乏齐、梁两代有关新亭之地中兴寺的记载。[③]可见，"中兴"寺号或在后世仍有袭用，或被冠名于新亭之地的其他寺庙之上，[④]犹未可知。但"天安"寺名与"中兴"寺名一脉相承，一道成为南朝统治者标榜自身正统地位的合法性依据是毋庸置疑的。

三、和平与天安：北魏年号的国策传承

刘诞被诛，不仅关系到中兴寺出现更名的可能，亦将"天安"之名拉入了南北的互动关系之中。《魏书》先后两次提及了"天安"巧合，但在叙述刘宋天安寺更名时，并未在时间上有所明确。前引《释老志》中魏收所言天安寺改名发生于北魏太安末年（459），与南方史料所记刘宋大明四年（460）有所出入，而比对在《岛夷·刘裕传》中的记载：

> 太安二年，骏改年为大明。骏于新亭造中兴佛寺，设斋，忽有一僧形貌有异，众皆愕然。问其名，答云名惠明，从天安寺来。言竟，倏然而灭，乃改为天安寺。至天安初而彭城归国。四年，骏遣其将殷孝祖寇济州，高宗遣清水公封敕文等击走之，又诏征西将军皮豹子击孝祖于清

① 李磊：《"肇构神京"与"缔我宋宇"：刘宋的王畿设置与疆域界定》。

② 《宋书》卷九七《天竺迦毗黎国传》，第2387页。

③ 相关考证见〔清〕孙文川：《南朝佛寺考》，清末上元孙氏原刊本，第36—39叶。

④ 新亭是为建康城南部的重要通道，屡受战火。据考刘宋一世除中兴寺、天安寺在新亭之地，正觉寺、旷野寺亦与其地相关。详参刘淑芬：《六朝的城市与社会》，南京大学出版社，2021年，第113—114页。

东。五年，豹子还，遂掠地至高平，大获而还。[1]

此处的天安寺更名的时间又更为模糊。因为中兴寺在北朝并不具有证实帝位合法性的需要，所以魏收笔下的天安寺事件仅仅是叙述北魏国事的例证工具，实际上成为了联系北魏在淮北地区前后战事的重要线索。

刘宋大明元年（457），魏军南下兖州击败东平太守刘胡，拉开了南北围绕清水流域的新一轮争夺。次年，为了加强兖州清水流域的防守，刘骏派遣殷孝祖于清口修筑城防。刘诞正因这时“修治城隍，聚粮治仗”[2]引起刘骏猜忌被诛。拓跋濬先后派遣镇西将军封敕文、征西将军皮豹子等人过清水与刘宋方面开战。[3]但此次战役双方均未着意扩大，拓跋濬更是在同一时期率领大军出击漠北。此战于北魏而言，备战仓促，面对南方的军事挑衅，拓跋濬只能匆忙调动常年处理对西战事的太武旧将进入东部战场，而战事以刘宋占据清水以北的部分城池告终。

公元459年，在结束了与刘宋的清水战役后，拓跋濬于年末先后两次颁布诏书以调和社会积弊。[4]次年“和平元年春正月甲子朔，大赦，改元。庚午，诏散骑常侍冯阐使于刘骏”[5]。460年的“和平”改年成为理解前后“天安”巧合的关键。要之，年号具有重大的象征意义，皇帝会在其年号中寄寓政治期望或表达某种政治信号。纵观北魏文成朝的年号系统，“兴安”“太安”“和平”有着一贯的政治诉求与象征意义，再结合466年拓跋弘即位时期的“天安”年号，其中的传承意味是显而易见的。

对比太武朝年号，拓跋濬的年号选择透露出国策转型的重要信息。北魏的文成、献文两朝处于太武帝武事高峰与孝文帝文事高潮之间，是北魏

① 《魏书》卷九七《岛夷·刘裕传》，第2143页。

② 《宋书》卷七九《竟陵王诞传》，第2027页。

③ 《魏书》卷五《高宗纪》，第117页。

④ 《魏书》卷五《高宗纪》，第117—118页。

⑤ 《魏书》卷五《高宗纪》，第118页。

国家政体转型的过渡时期。太武帝“始光”年号展示了拓跋焘即位后万象伊始，统一北方的宏伟决心，“廓定四表，混一戎夏”[①]是当时太武一朝的国策体现。然而伴随着北方的基本统一与拓跋焘的赫然离世，北魏政权进入息战的慢性节奏之中。经济衰落与尖锐的社会矛盾造成了文成帝时期“牧守莅民，侵食百姓，以营家业，王赋不充”[②]的衰败图景。拓跋濬在清河战事中的表现远不及此前拓跋焘压制刘宋北伐的优势姿态，封敕文与皮豹子等太武名将在东线失利，南北势力的消长可见一斑。战役结束后，北魏改年“和平”，其后立即向刘骏遣使，达成和谈。和平年间，拓跋濬将精力放在了河西地区的平叛工作中，又先后下诏以图针对社会与官制的积弊进行改革。因此，文成一朝的年号系统象征着北魏在统一战争后维稳求安的主线政策。魏收在评价拓跋濬时说道：

> 世祖经略四方，内颇虚耗。既而国衅时艰，朝野楚楚。高宗与时消息，静以镇之，养威布德，怀缉中外。自非机悟深裕，矜济为心，亦何能若此！可谓有君人之度矣。[③]

想必“内颇虚耗”与“国衅时艰”已是北齐史臣润色之辞。5世纪中期，北魏国策由“廓定四表，混一戎夏”转向“镇之以静，养威布德”。

北魏和平元年（460）三月，南北双方在西部产生了北阴平的摩擦，这是北魏征讨境内河西叛胡与着手开展吐谷浑军事行动的连带影响。之后的几个月中，北魏与刘宋围绕吐谷浑什寅政权拉锯，在七月刘骏遣使回访后，拓跋濬亲临河西结束了对西战役。十月，刘宋改中兴寺为天安寺，南北逐步息战，通使不绝。李磊指出，由于刘骏在意北魏对其统治合法性的认可，对刘宋疆域的界定趋于保守，这种和平政策在大明四年（460）的通使交互

---

① 《魏书》卷四《世祖纪》，第109页。

② 《魏书》卷五《高宗纪》，第117—118页。

③ 《魏书》卷五《高宗纪》，第123页。

中得到北魏的积极回应。[①]事实上，受限于太武征伐后的内部积弊，北魏亦在和平诉求中十分主动。总而言之，在东线清河战役后的一年中，南北双方采取和平态度，相继转向内部的政治肃清与改革之中。460年北魏的“和平”改年与刘宋的“天安”寺称，正是这场淮北争端后达成和平格局的重要注脚。

拓跋弘于北魏和平六年（465）中即位，次年改元天安。冯太后诛杀乙浑后，北魏朝堂进入太后听政的天安政局。[②]此时的拓跋弘年仅十二岁，而冯太后亦不到三十，很难想象这样的年轻统治集团，如何在本就积病已久的北魏朝堂上树立自己的政治威信。天安年初的诏令主旨与文成朝一脉相承，对内维稳依旧是新统治集团的政策重点。因此，天安改年本身是一场新君即位的常规举措，至少在当时的北魏朝堂中，“天安”年号并无与南朝寺名争夺瑞应的意图，皇权更迭之际，政策的传承与延续是当时年号选择的关键。[③]

拓跋弘即位当年，刘宋宗室刘昶自彭城北遁，次年天安元年（466），薛安都、毕众敬等淮北守将又携地北属，这对于北魏新兴统治集团而言是一系列意外的政治收获。淮北归附的偶然事件，不仅增强了冯太后与拓跋弘的政治威望，更促使北魏在南北关系的正统性争夺中占据了有利地位。“天安”年号仅仅存在一年半的时长，便随着北魏对徐州地区的占有、皇太子元宏的出生以及冯太后的归政，而改元“皇兴”。这更说明“天安”年号本身的意义在于权力的传承与过渡，当时的北魏不可能存在与南方争夺祥瑞的内涵。

---

① 李磊：《“肇构神京”与“缔我宋宇”：刘宋的王畿设置与疆域界定》。

② 《魏书》卷六《献文帝纪》，第125—126页。

③ “天安”一词在北魏一度作为皇帝寝殿的名称使用，见《魏书》卷二《太祖道武帝纪》，第44页。姜望来认为：“北魏献文帝改元天安之时，南方刘宋政权内乱方殷，宋明帝统治不稳，南北国力对比与南北对峙形势均朝有利于北魏之方向发展；孝武帝大明四年以来以中兴寺改名天安寺为显著标志，刘宋王朝所着意营造与宣扬之帝业昌隆、国家安泰形象显然变得苍白无力，而此正是北魏献文帝以天安寺为北魏祥瑞因而改元天安之重要背景之一。”见前揭其文。

继而淮北战事稳步推进，尉元击退张永、沈攸之，在徐州站稳脚跟，战场也逐渐转移至青齐之地。徐州的彭城宋地既是刘裕封爵建国的龙兴之所，也是南朝北伐西进的重要基地。北魏对刘宋彭城的夺取不仅证实了刘宋政权对土地与臣民统辖的失败，亦对南方天命正朔的统治地位造成了冲击。皇兴三年（469）慕容白曜攻下历城，北魏正式占有青齐地区。随着南方青齐州郡侨置于萧道成治下与后来北方高欢的崛起，“齐”地名号成为此后南齐、北齐国号选择的历史契机。聚焦于天安政局后的北魏社会，此次事件不仅洗刷了前次清河战役的败绩，而且青齐财富与人口的输入也极大缓和了此前北魏尖锐的内部矛盾。同时，青徐地区作为东部中原腹地，对北魏的后续改革与介入中原话语体系有着极为深远的影响。因此，短暂的天安政局仅仅是新君即位的过渡阶段，伴随着淮北战事的进展，北魏转而以“皇兴”为年号，彰显其国运发生的重大转折。

6世纪前叶，萧梁豫州刺史裴邃在东线两次北伐，占领青州南境。[①]侯景叛乱时，萧渊明、杨侃进逼彭城，成为高澄掣肘之患，魏收因此奉命“为檄五十余纸”[②]口诛侯景与萧衍。这次危机之后，淮北地区之于东魏、北齐政权的重要性更为凸显。随后杜弼撰千字檄文，所谓“鞭挞疲民，侵轶徐部，筑垒拥川，舍舟徼利”[③]正是东魏对萧衍觊觎徐州的强烈谴责。魏收修史正在此后不久，淮北之地之于北方政权的合法性必须在此予以坐实。南北“天安”事件本身并未在5世纪中叶发酵，仅仅只是一场未被注意的前后巧合。随着佛教的日渐兴盛，魏收在阅读南方史书与僧传的过程中，发现了这则历史巧合，于是利用佛教原理，构建了一则以“天安”为关键词，证明淮北地区归属北方政权的佛家瑞应解释。

---

① 《梁书》卷三《武帝纪》，中华书局，1973年，第68页。

② 《北齐书》卷三七《魏收传》，中华书局，1972年，第486页。

③ 《魏书》卷九八《岛夷·萧衍传》，第2180页。

结　论

通过文本的追溯与叙事结构的分析，异僧明慧与天安佛寺极有可能来源于西域。大明四年的普贤斋会中，明慧神迹本是一场旨在扬名的炫技表演，而其法号与“天安”寺名却被道温、惠璩为首的刘宋僧官群体作了祥瑞化解释，成为一则聚焦南朝刘宋政权的“天安”佛瑞。天安寺的前身中兴寺是刘骏起兵后仓促即位的重要地点，其“中兴”之名与禅房的“钱唐”谐音也是刘骏称帝合法性建构的重要环节。然而大明以后，随着刘诞势力的消亡，刘骏逐步转向对自身天命的再确认之中。建康天安寺改名成为宣告刘骏天命所在与“肇构神京”改制的有力信号。

与此同时，由于刘骏对刘宋疆域扩张持保守态度，渴望北魏对其统治的认可，又恰逢北魏受限于太武征伐后的社会积弊，逐步将国策转向“镇之以静”的维稳之中，双方于460年清河战事结束后，进行了以和平为主旨的积极互动。拓跋濬改元“和平”与刘骏改换“天安”寺称正是这场和平互动的表现。北魏幼主拓跋弘即位“天安”年号的选择，旨在继承君父维稳为主的年号系统，以保证权力的平稳过渡，在当时的历史背景中，并无与南方寺名争夺天命的主观意图。之后天安政局中，青徐地区的北属本是一场偶发事件，但其增强了拓跋弘与冯太后的政治威望，亦为北魏“光宅中原”，开启后续的改革大业奠定了基础。

相较而言，或许刘宋“中兴”寺名与北魏“和平”“皇兴”年号更为直接地展示了当时的政治内涵，但它们都与“天安”一词有着千丝万缕的关系。随着东魏、北齐与萧梁政权围绕淮北地区新一轮争端的展开，北方政权之于淮北地区统治合法性的问题日益凸显。佛光普照的6世纪前叶，一场关联南北的新“天安”佛瑞成为东魏史家证明北朝正统的有力论据。

释两晋南朝的“给亲信”

——读魏晋南北朝史札记

上海师范大学人文学院　姚潇鸫

摘　要： 两晋南朝的史籍中，出现不少给官员“亲信”多少人的记载，最早见于西晋惠帝时期，最晚一条则是陈废帝即位之初。“给亲信”的目的在于增加官员的俸禄，给官员带来实际的利益。东晋时期，尚书令、尚书仆射，甚至诸曹尚书例给亲信，已经成为制度。刘宋时，“给亲信”应与加授左右光禄大夫或金紫光禄大夫存在一定的对应关系。萧齐时已明确规定：诸大夫官，皆处旧齿老年，重者加亲信二十人。从史籍记载看，萧齐时被给亲信的官员都为左右光禄大夫或金紫光禄大夫。萧梁延续了萧齐的制度，且官员被给于亲信的数量也有所增加，养老或养病成为不少官员被给亲信的重要原因。

关键词： 亲信；俸禄；光禄大夫

在两晋南朝的史籍中，出现了不少“给亲信”多少人的记载。如萧齐武帝永明十年（492）时，“改授（王晏）散骑常侍、金紫光禄大夫，给亲信二十人，中正如故”[①]。又如梁武帝大同三年（537）时，“徙（谢举）为右光禄

① 《南齐书》卷四二《王晏传》，中华书局，1972年，第742页。

大夫，给亲信二十人”[1]。关于此处的“给亲信”，清人朱铭盘在编撰《南朝宋会要》时，将其与“给亲侍”一起，置于“职官·恩赐”类“赐给使”条下；《南朝齐会要》则归“职官·恩赐”类“给役使扶侍”条下；《南朝梁会要》则直接置于“恩赐”类下。[2]现在通行的上海古籍版《梁会要》是根据国家图书馆藏的未刊手稿整理而来，“恩赐类”下未及细分。从对“给亲信”的分类不难看出，朱铭盘认为“给亲信”就是皇帝赏赐劳力供官员役使。又《辞源》作者对“亲信”的解释是：“南朝中朝官除佐史外，例给亲信，为护卫之吏。”[3]另王新邦先生指出，“吏力乃指派给官员服力役的吏”，“给吏方式有两种，一为普给，一为特给”，“特给，即须经诏书准许，所给的吏也有特殊名色”；亲信，一作恩信、温信或亲侍，即是给吏的特殊名色之一。[4]笔者在读史过程中发现，以上三种说法都存在一定的不足，与“给亲信”相关的问题还有更深入探讨的可能。因此笔者拟就自己读书所得，略作解说，祈方家指正。

就目前掌握的史料看，“给亲信”并不是南朝时才出现的，早在西晋时就有了相关的记载。如“楚王玮将讨（杨）骏，（孟）观受贾后旨宣诏，颇加诬其事。及骏诛，以观为黄门侍郎，特给亲信四十人”。又如竹林七贤之一的王戎在司马繇被贬斥后不久，“转中书令，加光禄大夫，给恩信五十人”。再如东海王司马越在惠帝时，“复为侍中，加奉车都尉，给温信五十人”。[5]此外《北堂书钞》引西晋惠帝元康元年（291）诏曰：“中书监张华，历代心腹，情所凭赖，酬其

① 《梁书》卷三七《谢举传》，中华书局，1973年，第530页。

② 〔清〕朱铭盘：《南朝宋会要》，上海古籍出版社，1984年，第392—393页；〔清〕朱铭盘：《南朝齐会要》，上海古籍出版社，1984年，第337页；〔清〕朱铭盘：《南朝梁会要》，上海古籍出版社，1984年，第340页。

③ 广东、广西、湖南、河南《辞源》修订组，商务印书馆编辑部编：《辞源》，商务印书馆，1979年，第2857页。

④ 王新邦：《吏力制度的产生》，《贵州师范大学学报》（社会科学版）1993年第3期，第1—3页。

⑤ 《晋书》卷六〇《孟观传》、卷四三《王戎传》、卷五九《东海孝献王越传》，中华书局，1974年，第1634、1233、1622页。

勋绩，使仪同三司，给亲信满百人。”[①]《太平御览》所引的《晋起居注》中，亦收录了这份诏书，文字上稍有不同。“中书监光禄大夫张华，历世腹心，情所凭赖，故畴其勋绩，使仪同三司，而虚冲挹损，难违高尚。其以光禄大夫仪同三司，本职如故。又给亲信满百人。”[②]张华是现存史籍记载中被给予亲信人数最多者。综上可见，至迟在西晋惠帝时，给官员“亲信”的记载已频繁出现。

天康元年（566）“四月癸酉，世祖（陈文帝）崩。其日，太子即皇帝位”，是为陈废帝。“废帝即位，给（王冲）亲信十人。”[③]这是史籍所见最晚的一条“给亲信”的记载，也是人数最少的一次，且有陈一代，相关的记载也仅此一条。同时，史籍中关于“给亲信”的记载，并不仅限于两晋南朝。北魏“肃宗初，诏（高阳王元）雍入居太极西柏堂，咨决大政，给亲信二十人”[④]。北朝时期“给亲信”的记载，史籍中也仅此一例。“六镇之乱后，北魏讨叛将领之幕府以及其后各路军阀的幕府，在北魏将军幕府体制基础上结合胡族酋长侍从制度，建立起以保卫府主为职事的账内亲信、都督制度”[⑤]。可见，北朝时期，以护卫为目的的亲信制度是在六镇之乱后才建立起来的。因而，肃宗初年给高阳王亲信的诏令，延续的应该还是两晋以来的传统。

另后秦弘始三年（401），鸠摩罗什来到长安，一时僧人云集，不免有伪滥情况发生。姚兴认为“宜立僧主，以清大望”，于是下书曰：“僧䂮法师学优早年，德芳暮齿，可为国内僧主……给车舆吏力。”弘始七年（405），又“敕加亲信、伏身、白从各三十人”[⑥]。僧䂮虽然是出家人，但是担任了朝廷设立的僧官，因而也可看作是一位特殊的官员。且从“加”字可以看出，这也不是僧䂮第一次被“给亲信”了，前一次显然应是其被任命为“国内僧主”之时。而在有关僧䂮接受任命及姚兴的赏赐时，明确提到了“给车舆吏力”，

---

① 《北堂书钞》卷五二《设官部四》，中国书店影印，1989年，第159页。

② 《太平御览》卷二四三《职官部四一》，河北教育出版社，1994年，第3册，第305页。

③ 《陈书》卷四《废帝纪》、卷一七《王冲传》，中华书局，1972年，第65、236页。

④ 《魏书》卷二一上《献文六王传·高阳王》，中华书局，1974年，第554页。

⑤ 张金龙：《魏晋南北朝禁卫武官制度研究》，中华书局，2004年，第821页。

⑥ 《高僧传》卷六，中华书局，1992年，第240页。

因而王兴邦先生据此认为“亲信”应是“吏力”一种特殊名色。类似给僧官“亲信”的情况，南朝也存在。如刘宋明帝时，“敕（僧）瑾使为天下僧主，给法伎一部、亲信二十人，月给钱三万，冬夏四时赐，并车舆吏力”①。从释僧瑾的记载不难看出，“亲信”与“吏力”是并列的。可见，在当时人看来，“亲信”并非“吏力”的特殊名色之一。

缘何要给官员少则十人，多则百人的“亲信”？主要的目的就在于增加官员的俸禄，关于此，史籍中多有记载。现在所能看到最早的记载是东晋成帝咸和八年（333）时，曾下诏曰：“尚书令（陆）玩、左仆射（孔）愉并恪居官次，禄不代耕。端右任重，先朝所崇，其给玩亲信三十人，愉二十人，禀赐。”孔愉上疏固让，优诏不许。于是重上表曰：“臣等不能赞扬大化，纠明刑政，而偷安高位，横受宠给，无德而禄，殃必及之。”②无论是成帝诏令中提到的“禄不代耕”，还是孔愉上表中提及的“无德而禄”，都清楚表明了“给亲信”能够增加官员的俸禄，给官员带来实际的利益。稍后的康帝（342—344年在位），也曾颁布过一道诏令：“尚书，万事之本，朕所责成也，而廪秩俭薄，甚非治体。今虽军国多费，不为元凯惜禄，其依令仆给尚书各亲信五十人，廪赐。”③诏令的意思很明白，对于元勋重臣不能“惜禄”，因而要“给亲信”，可见“亲信”应是“禄”的重要组成部分之一。清人严可均在辑《全上古三代秦汉三国六朝文》时，更是将该诏令定名为《尚书增禄诏》，清晰地点明了“给亲信”与增加俸禄的关系。

从表1的统计可知，史籍中有关南朝时期“给亲信”的记载，以萧梁时期最多。在相关的记载中，也能看出与“俸秩加”“优秩”的关系。从天监十一年（512）起，南平王萧伟多次以身染沉疴为由，求请解除一切的职务，始终未获允许。到了十三年（514），终因其“疾浸剧，不复出藩”，得以改任左光禄大夫。同时大量增加其“俸秩”：“加亲信四十人，岁给米万斛，布绢五千

---

① 《高僧传》卷七，第294页。

② 《晋书》卷七八《孔愉传》，第2052页。

③ 《太平御览》卷二一二引《晋康帝起居注》，第68页。

匹，药直二百四十万，厨供月二十万，并二卫两营杂役二百人，倍先，置防阁白直左右职局一百人。”[①]从这段记载中不难看出，“亲信”就是“俸秩”的一部分。又如孙谦，“自少及老，历二县五郡”，主要在地方上任职。他“所在廉洁”，“常勤劝课农桑，务尽地利”，官声极佳。天监九年（510），因其年岁过大，无法再在地方任官，将其召回建康，“征为光禄大夫”。天监十四年（515）时，诏曰：“光禄大夫孙谦，清慎有闻，白首不怠，高年旧齿，宜加优秩。可给亲信二十人，并给扶。”[②]秩石制中，官位的高低（秩）以俸禄的多少（石）为表示，因而“优秩”就是“优禄”，增加俸禄的意思。可见，萧梁时，“给亲信”仍然是增加官员俸禄的重要手段之一。

综上，两晋南朝时，“给亲信”的目的在于增加官员的俸禄，而非给予“护卫之吏”，作保护安全之用，与北魏末期出现的亲信兵制度截然不同。田余庆先生曾指出，西晋是一种低质量的统一。这种低质量的一个重要表现就是国家掌握的人口数量较东汉末年大幅下降。人是社会生产的主体，社会财富的创造归根结底还是需要由劳动人口来实现。因而，两晋南北朝时期，劳动力本身成为重要且稀缺的社会资源，对劳动力的争夺日益激烈。相应的，劳动力也逐渐成为了官员俸禄中重要的组成部分，毕竟，再多的土地没有劳动力也是转换不成财富的。且作为俸禄而被给予的劳动力也方便官员长时间的掌控，“吏役”“食榦”等都与此有关。西晋时期产生的“给亲信”制度，正是在这个大背景下出现的。“亲信”与“吏”“扶”“伏身”“白从”等一样，都是被给予官员的劳动力的不同名目，都是官员俸禄的组成部分之一。既然是为了增加官员的收入而给予的劳动力，“亲信”显然应被用于某些生产活动，以期产生更多的财富。就如朱铭盘指出的那样，“给亲信”就是给予官员用于役使，进行生产的劳动力。

通过对两晋南朝时期相关资料的整理可见，“给亲信”的人数少则10人，多则数十人，但以20人最为常见。给予人数较多的情况主要发生在西晋与萧

---

① 《梁书》卷二二《太祖五王·南平王萧伟传》，第347页。

② 《梁书》卷五三《孙谦传》，第773页。

梁时。其中人数最多的是西晋时的张华，据《晋书》的记载，张华获得包括增加“亲信”人数在内的一系列封赏，主要因为他献策平定楚王司马玮之乱。从“特给亲信”的记载看，孟观获得“亲信”40人的原因就是他参与了诛杀杨骏之谋。可见，最初的“给亲信”是给予有功之臣的奖赏。给予王戎与司马越“亲信”的原因，史籍虽无明确记载，但也应该与某些事功有关。另从与“给亲信”同时发生的四人官职的改变，还看不出有何规律可循。

到了东晋时期，虽然相关的记载并不多，但“给亲信”的制度得到进一步完善。前文引用过康帝时期的《尚书增禄诏》，其中提到“其依令仆给尚书各亲信五十人”。可见诏令颁布前，就有任职尚书令或尚书仆射者，例“给亲信”的制度规定。诏令颁布后，“给亲信”的范围进一步扩大到了各尚书。又上引东晋成帝咸和八年（333）诏，给当时的尚书令陆玩“亲信三十人”，尚书左仆射孔愉“亲信二十人”。从这份诏令和孔愉的上表，以及“给亲信”的人数可见，至少在咸和八年时，给尚书令及尚书仆射“亲信”以增加其俸禄尚未形成固定的制度。但从具体的内容看，这份诏令与给令仆“亲信”这一制度本身密切相关，应该就是相关制度制定的来源与依据。咸和这个年号共使用了九年，其后改元为咸康。咸康八年（342）“六月庚寅，成帝不悆，诏以琅邪王为嗣。癸巳，成帝崩。甲午，即皇帝位”[①]。此处的琅邪王为成帝的弟弟司马岳，也就是康帝。康帝在位时间很短，在即位的第三年（344）就去世了。虽然没有明确的记载，但笔者认为令仆“给亲信”的制度在成帝咸康年间颁布实施的可能最大，到了康帝时期，给亲信的范围则进一步扩大到诸尚书。

“给亲信”既然是增加官员俸禄的一种手段，因而往往与官员任职情况的调整联系在一起。从表1中整理的刘宋时期的相关记载看，“给亲信”应与加授左右光禄大夫或金紫光禄大夫有关。谢庄的记载最为明显，他在明帝泰始元年时，“寻加金紫光禄大夫，给亲信二十人，本官并如故”。颜延之与张永，史籍记载的都是增加“亲信”的情况，显然，两人此前都有一定数量的“亲信”。对照

---

① 《晋书》卷七《康帝纪》，第184页。

两人此前任官的情况，唯一相同的就是都曾被加授过金紫光禄大夫。对比张永“加亲信二十人”与王敬弘“给亲信二十人”时的任官情况，共同点也是一为右光禄大夫，一为左光禄大夫。因此，笔者认为：刘宋时，“给亲信”应与加授左右光禄大夫或金紫光禄大夫存在一定的对应关系；但肯定不是直接对应关系，因为史籍中有大量加授了左右或金紫光禄大夫而没有“给亲信”的记载。

据《南齐书·百官志》：“左右光禄大夫。位从公，开府置佐史如公。光禄大夫。皆银章青绶，诏加金章紫绶者，为金紫光禄大夫……太中大夫。中散大夫。诸大夫官，皆处旧齿老年，重者加亲信二十人。”①又齐武帝永明七年（489）春正月戊辰，诏曰：“诸大夫年秩隆重，禄力殊薄，岂所谓下车惟旧，趋桥敬老。可增俸，详给见役。”②另据唐杜佑《通典》：“秦时，光禄勋属官有中大夫。汉武帝太初元年，更名光禄大夫……及晋受命，置左右光禄大夫，假金章紫绶，而光禄大夫如故……宋氏因之。齐左右光禄大夫，皆据旧齿，位从公，开府置佐吏如公。年重加亲信二十人。”③相关的记载已非常明确，萧齐时，诸大夫官，多用年老之人，但相应的俸禄（禄力）较低（殊薄），因而对其中一些重臣给予“亲信二十人”，既增加了官员的收入，也体现了朝廷对老臣的关爱。

从表1中整理的情况看，与“给亲信”对应的仍然是左右光禄大夫与金紫光禄大夫（张瓌的记载是光禄大夫，加金章紫绶，即是金紫光禄大夫），并不见太中大夫与中散大夫的记载。见于记载的5人中，王琨和沈文季的年龄可以确定，一为80，一为近60，都可称得上是“旧齿老年”。且从张瓌、王琨、张绪的记载看，3人都不是加授左右或金紫光禄大夫时就被“给亲信”的，特别是王琨在80岁时才第一次被给予“亲信”，沈文季60岁不到时已经“加亲信”了。可见，如何才能被认定为可以“给亲信”的“重”，也应有一套标准。此外沈文季的记载也反映了并不是只有任诸大夫官者才能被“给亲信”。

萧梁时，有记载的官员共10人，从年龄上看，除1人情况不明，50岁以

---

① 《南齐书》卷一六《百官志》，第316—317页。

② 《南齐书》卷三《武帝纪》，第56页。

③ 《通典》卷三四《职官一六》，中华书局，1988年，第934—935页。

上的有7人，60岁以上的有6人，且50岁以上的7人都曾任左右或金紫光禄大夫。可见，萧齐时“光禄大夫重者加亲信的制度”仍在延续。10人中的萧伟（38岁）与柳惔（44岁）则明显年龄偏小，萧伟是在“改为左光禄大夫”时增加了“亲信”的数量，柳惔则在“转金紫光禄大夫”时被给予了“亲信”，两人被“给亲信”显然与光禄大夫的任职有关。细看史料，两人转任光禄大夫的原因也相同，都是因为疾病，包括具体年龄不详的谢举也是因为疾病，在转任右光禄大夫的同时，被“给亲信二十人”。

据《通典》：“梁又有左右金紫光禄大夫，视吏部尚书，左右光禄大夫视诸曹，并养老病。”[①]可见，萧梁时，一些官员因年老或者疾病，不能担任具体繁重的事务性工作时，会转任光禄大夫。相同的情况，萧齐时已经出现，如沈文季就是“以疾迁金紫光禄大夫，加亲信二十人”，张瓌也是“复称疾，还为散骑常侍、光禄大夫。郁林即位，加金章紫绶。隆昌元年，给亲信二十人”[②]。萧梁时，除上述3人，徐勉任右光禄大夫，“加亲信四十人”也与养病有关；夏侯详两次任右光禄大夫并“给亲信二十人”，也都与养老有关。为何官员因养老、养病而转任光禄大夫时，会被给予一定数量的“亲信”？首先养老、养病本身就需要钱财，同时因为官员担任职务的减少，必然影响到俸禄的来源，因而设计了给予一定数量“亲信”的制度，一方面显示朝廷的关怀，另一方面也有实际的经济补偿。

徐勉、袁昂、王份与夏侯详都有两次被“给亲信”的记载，夏侯详情况特殊，因其“累辞让，至于恳切”，所以第一次“给亲信”并未接受。王份在“亲信”人数由20人增加到40人时，也由金紫光禄大夫升任右光禄大夫，两者之间是否存在必然的联系？由于缺少更多的材料，此处只能存疑。徐勉和袁昂两人，在第一次“给亲信”时，都未担任光禄大夫。可见，萧梁时也存在其他给予官员“亲信”的制度设计。两人的情况也有相同点，都是在加中书监令的同时被“给亲信”的。任中书监令的同时被给予一定数量的“亲

---

① 《通典》卷三四《职官一六》，第936页。

② 《南齐书》卷二四《张瓌传》，第454页。

信”，与东晋时给尚书令仆“亲信”的情况相同，更能体现中书监令已成为清贵华重之职。另从表1可见，“给亲信”的记载以萧梁时最多，这种情况的出现，应与梁武帝萧衍采取优待宗室及官员的政策有关。

表1　两晋南朝“给亲信”简况

朝代	姓名	原任官	新任官	给亲信数/（人）	增亲信数/（人）	年龄/（岁）	备注	出处
西晋	孟观	殿中中郎	黄门侍郎	40		不明	及（杨）骏诛，特给亲信	《晋书》卷六〇
	张华	太子少傅	右光禄大夫，开府仪同三司，侍中，中书监，金章紫绶		增至100	59	及（司马）玮诛，华以首谋有功	《北堂书钞》卷五、二；《晋书》卷三六
	王戎	太子太傅	中书令，加光禄大夫	50		57以上		《晋书》卷四三
	司马越	散骑常侍，辅国将军，尚书右仆射，领游击将军	复为侍中，加奉车都尉	50		不明		《晋书》卷五九
东晋	陆玩	尚书令	不变	30		55	恪居官次，禄不代耕，端右任重	《晋书》卷七八
	孔愉	左仆射	不变	20		65		
刘宋	王敬弘	尚书仆射	侍中，特进，左光禄大夫	20		69	敬弘固让，表求还东，上不能夺，改授	《宋书》卷六六
	谢庄	中书令，散骑常侍，光禄大夫，加金章紫绶，领寻阳王师	加金紫光禄大夫，本官并如故	20		45		《宋书》卷八五
	颜延之	金紫光禄大夫，领湘东王师	表解师职		30	71—73		《宋书》卷七三
	张永	金紫光禄大夫，护军将军。	右光禄大夫，加侍中，领安成王师，领本州中正		20	62		《宋书》卷五三
	沈庆之	受顾命	受顾命	30		78	废帝即位	《建康实录》卷一三

续表

朝代	姓名	原任官	新任官	给亲信数/（人）	增亲信数/（人）	年龄/（岁）	备注	出处
萧齐	张瓌	散骑常侍，光禄大夫，加金章紫绶	不变	20		不明	称疾	《南齐书》卷二四
	王琨	右光禄大夫，弘训太仆，散骑常侍，本州中正，特进	领武陵王师，加侍中	20		80	太祖即位	《南齐书》卷三二
	张绪	金紫光禄大夫，太子詹事，南郡王师，给事中	散骑常侍，金紫光禄大夫，师如故	20		不明		《南齐书》卷三三
	王晏	侍中，领太子詹事，本州中正	散骑常侍，金紫光禄大夫	20		不明		《南齐书》卷四二
	沈文季	散骑常侍，领军将军	金紫光禄大夫，散骑常侍		20	近60	以疾迁	《南齐书》卷四四
萧梁	萧琛	侍中	金紫光禄大夫，加特进	30		51		《梁书》卷二六
	徐勉	尚书仆射，中卫将军	加中书令	20		60		《梁书》卷二五
			特进，右光禄大夫，侍中，中卫将军，置佐史		40	66	以疾自陈	
	萧伟	使持节，散骑常侍，都督江州诸军事，镇南将军，江州刺史，开府仪同三司	改为左光禄大夫		40	38	伟末年疾浸剧，不复出藩，故俸秩加焉	《梁书》卷二二
	范岫	祠部尚书，领右骁骑将军	迁金紫光禄大夫		20	71		《梁书》卷二六

续表

朝代	姓名	原任官	新任官	给亲信数/（人）	增亲信数/（人）	年龄/（岁）	备注	出处
萧梁	王份	金紫光禄大夫，智武将军，南康王长史	散骑常侍，金紫光禄，南徐州大中正	20		70余		《梁书》卷二一
		尚书左仆射，寻加侍中	散骑常侍，右光禄大夫		20	76		
	谢举	尚书右仆射，侍中	右光禄大夫	20		不明	以疾陈解	《梁书》卷三七
	袁昂	中卫将军，尚书令，开府仪同三司，领国子祭酒	加中书监	30		67		《梁书》卷三一
		中抚军大将军，司空，侍中，尚书令	加特进，左光禄大夫		50	74		
	孙谦	光禄大夫	不变	20		91	高年旧齿，宜加优秩	《梁书》卷五三
	夏侯详	侍中，车骑将军	右光禄大夫，侍中	20		69	累辞让，至于恳切	《梁书》卷一〇
		使持节，散骑常侍，车骑将军，湘州刺史	右光禄大夫，侍中	20		74		
	柳惔	尚书右仆射	金紫光禄大夫，加散骑常侍	20		44	以久疾	《梁书》卷一二
陈朝	王冲	特进，左光禄大夫，尚书左仆射，领丹阳尹		10		74	废帝即位	《陈书》卷一七

南北朝正史中的邻国传记

首都师范大学历史学院　聂溦萌

摘　要：十六国政权开启了异族以汉式史学方式书写自身政权历史的先河，给史学上的华夷之辨带来新问题。《宋书》的四夷传记除了采用宋廷的官方记录和文书，也接纳了这类异族所修史书为史源之一，但要对其华夷、正统的立场予以改造。《宋书》立《索虏传》，依然在夷狄或十六国的框架内看待汉化未深的北魏政权。北魏史官对此的回应，是《魏书·僭晋司马叡传》的史源、结构、史事采择、体例书法等全面借鉴《宋书》四夷传记的处理方法；太和中期北魏改定正统，以东晋南朝为伪，也是由史官大力促成。过去认为《僭晋司马叡传》主要史源为孙檀二《阳秋》，通过对此传编纂目的、手法的考察，以及与旧晋史佚文和唐修《晋书》的文本比勘，推测此传当是杂采诸史可以证成东晋"僭盗夷蛮"形象的内容，无特定蓝本。《魏书》对东晋的这种叙述是在南北双方强调华夷正统的官修史环境中推演而来，脱离实际，不为后世所接受。

关键词：《魏书》；《僭晋司马叡传》；《宋书》；正统

南北朝时期，“南书谓北为‘索虏’，北书指南为‘岛夷’”[①]是史学史上有趣的现象。历来对此批评很多，刘知几《史通》已有多处议论。清人赵翼从对邻国的称谓、帝纪的记录、如何设传等几方面，对南北朝诸史关于邻国的书法进行了全面梳理。[②]东晋十六国及南北朝时期对邻国书写会产生新的史学问题，根源之一是自十六国以来异族政权开始采用汉式纪传史或编年史的方式书写自己的历史。对应着社会现实中的民族冲突与融合，史书编纂传统中也出现了民族冲突与融合。其结果是强化了史书中的华夷之辨，但谁是华谁是夷，可以因时而异。《宋书》是初次面临上述问题的史书，它延续前史思路，结合当时现实，将邻国编录为四夷传记。在南朝史书阴影下修成的魏收《魏书》，沿着《宋书》指引的方向走向高潮，也宣告了终结。本文先梳理《宋书》几篇四夷传记的编纂方式，再讨论《魏书·僭晋司马叡传》的编纂。

一、《宋书》四夷传的编纂

沈约《宋书》立有四篇四夷传记：卷九五《索虏传》记北魏；卷九六《鲜卑吐谷浑传》记吐谷浑；卷九七《夷蛮传》之夷指今南亚、东南亚、东北亚地区的诸外国，蛮指居于刘宋统内荆雍、豫州诸蛮人；卷九八《氐胡传》记仇池杨氏和北凉沮渠氏政权。《夷蛮传》与其余三篇可分为两类。《夷蛮传》罗列诸国，其传统始于《汉书·西域传》，随着东汉史亦记西域诸国，曹魏史记东夷诸国，至刘宋记东南夷蛮，这类传记逐渐固定成为纪传史中彰显本朝无远弗届的象征，史家往往通过是否设置这类传记表达对正统的认定。《宋书·夷蛮传》史源主要来自刘宋官方记录，如交战、朝贡、策命等事件，还引录不少表奏、诏策原文，这些档案资料并非专为编

---

① 《北史》卷一〇〇《序传》，中华书局，1974 年，第 3343 页。

② 〔清〕赵翼：《陔余丛考》卷六《宋齐梁陈魏周齐隋诸史及〈南〉〈北史〉书法各不同》条，中华书局，1963 年，第 114—117 页。

纂四夷列国传而收集，而是起居注、纪传史帝纪之所需，因此早为官修史体制有意存录。[①]

余下三篇四夷传记，较详细地记载某国某部史事，记载对象与本朝关系更为密切。它们在编纂上与《夷蛮传》的一个重要差异，是在刘宋官修史体制常规保存的资料以外，还存在以其自身为中心的文献记载，由此能够形成一篇具有规模体系的叙述其政权始末的传记。

《鲜卑吐谷浑传》对此表现最为明显。该传依次记录历代吐谷浑君主，前半吐谷浑、吐延、叶延、碎奚、视连、视罴、乌纥提、树洛干在位时期，约相当于刘宋建国前，记事围绕君长个人展开，美言懿行甚多，其“历史书写”之手法在其他十六国史中也不陌生，[②]显然依据了某种记载吐谷浑史的文献。《隋书·经籍志》史部霸史类有宋新亭侯段国所撰《吐谷浑记》两卷，[③]不知是否即其所本。即便是，它也应是大体袭据吐谷浑自身对历史的叙述，因此诸主形象甚佳。还值得一提的是，《吐谷浑传》这一部分体例并非标准编年体，只是在每位君主之下记其在位年数，可能也来自其旧史的特征，并且与稍后讨论的沮渠北凉史形成明显对比。树洛干之后继任的是阿豺，时当晋末。到刘宋初，阿豺遣使至宋，此后历任吐谷浑君长基本接受刘宋策命，本传亦转而以通使、策拜的记载为主，也记录了北魏灭赫连氏、统一北方黄河流域之际吐谷浑及其他相关政权的动向。这些材料应该大抵来自刘宋官方记录，也依刘宋年号编年记事，符合《宋书》夷狄传整体的规范。

在这篇传记最后，还有一段对吐谷浑土地风俗的描写。《宋书》绝大部分夷狄传记并无此类内容，与前史迥异，《吐谷浑传》的这段描写盖得益于易得

---

① 聂溦萌：《中古官修史体制的运作与演进》，上海古籍出版社，2021年，第43—45页。

② 胡鸿：《能夏则大与渐慕华风：政治体视角下的华夏与华夏化》，北京师范大学出版社，2017年，第202—241页。

③ 《隋书》卷三三《经籍志二》，中华书局，1973年，第963页。

的文献资料。学者已经指出其中很多内容与诸书所引段国《沙州记》的佚文非常接近。[①]沙州是宋人对吐谷浑所居地的称呼，宋廷册封吐谷浑的官职也总是包括沙州刺史或都督沙州军事。段国《沙州记》，从佚文可知当是作者出使吐谷浑所撰，属行记一类的地理书，描述行经各地的地理人文风貌。不少学者认为《沙州记》就是上面提到的《隋书·经籍志》中的《吐谷浑记》。不过《吐谷浑记》出现在史部霸史类，《沙州记》佚文则明显属地理书，或许也可能段国撰写了两部著作，前者因屡为中古正史《吐谷浑传》所据，[②]遂被湮没，后者则常被征引，因此有佚文传世。

《氐胡传》记仇池氐杨氏和北凉沮渠氏。仇池与东晋、刘宋境土邻近，长期为其藩属，但也交争频繁，传中大部分是军事行动记载或表诏文字。传中也有“元和既杨氏正统，群氐欲相宗推，年小才弱，不能绥御所部，头母妻子弟并为索虏所执，头至诚奉顺，无所顾怀”这样反映其政权自身的记载。但这段记载之后引用雍州刺史王玄谟上表，其中称“被敕令臣遣使与杨元和、杨头相闻，并致信饷”，表中还转述了仇池杨头对使者所言仇池事务。可见，刘宋对仇池政权有重要影响，相互往来密切，宋廷可能在处理仇池事务的过程中已掌握大量情报。因而此传有关仇池自身史事的记载未必来自某种特定的仇池史文献，依据宋廷档案资料即可编录。

北凉沮渠蒙逊的传记与仇池虽同在一篇，情况却大为不同。此传不仅记录沮渠氏与刘宋的交往，还记录了大量同一时期在西北地区活跃的南凉秃发氏、西凉李氏、后凉吕氏、夏赫连氏、后秦姚氏、北魏等政权事迹。虽然涉及政权很多，但记事的主线是围绕沮渠北凉，对其他政权的记载也多可作为理解沮渠氏活动的背景。此传体例是散碎的编年记录，叙事简省，类似《太平御览·偏霸部》摘引《十六国春秋》的状态，也就是将十六国编年史作极

① ［日］松田寿男：《段国〈沙州记〉集注》，《内陸アジア史論集》，东京：国书刊行会，1964年，第15—19页。

② 除了《宋书》，唐修《晋书》《魏书》《梁书》的吐谷浑传记也有类似内容。

大程度精简后的状态。因此，可以推测这篇传记的很多内容依据了某种北凉史。当时南北间书籍交流并非畅通无阻，如宋人求取前秦史，北魏崔鸿求取成汉史，都经过曲折。[①] 十六国西北诸国史著都是北人所撰，但沮渠茂虔曾向刘宋献书，其中包括“《敦煌实录》十卷，《凉书》十卷”[②]，很可能就是《宋书·沮渠蒙逊传》的史源。此外，这篇传记中也有与宋交往的记载以及凉宋之间往来文书。借助北方沮渠氏进献的国史，以及宋廷保存的有关交兵通使的记载和章奏诏敕，史官完成了这篇传记。

《宋书》为沮渠北凉设传，也不单纯是因为获得其献书。北凉是十六国中与刘宋并立时间最长的国家，而且也在较长时间里接受宋的册封。《宋书》把北凉沮渠氏与仇池杨氏合为一传，它们都是生存在宋魏之间，而被宋视为藩属的政权。虽然依据凉史编纂，但在体例和用语上都改奉刘宋正统。如称吕光“自王”于凉州，段业“自号”凉州牧，沮渠蒙逊“自称”车骑大将军，李暠“自称”冠军大将军、沙州刺史，“移据”酒泉，沮渠蒙逊“私谥”武宣。此传的纪年也使用东晋和刘宋年号，其他政权所建年号在行文中提及的凡三处，沮渠蒙逊“建号永安元年”，李暠“称庚子元年”，沮渠蒙逊“改称玄始元年”。晋宋年号计有隆安、义熙、永初、景平、元嘉。但吕光死至义熙元年（405）以前又出“元年”“二年”“三年”，而不言年号，实“元年”应为“元兴元年”之脱。原文作：“吕光死，子纂立，元年，为从弟隆所篡。”看似“元年”指吕纂所立之元年，但吕纂嗣位与吕隆嗣位并非同一年之事，《晋书》《魏书》帝纪两事皆相差两年。“吕光死，子纂立”承上文，

---

① 〔唐〕刘知几撰，〔清〕浦起龙通释：《史通通释》卷一二《古今正史》：“及宋武帝入关，曾访秦国事，又命梁州刺史吉翰问诸仇池，并无所获。先是，秦秘书郎赵整参撰国史，值秦灭，隐于商洛山，著书不辍，有冯诩车频助其经费。整卒，翰乃启频纂成其书，以元嘉九年起，至二十八年方罢，定为三卷。而年月失次，首尾不伦。河东裴景仁又正其讹僻，删为《秦纪》十一篇。”（上海古籍出版社，1978 年，第 359 页）《魏书》卷六七《崔鸿传》：“唯有李雄蜀书，搜索未获，阙兹一国，迟留未成。去正光三年，购访始得。”（中华书局，1974 年，第 1505 页）

② 《宋书》卷九八《氐胡传》，中华书局，1974 年，第 2416 页。

属隆安四年（400）之事，吕隆篡立在元兴元年（402），正是两年之后。[1]下文“二年”“三年”即元兴二、三年，再下即是“义熙元年”，恰好能够衔接。而北凉史旧有的正统书法，似乎还在一个方面存有蛛丝马迹，即此传中南凉秃发氏称“西平虏”，西秦乞伏氏称“枹罕虏”，夏赫连氏称“西虏”，北魏称“索虏”。把南凉（鲜卑）、西秦（鲜卑）、夏（匈奴）与后凉（氐）、西凉（汉）相区别对待的观念，可能沿用北凉史，而刘宋史官又取消了北凉沮渠氏自身的特殊地位，基本将其等同于后凉和西凉。

最后来看《索虏传》。此传明显有以拓跋魏为中心的记载和叙述宋魏双方和战的记载，据此把全篇主要记事表列如下：

表1　《索虏传》主要记事

序号	魏年号/宋年号/公元纪年	拓跋魏史事	与宋相关的史事
1		拓跋（讬跋）之先（中华书局点校本2321页）	
2	西晋末	居云中，猗卢受封代公、代王（2321页）	
3	东晋	猗卢孙什翼犍的统治（2321页）	
4	东晋孝武帝、安帝时期	什翼犍子开（道武帝拓跋珪）的统治（2322页）	
5	义熙五年/天赐五年/409	开被杀，嗣（明元帝拓跋嗣）即位（2322页）	
6	义熙十三年/泰常二年/417		刘裕伐后秦。魏救后秦，为刘裕所破，遣使求和。自是使命岁通（2322页）
7	永初三年、景平元年/泰常七、八年/422、423		刘裕卒，魏大举攻宋黄河以南青兖司豫诸州。附毛德祖小传（2323—2330页）

① 不过《晋书》《魏书》帝纪两事分别在隆安三年（399）和隆安五年（401），较此传整体上移一年。这种整体前移或后移一年的纪年误差在十六国史中很常见。

续表

序号	魏年号/宋年号/公元纪年	拓跋魏史事	与宋相关的史事
8	景平元年/泰常八年/423	嗣卒，子焘（太武帝）继立。焘其人（2330页）	
9	元嘉五至八年/神䴥元年至四年/428—431	攻灭赫连夏。附叙赫连夏之兴（2330—2331页）	
10	元嘉七年/神䴥三年/430		宋北伐，欲收复河南，败。附尹冲小传。附长沙王义欣檄文，宋文帝诗（2331—2334页）
11	“其后”		与魏通和（2334页）
12	元嘉十七年/太平真君元年/440	魏改元太平真君（2334页）	
13	元嘉十九年/太平真君三年/442		魏镇东将军与宋徐州移书往来，论仇池事（2334—2337页）
14	元嘉二十年/太平真君四年/443	下书以太子监国（2337—2338页）	
15	同上	伐芮芮，大败（2338页）	
16	元嘉二十三年/太平真君七年/446		兖州答魏安南平南府移书（2338—2339页）
17	同上		泸水胡盖吴起兵反魏，并上表于宋归顺，宋文帝答诏。盖吴败（2339—2341页）
18	同上		魏攻历城，又攻青兖冀三州（2341页）
19			（宋）太祖思弘经略，作诗诏群臣（2341—2342页）
20	元嘉二十五年/太平真君九年/448		魏宁南将军豫州刺史与宋豫州刺史移书往来（2342—2344页）
21	元嘉二十七年/太平真君十一年/450		魏侵悬瓠，掳掠甚多。录魏太武帝与宋文帝书（2344—2347页）
22	同上		宋文帝北伐，败，魏军兵临瓜步。录魏太武帝与宋文帝书、宋文帝北伐诏书（2347—2353页）

续表

序号	魏年号/宋年号/公元纪年	拓跋魏史事	与宋相关的史事
23	元嘉二十八年/正平元年/451	太武帝焘及太子晃死，国中乱后晃子濬（文成帝）得立（2353页）	
24	元嘉二十九年/正平二年/452		宋文帝北伐河南。录青州刺史刘兴祖议（2353—2354页）
25	孝建元年/兴光元年/454		通互市（2354页）
26	大明二年/太安四年/458		魏攻青州，败退（2354页）
27	永光元年/和平六年/465	文成帝死，子弘之（献文帝弘）继立（2354页）	
28	景和元年至泰始二年/和平六年至天安元年/465—466		义阳王昶北奔，晋安王子勋反，薛安都等以淮北北降。录魏诏（2354—2356页）
29	泰豫元年/延兴二年/472		魏引山蛮攻义阳（2357页）
30			附芮芮等国

与宋相关的史事占此传的主要篇幅，其中又可分为事件（主要是军事活动）记载与文章的引录。关于传中所载宋魏战事，刘知几提到："《宋书》载佛狸之入寇也，其间胜负，盖皆实录焉。魏史所书，（原注：谓魏收所撰者）则全出沈本。如事有可耻者，则加减随意，依违饰言。"[①]南北双方对战事记载胜负不同本是常见现象，盖一次战争有极多交战，常常互有胜负，两方各选择有利于自身的方式来认识战争走向。宋人的战争记录未必比魏人真实客观，《宋书·索虏传》的所谓"皆实录"，应该理解为更多维持了原始档案的信息，而魏收《魏书》可能有更多修饰。

多采文章是《宋书》的特色，此传亦不例外。如叙元嘉七年（430）刘宋北伐，附总督诸军的长沙王义欣告北魏司兖二州檄书，以及宋文帝为纪念

① 〔唐〕刘知几撰，〔清〕浦起龙通释：《史通通释》卷一七《杂说中》，第488页。

战事所作之诗；元嘉二十七年（450）北魏攻悬瓠，录魏太武帝与宋文帝书；同年宋北伐，又先录魏帝与宋帝书，再录宋文帝北伐诏书；元嘉二十九年（452）宋文帝大举北伐，录青州刺史刘兴祖议伐河北；传中还几次引录魏宋边镇往来移书，甚至还收录魏太武帝下书其国内以太子监国的诏书。

上表列出十二条不涉及刘宋的拓跋魏史事，也是此传重要部分。第一条叙拓跋源出李陵，刘知几称此说乃崔浩所创，“沈约撰《宋书·索虏传》，仍传伯渊所述”[①]。是否可以推测这些拓跋魏史事记载出自崔浩等北魏史官所作国史呢？北魏国史不可考，退而求其次，以魏收《魏书》与这些记载对比，抵牾极多。如《索虏传》云什翼鞬“为苻坚所破，执还长安”，而《魏书·序纪》及《寔君传》称什翼鞬败于苻坚不久即为庶长子寔君所杀，寔君被俘至长安。《索虏传》云道武帝宠妾与其子清河王私通，刺杀帝，《魏书》的说法是道武将杀清河王绍生母，绍乃杀帝。《索虏传》称太武帝十五六岁还不为其父明元帝所知，“遇之如仆隶”。《魏书·太武帝纪》则称太武初生时就“体貌瑰异，太祖奇而悦之，曰：‘成吾业者，必此子也。’”太武帝之死，《索虏传》在元嘉二十八年（451），而《宋书·文帝纪》在二十九年，与《魏书·太武帝纪》所载相合；太武帝和太子晃之死、宗爱为乱的原委，《索虏传》也与《魏书》所述完全不同，包括露骨的父子相杀。征赫连氏，《索虏传》称赫连定克复长安后“焘又自攻不克”，《魏书·太武帝纪》及《铁弗刘虎传》皆无；又《索虏传》言“斩吐伐斤（奚斤）”，而《魏书·奚斤传》，斤仅被俘，未死。太平真君四年（443）魏伐芮芮，《魏书·太武帝纪》及《蠕蠕传》皆不言魏军败，唯帝纪此事后云“镇北将军封沓亡入蠕蠕”，而《索虏传》不仅记魏大败，且云不听死家发哀。总之，凡涉及细节，《索虏传》与《魏书》几乎都不相同，在很多涉及君主、宫廷政变的记述里，《索虏传》的故事版本更残虐无道。如果认为《索虏传》出自崔浩等所撰国史，一方面我们很难相信它会与魏收《魏书》差异如此之大，尽

① 〔唐〕刘知几撰，〔清〕浦起龙通释：《史通通释》卷一七《杂说中》，第491页。

管崔浩国史遭受打击，但它依然是魏收《魏书》辗转的渊源之一，而且崔浩之史仅书至太平真君以前，[①]《索虏传》则写到孝文帝即位之初，不应都与北魏旧史毫不相合。另一方面，《索虏传》记事多不堪，崔浩于太武帝朝修史，就算再秉笔直书，似乎也不会直书太武帝被其父以奴仆遇之这样的故事。有关什翼犍被执送长安一事，《晋书·苻坚载记》也持此说，亦即此说出于前秦方面的材料。前秦史，据说刘裕入关时即有意访查，后来宋人得到前秦秘书郎赵整的旧稿，遂撰成《秦书》《秦纪》。[②]因此前秦方面流出的有关北魏先帝的说法，南方应当知悉。由此或可推测，《索虏传》中的北魏自身史事是杂采在南方流传的书籍记载、传闻等而成。

以上讨论了《宋书·索虏传》《鲜卑吐谷浑传》《氐胡传》的编纂。其史源可以大体区分为两类，一是宋廷的官方记录和文书，二是该国史书。《索虏传》以前者为主，辅以南方流传的有关北魏的记载；《吐谷浑传》和《氐胡传》沮渠北凉部分以后者为主，辅以刘宋档案资料；《氐胡传》仇池杨氏部分似仅据前者。在体例书法上，值得注意的有以下几点。一是尽管采录他方史书，但史官调整了体例和表述用语，使符合全书书法体例，也是刘宋正统立场的要求。上文仅以沮渠北凉传作出说明，其余各传亦皆如此。二是《索虏传》颇采拓跋氏秽闻，而《吐谷浑传》和沮渠北凉传则大抵遵从该国自身叙述，或者即便不收录夸饰之辞，也未有意收集异说，更反衬《索虏传》乃特意为之。三是《吐谷浑传》之末附记其土地风俗，使它更接近前史的夷狄传，也呼应史臣论所云“圣人谓之荒服，此言盖有以也”。《宋书》在书写邻国时使用的这些方法，成为后来魏收撰写《魏书》时可能利用的资源。

---

① 据《魏书》卷三五《崔浩传》，崔浩第一次修史在神䴥二年（429），灭北凉统一北方后，又令崔浩续修国史，其史下限大概就是统一之时。（第815、823—824页）退一步说，崔浩于太平真君十一年被杀，其史不会晚于此。

② 〔唐〕刘知几撰，〔清〕浦起龙通释：《史通通释》卷一二《古今正史》，第359页。

二、《魏书·僭晋司马叡传》与旧晋史佚文的比勘

《魏书》卷九五至九九是僭伪诸国传记，卷九五首有序，从汉末分裂的历史讲起，直至北魏与十六国、南朝相抗之状，而自言这五卷是“总其僭伪，列于国籍”，欲使读者“知僭盗之终始”。僭伪诸传的设置历来是魏收《魏书》为人所诟病之处，尤其是各传冠以“僭晋”“岛夷”“私署”之名，刘知几已言是“爱憎出于方寸，与夺由其笔端”，“虽复刊诸竹帛，终罕传于讽诵”[①]。

《僭晋司马叡传》是僭伪诸传之一篇，记述东晋一代的历史。拓跋先世曾臣服西晋，自孝文帝以降，北魏以西晋的继承者自居，绕过了十六国，也不承认与十六国并立的东晋。因此，《魏书》对于西晋怀愍之世授予拓跋猗卢的代公、代王封爵予以记载；对东晋政权，则将其与桓玄之楚、南朝宋齐梁三代，以及十六国中的成汉、北燕两个政权相次编录，即《僭伪传序》所谓的“夷楚喧聒于江淮”。

将东晋一朝的历史凝结于一篇，诸书中独此一家，传中记述的多是东晋一代核心的政治和军事斗争。虽然此传所载史事绝大部分也见于其他文献，但还是有不少具体叙述上以及细节上的差异，有不少独家材料。关于这篇传记的史源，周一良先生认为“与《世说新语》注、《太平御览》等所引诸家《晋书》校，独合于孙盛《晋阳秋》、檀道鸾《续晋阳秋》”[②]。他提出七条与《司马叡传》文字近似的孙檀两书佚文：（表2）

① 〔唐〕刘知几撰，〔清〕浦起龙通释：《史通通释》卷四《称谓》，第109页。

② 周一良：《魏收之史学》，《魏晋南北朝史论集》，北京大学出版社，1997年，第271页。

表2 佚文统计

序号	所涉晋帝	内容摘要	佚文出处
1	元帝	为牛氏私生子	《太平御览》卷九八《皇王部》引《晋阳秋》
2	成帝	庾亮征苏峻	《世说新语·假谲》注引《晋阳秋》
3	废帝	桓温不臣之心	《世说新语·尤悔》注引《续晋阳秋》
4	废帝	宫闱秘事	《太平御览》卷九九《皇王部》引《续晋阳秋》
5	简文帝	逼于桓温	《太平御览》卷九九《皇王部》引《续晋阳秋》
6	简文帝	托孤于桓温	《太平御览》卷九九《皇王部》引《续晋阳秋》
7	孝武帝	荒淫之事	《太平御览》卷九九《皇王部》引《续晋阳秋》

第一条佚文文字实异于《魏书》，且有史实的矛盾：《魏书》明称司马叡“晋将牛金子也”，《晋阳秋》佚文却记载牛金为晋宣帝所忌，被毒杀之事，而称元帝生父是“小吏牛钦”。唐修《晋书》卷六《元帝纪》亦载此说，文字与《晋阳秋》佚文几乎一样，说明佚文呈现的极大可能是《晋阳秋》文本原貌。观上表第四、七条《魏书》记晋帝丑闻，都与《太平御览》所引《续晋阳秋》基本一致，绝无精简加工之迹，且此传全篇方方面面都对东晋极尽贬抑（详下），作者似无理由在晋元帝这则传闻中独将小吏牛氏之子改为名将牛金之子。而刘知几说“牛金子”的说法始于沈约《晋书》，魏收“深嫉南国，幸书其短，著《司马叡传》，遂具录休文所言”①。这一条未宜视为《魏书》合于《晋阳秋》之证。

第二条《晋阳秋》佚文出自《世说新语·假谲》刘注，周先生校出与《魏书·司马叡传》相应的是下列引文的A段：

> 是时成帝在襁褓，太后临朝，中书令庾亮以元舅辅政，欲以风轨格政，绳御四海。而峻拥兵近甸，为逋逃薮。亮图召峻，王导、卞壸并不欲。【A】亮曰：“苏峻豺狼，终为祸乱，晁错所谓削亦反，不削亦反。”遂下优

① 〔唐〕刘知几撰，〔清〕浦起龙通释：《史通通释》卷一七《杂说中》，第490页。

> 诏，以大司农征之。峻怒曰："庾亮欲诱杀我也。"遂克京邑。【B1】平南温峤闻乱，号泣登舟，【B2】遣参军王愆期推征西陶侃为盟主，俱赴京师。【B3】时亮败绩奔峤，人皆尤而少之。峤愈相崇重，分兵以配给之。[1]

《魏书·司马叡传》作：

> 衍历阳太守苏峻不顺于衍，【A】衍护军庾亮曰："苏峻豺狼，终为祸乱，晁错所谓削之亦反，不削亦反，削之反速而祸小，不削反迟而祸大。"乃以大司农征之，令峻弟逸领峻部曲。征书至，峻怒曰："庾亮专擅，欲诱杀我也。"

两处文字的确高度相似。不过上引《晋阳秋》佚文的B段在《司马叡传》下文亦有对应内容。《司马叡传》在A段之下述苏峻起兵陷建康事，而后云：

> 于是建业荒毁，奔投吴会者十八九。【B1】温峤闻之，移告征镇州郡。【B3】庾亮至盆口，峤分兵配给。【B2】又招衍荆州刺史陶侃欲共讨峻。侃不从，曰……，峤复喻侃曰……，侃乃许之。

此处所载史事与刘注引《晋阳秋》佚文B段重合，但文字的相似性较低，而且分兵给庾亮与推陶侃为盟主两事的顺序相反。旧注引文常见删节，但一般不会颠倒。对比唐修《晋书》卷六七《温峤传》，其叙事顺序与《魏书·司马叡传》相同：

> 【B1】及京师倾覆，峤闻之号恸。人有候之者，悲哭相对。俄而庾亮来奔，宣太后诏，……时亮虽奔败，【B3】峤每推崇之，分兵给亮。【B2】遣王愆期等要陶侃同赴国难，侃恨不受顾命，不许。峤初从之，后用其部将毛宝说，复固请侃行，语在《宝传》。……峤于是遣王愆期奉侃为盟主。

则这种叙事顺序未必是《魏书》作者的处理，很可能在旧晋史中已经存在。从B段来看，《魏书》内容似出自《晋阳秋》以外的某史。

---

① 〔南朝宋〕刘义庆著，〔南朝梁〕刘孝标注，余嘉锡笺疏，周祖谟等整理：《世说新语笺疏·假谲》，中华书局，2007 年，第 1005—1006 页。

第三、四条，因汤球辑本之《续晋阳秋》分作两条，周氏亦作两条，但实际上很可能出自原书相近的部分。这里先引出《司马叡传》相关文字：

【A】初温任兼将相，其不臣之心，形于音气，曾卧对亲僚，抚枕而起曰："为尔寂寂，将为文、景所笑。"众莫敢对。【B】后悉众北讨，冀成陵夺之势。及枋头奔败，知民望之去己，既平瑾，问中书郎郗超曰："足以雪枋头之耻乎？"超曰："此未厌有识之情也。公六十之年，败于大举，不建不世之勋，不足以镇惬民望。"因说温以废立之事。温既宿有此谋，深纳超言。温自广陵将旋镇姑孰。至于白石，【C】极言其主弈少同阉人之疾，初在东海、琅邪国，亲近嬖人相龙、朱灵宝等并侍卧内，而美人田氏、孟氏遂生三男。众致疑惑，然莫能审其虚实。至是，将建储立王，温因之以定废立之计。

上引A段、C段即周氏表列的第三、四条，它们对应的佚文分别是《世说新语·尤悔》注引《续晋阳秋》：

【A】桓温既以雄武专朝，任兼将相，其不臣之心，形于音迹。曾卧对亲僚，抚枕而起曰："为尔寂寂，为文、景所笑！"众莫敢对。①

和《太平御览·皇王部》晋废帝条引《续晋阳秋》：

【C】帝少同阉人之疾，而昵比左右。初，在东海琅琊，因亲近嬖人，相龙计好，朱灵宝等并侍卧内，美人田氏遂生三男。众致疑惑，然莫能审其虚实。至是，将建储贰，大司马桓温因之以定废立之计，遂率百僚并还朝堂本省。

而B段其实亦有对应佚文，见《太平御览·皇王部》简文帝条引《续晋阳秋》：

【B】温既以雄武专朝，任兼将相，悉众北讨以成乐推之势，及枋头

① 〔南朝宋〕刘义庆著，〔南朝梁〕刘孝标注，余嘉锡笺疏，周祖谟等整理：《世说新语笺疏·尤悔》，第1058页。

奔败，知民望之去，乃屠豫州刺史袁真于寿阳城，既而问郄超曰：“足下何以何雪枋头之耻乎？”超因说温以废立之事。温既宿有此谋，深纳超言。既废昏立明，民人悦服，然恭己南面，政自温出。帝性韵深沉，雅有局镇。

桓温废废帝而立简文，相关记载与两帝皆相关。《续晋阳秋》B段佚文因见于《太平御览》“简文帝”条，汤球辑本亦置于简文帝之下，对应的却是《魏书·司马叡传》中记述废帝的内容，因此可能被周先生遗漏。引文前后还有其他内容，因与《魏书》不相应，兹不具录。引文无郗超答语，而《魏书》有，应是类书编者删节所致，这条引文本就是摘选原书多处内容拼合而成。

B段佚文（《太平御览》简文帝条引）开头的“温既以雄武专朝，任兼将相”一句与A段佚文（《世说新语·尤悔》注引）完全一样，我认为B段实际上与A段出自一处。《太平御览》“简文帝”条引录了两条《续晋阳秋》，此为第二条，从“帝以太兴三年生”说起，概述简文生平，包括引殷浩等与桓温相抗之事。考虑《续晋阳秋》是编年体，这条引文涉及很长时段的不同重要史事，不可能来自该书的某个集中段落。最明显的证据，此条有“陈郡人殷浩，素有盛名”“又琅琊王洽，丞相导子”之语，而殷浩和王洽肯定在编年史前文早已出现，不可能到讲述桓温欲行废立时又作此般介绍。所以这条引文应是对《续晋阳秋》作了跳跃式的摘抄和加工，内容不仅来自《续晋阳秋》简文帝在位的时段，也因此在《太平御览》中与上一条《续晋阳秋》引文分作两条。其“以雄武专朝，任兼将相”一句，极大可能就是A段佚文的第一句，《太平御览》引文盖省略“为尔寂寂，为文景所笑”等语，径接“悉众北讨”句。A、B、C三段佚文内容都指向桓温篡夺，又在《魏书·司马叡传》中前后相连，应在《续晋阳秋》原书中亦相连或相近，而为《魏书》作者大抵沿用。如此，则三、四两条可视为一条。

然而这一部分《魏书》内容虽与《续晋阳秋》佚文高度接近，也不能完全肯定是引自《续晋阳秋》。《世说新语·言语》注引《晋安帝纪》云：

桓温于枋头奔败，知民望之去也，乃屠袁真于寿阳。既而问郗超曰：“足以雪枋头之耻乎？”超曰：“未厌有识之情也。公六十之年，败于大举，不建高世之勋，未足以镇厌民望。”因说温以废立之事。时温夙有此谋，深纳超言，遂废海西。[①]

此条与B段相应，而且保留了郗超的答语，甚至比《续晋阳秋》佚文更接近《魏书》文本。不过《晋安帝纪》（王韶之《晋纪》）是否还有A和C段内容，没有佚文能够证明。

第五、六两条，亦出《太平御览·皇王部》同一条引文，汤球辑本则分为两条，且据《通鉴》径补数句。《魏书》此二条文字亦相连，应视为同一条。

周先生举出的七条以外，安帝年间王恭第二次起兵之事，亦有《续晋阳秋》佚文与《魏书·司马叡传》相近。《开元占经》卷三四引《晋阳秋》：

八月，以谯王尚之弟允之为振威将军，守芜湖，以备庾楷等。【A】由是内外骚动。王恭虑祸难，复密要殷仲堪、桓玄同会京师。【B】玄等皆向遣石头，仲堪在芜湖。朝廷震骇。[②]

按，此条虽称引自《晋阳秋》，但孙盛不及安帝世，[③]盖当作《续晋阳秋》。又，《世说新语·仇隙》注引《续晋阳秋》：

【A】王恭深惧祸难，抗表起兵。【C】于是遣左将军谢琰讨恭。恭败，走曲阿，为湖蒲尉所擒。初，道子与恭善，欲载出都，面相折数。闻西军之逼，乃令于儿塘斩之，枭首于东桁也。[④]

① 〔南朝宋〕刘义庆著，〔南朝梁〕刘孝标注，余嘉锡笺疏，周祖谟等整理：《世说新语笺疏·言语》，第140页。

② 《开元占经》卷三四《荧惑占》“荧惑犯东井”条引《晋阳秋》。（中国基本古籍库清抄本）

③ 按，《晋书》卷八二《孙盛传》云年十岁避难渡江，卒年七十二，则当卒于安帝以前。（中华书局，1974年，第2147—2148页）

④ 〔南朝宋〕刘义庆著，〔南朝梁〕刘孝标注，余嘉锡笺疏，周祖谟等整理：《世说新语笺疏·仇隙》，第1088页。

以上两条佚文皆述王恭第二次起兵之事，内容简略，都应属于摘引。相关文句亦见《魏书·司马叡传》：

德宗谯王尚之兄弟复说道子，以为藩伯强盛，宰相权弱，宜密树置，以自藩卫。道子然之，分遣腹心，跨据形要。【A】由是内外骚动。王恭深虑祸难，复密要殷仲堪、西中郎将庾楷、广州刺史桓玄同会建业。玄等响应。恭抗表传檄，以江州刺史王愉、司马尚之为事端。……于是德宗戒严：加道子黄钺，【C】遣右将军谢琰拒恭等，……琰与牢之俱进袭恭，恭奔于曲阿，为湖浦尉所执，送建业。……【B】玄等径造石头，仲堪继在芜湖，建业震骇。道子杀恭于倪塘。

《占经》引文A、B段、《世说新语》注引文C段，与《魏书》A、B、C段文字高度相似，但《魏书》内容较为分散，可证佚文颇多删节。又《世说》注引文的后半部分所记道子杀王恭于儿（倪）塘之事亦见《魏书》，但《魏书》文字简略，无法校对。

又，敦煌所出晋史写本（P.2586）亦有一处与《魏书·司马叡传》相近：

是时王氏得政，隗之在门下也，从容言于帝曰："王氏强，宜渐抑损。"王敦闻而上疏曰："臣导昔蒙殊宠，委以事机，虚己求说，秉（后残）。"

《魏书·司马叡传》：

是时叡大将军王敦宗族擅势，权重于叡，迭为上下，了无君臣之分。叡侍中刘隗言于叡曰："王氏强大，宜渐抑损。"敦闻而恶之。

写本为记载详细的编年体裁，多长篇引用表奏，每事或系于月，或系于日。罗振玉初将此写本定为邓粲《晋纪》残卷，[①]周一良先生提出可能是《晋阳秋》，但校勘证据只有残卷上八字一句的一条。[②]岩本笃志讨论认为

① 罗振玉编：《鸣沙石室佚书正续编》，北京图书馆出版社，2004年，第16—18页。

② 周一良：《乞活考》，《魏晋南北朝史论集》，第21页注2。

尚难确定写本归属，笔者同意岩本氏意见。[①]写本此条与《魏书》相关文字对比，只有后半符合，侧面证明即使《魏书·司马叡传》文字与某史佚文相近，也很难说明此传全文即出于该书。

综上所述，《魏书·司马叡传》可以找到三个较长的段落与《续晋阳秋》佚文相应，一是桓温有不臣之心，诬废帝隐疾而欲行废立之事的相关记载（周先生所校第三、四条，加上本文补校的B段内容）；二是简文帝为权臣桓温所逼的相关记载（周校第五、六条）；三是孝武帝荒淫的相关记载（周校第七条）。此外也还有与《晋阳秋》《续晋阳秋》佚文近似处，但较零散，未敢断言即据二史编录。三段较长的相似文字，都是对皇帝个人的、负面的记载，有较强的文本独立性，易于被修史者采用，不能排除《魏书·司马叡传》的作者有意从《续晋阳秋》中挑选了这些贬损东晋诸帝的内容编缀入传。

由于诸家旧晋史无论编年史内部抑或编年、纪传之间，都存在大量相同、相近的文本（由今存诸史佚文之比对可知），而每种旧晋史留存到今天的佚文也都相当有限，原书面貌扑朔迷离，因此《魏书·司马叡传》的史源实际上很难通过比对旧晋史佚文加以认定。笔者也将《魏书·司马叡传》与唐修《晋书》相关纪传进行了比对，发现《魏书》记载往往零散地与《晋书》多篇纪传对应，且文字相似度总体较低，还有不少无法对应的部分；只有关于王敦第二次起兵的记载比较集中地对应于唐修《晋书·王敦传》及《明

---

① 按，吐鲁番出土的一种晋史写本，也曾被定为《晋阳秋》写本，然该本体例与敦煌本有明显差异，显然不可能两本皆为《晋阳秋》。参见陈国灿、李征：《吐鲁番出土的东晋（？）写本〈晋阳秋〉残卷》，载文化部文物局古文献研究室编《出土文献研究》（第1集），文物出版社，1985年，第152—158页，后载陈国灿《陈国灿吐鲁番敦煌出土文献史事论集》，上海古籍出版社，2012年，第15—23页；［日］岩本笃志：《敦煌·吐魯番発見〈晋史〉写本残卷考》，《西北出土文献研究》第2号，2005年。笔者认为两种写本以及《魏书·司马叡传》的史源都未必是《晋阳秋》。盖诸编年体晋史文字内容本有重复，而《晋阳秋》涵盖时段较广（还能以《续晋阳秋》继其后），佚文留存较多、较详，因此当人们比对一种未知的编年体晋史时，容易认为与《晋阳秋》更接近。

帝纪》两篇文献，文本相似度也较高。比较有趣的是，《魏书》记北魏永兴二年（410）卢循再次起兵之事，与《晋书·卢循传》语全不同，却是《宋书·武帝纪》的删节版。刘裕受禅以前的历史是以晋史官名义书写，因此《宋书·武帝纪》受禅以前的记载或许与某些晋史的晋末部分关系较近；也有可能是撰《魏书》东晋传记时也直接参考了《宋书》。限于资料，这些问题尚难确证。

用校勘的方式，无论是把《魏书·司马叡传》与旧晋史佚文抑或唐修《晋书》纪传对校，得到的结果都是文本关系表现复杂，若即若离。既然如此，不妨看看这篇传记内容如何，或有助于推测其来源和编纂过程。

三、《魏书·僭晋司马叡传》的内容与编纂

周一良先生认为魏收编纂东晋诸帝传只使用《晋阳秋》和《续晋阳秋》，“盖欲系江南事于晋帝传中，从编年体采摭远较自纪传为易。盛书编年，且以良史称，因盛书遂并用道鸾之作也”[①]。选择“良史”作为改编史传的蓝本是通常的做法，但《魏书·司马叡传》是个特例，它所需要的似乎并非良史。如前所述，本篇是《魏书》僭伪诸传之一，其性质不仅体现在一些称谓用语和特定体例上，全篇内容也带有极强烈的倾向。传末云：

> 自叡之僭江南，至于德文之死，君弱臣强，不相羁制，赏罚号令，皆出权宠，危亡废夺，衅故相寻，所谓夷狄之有君，不若诸夏之亡也。

本篇史臣论云：

> 司马叡之窜江表，窃魁帅之名，无君长之实，局天蹐地，畏首畏尾，对之李雄，各一方小盗，其孙皓之不若矣。

说东晋一代“君弱臣强”“衅故相寻”没有太大问题，但若说东晋

① 周一良：《魏收之史学》，《魏晋南北朝史论集》，第274页。

“无君长之实”，和成汉一样是“一方小盗，其孙皓之不若”就有些偏激。但本传内容，的确通过种种手法塑造了东晋诸帝和东晋一朝的这种形象，与传末小结和史臣论保持高度一致。我们把这些手法归纳为三类，依次说明。

第一种手法是史事选择专取丧乱。全篇主要记事如表2。

表2 《魏书·僭晋司马叡传》主要记事

人物	事迹
司马叡（元帝）	出镇建康 称晋王 称帝 王敦第一次起兵
绍（明帝）	王敦第二次起兵
衍（成帝）	苏峻之乱
岳（康帝）	
聃（穆帝）	桓温专权（包括废殷浩、西伐、北伐）
丕（哀帝）	
奕（废帝海西公）	桓温败于枋头，乃攻袁真，又废帝
昱（简文帝）	逼于桓温
昌明（孝武帝）	卢悚之乱 桓温死 淝水之战 司马道子父子掌权
德宗（安帝）	王恭第一次起兵 王恭第二次起兵 司马元显掌权 孙恩卢循之乱 桓玄起兵、篡位 安帝反正
德文（恭帝）	禅位于宋 为刘裕所害

不难看出，这篇传记是把东晋所有变乱串连在一起，如果说唐修《晋书》东晋列传的主角是高门大族，这篇传记的主角则是唐修《晋书》列传最后三卷的各位叛臣乱党，而且常常对他们的跋扈骄纵给出特写。唯一对东晋而言属正面的事件是淝水之战，盖因此战与十六国相关，且意义极为重大，实在无法避而不谈。但此传于战争过程仅以“坚至淮南，大败奔退”八字带过，本条最主要的内容反而是记苻坚南伐前为晋帝预起宅第。要之，凡有可能反映东晋君臣功绩之处，能避则避。

与这种事件选取方向相配合，传中还有一些对东晋统治的直白批评和揭露。如称晋元帝“号令不行，政刑淫虐”，后接杀淳于伯而血逆流之事；称孝武帝之时“尼娼构扇内外，风俗颓薄，人无廉耻”；又称安帝以来“内外乖贰”，“政令所行，唯三吴而已”。

附带一提，传中还穿插少量东晋与北魏的交涉。第一次是愍帝建兴六年（318），司马叡“檄四方，称与穆帝俱讨刘渊，大会平阳”，这时还把北魏先帝与司马叡都作为西晋藩翰，因为北魏承认西晋的正统（详后）。司马叡称帝后，传称其“遣使……来请通和”，而北魏先帝“以其僭立江表，拒不纳之”，由此确认了东晋政权的僭伪地位。至安帝时期，又出现与东晋交涉记事，或是“遣使朝贡”，或是东晋军队败于魏军，或守将归降。这些记载基本上也都见于《魏书》帝纪，应是将北魏方面记载插入旧晋史。只有巨鹿太守贺申举城降一事不见于《魏书》纪传，而见于《宋书·长沙王道怜传》，疑是旧晋史中本有此事，因对北魏有利，被北魏史臣保留下来。

第二种手法是贬低东晋诸帝形象。有关东晋诸帝个人的记载，除前部记司马叡早年任官经历属客观事实，不大能寄予感情倾向，其余记载则着力塑造出东晋诸帝丑闻迭出、身世成疑、昏庸荒淫的形象。上一节校勘旧晋史佚文时已经涉及的有：称晋元帝乃琅琊王妃私通武将而生；称废帝同阉人之疾，其三子实近倖之子；记简文帝受制强臣、忧愤无能之状；记孝武帝骄奢淫逸之行。除此，本传于康帝在位时期仅记一事，即康帝年号不祥；于哀帝在位亦止一事，亦年号之不祥；又记义熙元年安帝反正，由江陵返回建康途中龙舟沉没；又详述恭帝为刘裕所害之状。总的来看，这一手法集中用于东晋废帝以后的诸帝。

这些记载很可能是被有意搜集的，而且不仅在编纂国史列传时使用，在其他叙述东晋政权的场合也加以利用。从周一良先生对《魏书·司马叡传》与旧晋史佚文的校对结果已经可以看到，出处集中于《太平御览·皇王部》引《续晋阳秋》。当我们校对查找《魏书·司马叡传》的史源时，甚至可以说所有传世文献中与之文本关系最近的乃是《太平御览·皇王部》。这是偶然结果吗？有必要再把《太平御览·皇王部》东晋诸帝引文作一梳理，一般第一条引《晋书》，整体概括一朝史事，其后可能附加一条或多条引文，用更生动和明显的方式刻画皇帝个人或其统治时期的形象，或褒或贬。我们把负面的条目表列于下，所谓负面，或是对皇帝个人的批评，或是描述皇帝逼于强臣的情形，甚至直接表达晋祚衰颓：

表3 《太平御览·皇王部》东晋诸帝引文

序号	《太平御览·皇王部》条目	引文出处	是否见于《魏书·司马叡传》
1	废帝	臧荣绪《晋书》	否
2	废帝	《续晋阳秋》	是（一半见于《司马叡传》）
3	简文帝	《续晋阳秋》	是
4	简文帝	又曰（《续晋阳秋》）	是（部分见于《司马叡传》）
5	孝武帝	《续晋阳秋》	是
6	孝武帝	《异苑》	否
7	恭帝	《续晋阳秋》	否
8	恭帝	沈约《宋书》	是
9	恭帝	《晋中兴书》	否
10	恭帝	史臣曰[1]	否

① 按，此“史臣曰”似承上为《晋中兴书》史论，而又与唐修《晋书》卷一〇史臣论相同。

《太平御览·皇王部》的附加引文，对东晋前期诸帝都是正面描述，[①]《魏书·司马叡传》一概从无；废帝以后以贬抑之辞为多，而且屡屡见于《魏书·司马叡传》。北宋《太平御览》的编纂以旧类书为基础，最主要的就是北齐末年编修的《修文殿御览》。[②]因此上述《太平御览》与《魏书》在讲述东晋诸帝时取材的方向和具体内容上的接近，可以推测源自《修文殿御览》与《魏书》的接近。《太平御览·皇王部》在晋安帝之后立有桓玄一条，与《魏书》立《岛夷·桓玄传》的思路一样，也侧面证明《太平御览·皇王部》的这一部分多因袭《修文殿御览》，而《修文殿御览》编纂的思路与方法和稍早以前成书的魏收《魏书》又十分相似。

从出处明确的《太平御览》来看，《续晋阳秋》所载东晋诸帝负面传闻独多，刘知几批评此书乃“晋史之尤劣者”，将檀道鸾比作续写《史记》的陆贾、褚先生，还说“道鸾不揆浅才，好出奇语，所谓欲益反损，求妍更媸者矣”[③]。虽然《魏书·司马叡传》大概不会因为“良史”而特别青睐《晋阳秋》，却有可能特意选用“好出奇语”的《续晋阳秋》中一些对晋帝不利的记载。但这并不表明《司马叡传》系统性采用了《续晋阳秋》的记载，如上所述，沈约《晋书》元帝为“晋将牛金子也”的记载、沈约《宋书》有关恭帝被杀的记载，也都为《司马叡传》采录，其取材与其说是专主一本，似不如说是以叙述倾向为先。

第三种手法是仿照四夷传体例，视江左如蛮荒异域，对当地风物土俗

---

① 按，晋元帝条虽引《晋阳秋》述元帝为小吏牛氏之子，但整条引文的中心思想是元帝应天命，而其身世的传闻亦应“牛继马后”之符。在《晋阳秋》原文语境中，此事并非贬低元帝。《魏书·司马叡传》讲述这一事实的方式则是作为丑闻。

② ［日］胜村哲也：《修文殿御覽天部の復元》，载［日］山田庆儿编《中國の科學と科學者》，京都：京都大学人文科学研究所，1978年，第643—690页，刘安志：《关于中古官修类书的源流问题》，《新资料与中古文史论稿》，上海古籍出版社，2014年，第266—290页。关于《修文殿御览》的最新研究有付晨晨：《〈修文殿御覽〉編纂再考：南朝類書の北傳と北朝類書の誕生》，《東方學》2020年第7期。

③〔唐〕刘知几撰，〔清〕浦起龙通释：《史通通释》卷一七《杂说中》，第477页。

加以描述。这段记载见于司马叡称帝以后。先引《禹贡》对扬州的描述，而后追溯春秋以来的历史，“晚与中国交通”，“地远恃险，世乱则先叛，世治则后服”，因此，司马叡也不过是“因扰乱，跨而有之”，“羁縻而已，未能制服其民”。江左之人有类鸟兽，道德败坏，农业落后，江左之地条件恶劣。这段记载的意义不仅在于其内容本身，还在于加入对地理风俗的描写正是四夷传记的典型书写模式。

从《史记》转述张骞为汉武帝所具言的大宛、大月氏、乌孙等国地理风俗开始，在纪传史中逐渐形成四夷传的记载传统，以收载异域殊俗来反衬本朝居天下之中、四夷来朝的正统性，这种传统又衍生为专门的著述。梁中大通二年（530，当北魏孝庄帝之末），裴子野受诏“撰《方国使图》，广述怀来之盛，自要服至于海表，凡二十国”[①]，大约与此同时，后来成为梁元帝的萧绎在担任荆州刺史期间因接对四夷使者，遂“瞻其容貌，诉其风俗”，撰成《职贡图》。[②]这些撰述的出现，进一步加强了异域风俗描写对王朝正统性的象征意味。但在这场竞争中，江南之邦并非居于不败之地，因为东汉魏晋时期曾出现一大批记载南方地区的地理书，“大抵皆记长江流域以南之异物者，所记多草木禽兽，以及矿物之属之异于中原者，而间附以故事神话”[③]。到东晋南朝，随着汉人定居江南日久，不仅荆扬成为国家的核心区，连交广益宁也不再陌生，这种显然带有他者视角的南方异物志类文献才没落。但这类文献及其所留下的地域观念上的遗产，却成为北朝人可以利用的资源。在如此论调的指引下，完成正史四夷传的书写模式，全方位将南方国家视同夷蛮，也成为将刘宋等南朝政权斥为“岛夷”的引子。

通过以上三种手法，《魏书》把东晋王朝描绘成一个皇帝昏庸、权臣跋扈、国力虚弱、文化落后的僭盗夷蛮之国。由于倾向性极为突出，我们推测

---

① 《梁书》卷三〇《裴子野传》，中华书局，1973 年，第 443 页。

② 《艺文类聚》卷五五引《梁职贡图序》，上海古籍出版社，1982 年，第 996—997 页。

③ 王庸：《中国地理学史》，商务印书馆，1956 年，第 141 页。

这篇传记很可能不是以单一的晋史为主删减而成的；即便有一种晋史蓝本，也在其基础上进行过较多删补，杂采诸书补入了能够满足其需要的内容。

余　论

尽管太和十五年（491）以后北魏官方不再承认东晋正统，但直到北魏后期，在社会上流行的观念依然是把西晋东晋视为一个整体。《北齐书·宋绘传》云："魏时，张缅晋书未入国，绘依准裴松之注《国志》体，注王隐及《中兴书》。"[①]宋绘专治晋史，以王隐《晋书》的西晋史和何法盛《晋中兴书》的东晋史为本。这条材料还暗示张缅《晋书》后来也流行于北方。此书又称《晋抄》或《晋书抄》三十卷，乃抄录"《晋书》众家异同"而成。[②]刘知几提到此书转抄臧荣绪《晋书》所载苻坚窃号之事，则此书也是两晋合史。[③]

《魏书·僭晋司马叡传》力图呈现的东晋地位与形象，即便在当时也不大符合人们对东晋的基本认知，更不要说到了魏齐灭亡以后。李延寿作《南史》《北史》的原因之一也是不满分裂时期"南书谓北为'索虏'，北书指南为'岛夷'"[④]。那么，魏收为何还要这样明知不可为而为之，事情是怎么走到如此乖异的地步呢？

在观察南北的正统之争时，现代学者大多受历史上长期占主导地位的南朝正统论的影响，以此为默认前提，主要关注北方的挑战和反击。而近来徐冲的考证补足了这场竞争真正的开端，即南方如何占有了先机。他指出"五胡"本非北方诸国自称，南方晋宋之际出现的"五胡次序"故事适应了构建建康政权正统性的需求，在刘宋士人所撰的两部前秦史中被记录

---

① 《北齐书》卷二〇《宋绘传》，中华书局，1972年，第271页。

② 《梁书》卷三四《张缅传》，中华书局，1973年，第492页；《隋书》卷三三《经籍志》，第960页。

③ 〔唐〕刘知几撰，〔清〕浦起龙通释：《史通通释》卷一七《杂说中》，第478页。

④ 《北史》卷一〇〇《序传》，第3343页。

下来。[①]沈约《宋书》有关北方十六国及北魏政权的书法也秉持这种态度。当沈约在南齐永明五、六年（487—488）撰史之时，北魏才陆续颁布官员俸禄制度、均田制、三长制数年而已。[②]这些政治、经济、社会方面的改革要到后来才引导北方走出十六国时代。而在永明五、六年间的南朝人眼中，魏与十六国的大部分政权盖无质的差异，无非是疆域更广、存续更久，尤其在文化风貌上，自然是以夷狄视之，乃称之为“索虏”。

沈约撰成《宋书》的这年，北魏改编年体国史为纪传体的活动刚刚展开，[③]全面的史官制度开始建立。在北魏史官着手编纂纪传体国史时，不可能对沈约《宋书》视而不见。两年后的太和十四年（490），北魏又开始了一场正朔的重新讨论。何德章指出在这场讨论中发挥重要作用的正是史官李彪、崔光，他们以北魏接续西晋正统的主张在次年得到认可通过，北魏国史正统义例也应是以这场讨论为背景而基本确立，非至魏收修史时方才形成。[④]时间上的接近，做法上的相似，使人怀疑北魏史官从修史职责出发而从事于正统构建，是对南方沈约《宋书》的正统叙述（包括其《索虏传》）的一种反应：既被南方政权直接指斥为夷狄，则要想方设法抹杀南方政权的合法性，遂以东晋南渡为突破口，截断江左一系的正统。这种历史叙事在《魏书》僭伪诸传序有集中体现：

> 刘渊一唱，石勒继响，二帝沉沦，两都倾覆。徒何仍衅，氐羌袭梗，夷楚喧聒于江淮，胡虏叛换于瓜凉，兼有张赫山河之间，顾恃辽海之曲。

---

① 徐冲：《观书辨音——历史书写与魏晋精英的政治文化》，北京大学出版社，2020 年，第 226—256 页。

② 北魏太和八年（484），即南齐永明二年，北魏颁布官员俸禄制度，次年颁布均田制，再次年立三长制。参见《魏书》卷七上《高祖纪上》，第 153 页；卷七下《高祖纪下》，第 161 页；卷一一〇《食货志》，第 2853—2855 页。

③ 魏孝文帝下诏改修纪传体史书在太和十一年（487）十二月，即南齐永明五年。见《魏书》卷七下《高祖纪下》，第 163 页。

④ 何德章：《〈魏书〉正统义例之渊源》，《魏晋南北朝史丛稿》，商务印书馆，2010 年，第 376—380 页。

各言应历数，人谓迁图鼎。或更相吞噬，迭为驱除；或狼戾未驯，俟我斧钺。①

虽然不知道此序是否魏收时新作，但其基本立场源于孝文帝改正朔。在这里，东晋南朝被称为“夷楚喧聒于江淮”，杂处十六国政权之间，与《魏书》僭伪诸传的编次思路一致。

以北魏的官方立场而论，既然有魏承西晋、以东晋十六国为驱除的意识形态设定，再加上有沈约《宋书》把十六国与北魏政权列于四夷外国传的示范，那么北魏国史中几乎别无选择要将东晋南朝和十六国一道列入外国传。北魏国史列传的篇目在崔光掌史时已定其大端，②作为国史必备单元的外国传，当时是否已有初步安排？我们知道，在宣武孝明之时大力搜求十六国史料并撰成《十六国春秋》的崔鸿，是崔光的侄子，也长期担任北魏史官，而且是崔光指定的修史事业继承人。大胆猜测，或许崔鸿致力于十六国史与当时史官群体的这种意识形态主张有关，乃至有崔光的授意。更可以肯定的是，我们在他进呈《十六国春秋》的奏表中看到的对十六国东晋历史的定位也正是孝文帝改正朔以后的官方标准立场。表云：

赵燕既为长蛇，辽海缅成殊域，穷兵锐进，以力相雄，中原无主，八十余年。遗晋僻远，势略孤微，民残兵革，靡所归控。③

“遗晋”即东晋，称其“僻远”“势略孤微”，似尚不如十六国诸国角逐中原。这种对东晋十六国的定位和叙事，在官方修史的环境中来看实为渊源有自、顺理成章之事。

直到东魏，侯景之乱时高澄遣慕容绍宗南伐的檄文还秉持这种官方正统论的表述，“自晋政多僻，金行沦荡，中原作战斗之场，生民为鸟兽之

① 《魏书》卷九五《序》，第 2042 页。

② 《魏书》卷六七《崔鸿传》云“光撰魏史，徒有卷目”（第 1502 页）。参见聂溦萌：《中古官修史体制的运作与演进》，第 279—281 页。

③ 《魏书》卷六七《崔鸿传》，第 1503 页。按，传称崔鸿因自典起居注而妄载此表，实未奏上。

饵”，皇魏一统天下而“唯夫三吴、百越独阻声教，匪民之咎，责有由焉，自伪晋之后，刘萧作慝，擅僭一隅，号令自己”[1]。北齐承东魏禅让，也接受这套正统叙述，西魏周隋则不然。隋伐陈时的三篇檄文都不再提及两晋，仅指斥南朝为伪。[2]隋文帝时魏澹受诏重撰《魏书》，其正统意识乃淡化东晋前中期的正伪问题，至北魏道武帝以后认定正统在北，因此只作孝武帝司马昌明（及其后人）之传，而非作元帝司马叡以来之传。[3]魏澹所作义例也明确反对魏收《魏书》采用“便同庶人”的书法去记载本来“略如敌国”的国家和君主。[4]如前所述，魏孝文帝以来官方主张的正统观长期未被社会有效接受，因此随着东魏北齐一系政权的败亡，官方历史叙述也就没有必要再一意坚持。这是后话。

我们把目光再放回北魏国史的编纂历程中。迁都洛阳后，随着各方面改革逐渐深入，《宋书·索虏传》在北魏史官的自我认知和期许面前会越发格格不入。到梁天监时萧子显撰《南齐书》，还沿用《宋书》旧例编有《索虏传》，这对北方君臣不能不是一个刺激。如此，《魏书》在南北之争、华夷之辨上，肯定要与南方一决高下。《宋书》处理四夷传记的丰富做法，可以说给了《魏书》作者以彼之道还治彼身的所有资源。《宋书》首以异族政权的华夏式国史作为夷狄传史源，使夷狄传可以具有近于编年体史书甚至正史帝纪的面貌。《魏书·司马叡传》在此基础上，依据多种东晋史，形成一篇贯穿讲述东晋史事的编年记述。在史事采择上，《司马叡传》专采反映东晋丧乱之事，也是宋人《索虏传》的做法。在体例书法上，《司马叡传》

① 《魏书》卷九八《岛夷·萧衍传》，第2179—2180页。

② 杨广《遗陈尚书江总檄》（《全隋文》卷六）、萧摩诃等《伐陈檄》（《全隋文》卷八）、卢思道《为隋檄陈文》（《全隋文》卷九），分别见〔清〕严可均校辑：《全上古三代秦汉三国六朝文》，中华书局，1958年，第4046、4058、4108页。

③ 刘浦江：《南北朝的历史遗产与隋唐时代的正统论》，《文史》2013年第2辑，第127—151页。今本《魏书·太宗纪》一般认为是以魏澹书补入，其中称晋安帝司马德宗之立为“僭位”，也说明此书对于东晋后期是斥为伪朝的。

④ 《隋书》卷五八《魏澹传》，第1418—1419页。

严格以西晋和北魏的年号纪年，对东晋诸帝皆称名，一同《宋书》为十六国政权所立传记。《司马叡传》还加入北魏的角色，通过记载平文皇帝拒绝东晋的通和，东晋多次朝贡，以及东晋败于魏军，加强东晋僭伪附庸的地位，正如《宋书》四夷传也记载本朝对四夷国家的策命及其来朝贡献。《司马叡传》还加入风俗地理的描述，这种手法见于《宋书·吐谷浑传》，但也是南北朝时期正史四夷传的普遍叙述模式。

《魏书》在东晋一传之中，刻意把过去基于不同史源情况而形成的多种象征正统性的编纂手法汇于一炉。史书编纂中的取材、剪裁、体例书法等构成一套修史语言，显然这种语言有自身发展的规律。虽然它的最初出现都有某些现实基础，但当它离开事实，沿着自己的轨道不断强化，也可能成为脱缰的野马，变得无法再融入现实。在南北双方修史环境中步步推演出的《魏书·僭晋司马叡传》面貌，一旦跳出这一小环境的局限，就会发现它的突兀和荒谬，“虽复刊诸竹帛，终罕传于讽诵”。

《隋书》的成立及其问题

——从辛彦之的卒年与明堂议论谈起

日本京都大学文学部　［日］池田恭哉　撰

中国社会科学院古代史研究所　陈志远　译

摘　要:《隋书》本传记载辛彦之卒于开皇十一年（591），而《礼仪志》则云开皇十三年（593），辛彦之还参与了有关明堂的议论。列传和志书之间存在的矛盾，不应简单改动后者的“十三年”为“三年”，而应考虑今本《隋书》在成书过程中，有将列传和志书相互参照的编纂痕迹，二者分别记载个人事迹和与国家事业相关的讨论，存在职能分工的不同。二者并非先后编撰、简单合并的关系，而是经过后期的加工和调整。《礼仪志》窜入辛彦之开皇十三年仍参与讨论的记载，是从《牛弘传》中移录长篇议论后造成混乱所致。

关键词:《隋书》；五代史志；辛彦之；明堂

笔者在《牛弘在隋代的位置》[①]这篇文章中论述了牛弘（545—610）在隋代礼制确立中发挥的主要作用。与牛弘一起推动隋朝礼制确立的人物，还可以举出辛彦之。但实际上，稽考《隋书》相关事迹，便会发现他的卒

① ［日］池田恭哉：《隋朝における牛弘の位置》，《中國思想史研究》第40号，2019年。

年存在疑问。这可以从新的角度来考察《隋书》成立过程。在本论文中，我们将梳理辛彦之卒年的相关问题，并考察隋代基本史料《隋书》的成立及其性质。

一、辛彦之的传记

辛彦之的传记见于《隋书》卷七五《儒林传》(以下简称《辛彦之传》),《北史》卷八二《儒林传》的内容几乎与之相同。接下来依据《隋书》进行论述。

《辛彦之传》的记述可以分为传主在西魏、北周的事迹和在隋朝的事迹两部分。关于前者，与后续讨论相关的部分概括来说，辛彦之是“陇西狄道人”，“九岁而孤，不交非类，博涉经史，与天水牛弘同志好学”，年轻时就与牛弘有学问上的交往。

关于他的学问，传云西魏“时国家草创，百度伊始，朝贵多出武人，修定仪注，唯彦之而已”，又云“及周闵帝受禅，彦之与少宗伯卢辩专掌仪制”[①]，可见辛彦之其人擅长“有职故实之学”。

接下来，入隋以后的事迹可以分成几段，依次解读。首先是隋代创业时期：

> 高祖受禅，除太常少卿，改封任城郡公，进位上开府。

这里所谓“改封任城郡公”，是接续北周时期的事迹“寻封五原郡公，加邑千户”而来的。

> 寻转国子祭酒。岁余，拜礼部尚书，与秘书监牛弘撰《新礼》。吴兴沈重名为硕学，高祖尝令彦之与重论议，重不能抗，于是避席而谢曰：“辛君所谓金城汤池，无可攻之势。”[②]高祖大悦。后拜随州刺史。于时州

---

① 《隋书》卷七五《儒林·辛彦之传》，中华书局，1973年，第1708页。

② 《汉书》卷四五《蒯通传》：“必将婴城固守，皆为金城汤池，不可攻也。”颜师古注：“金以喻坚，汤喻沸热不可近。”（中华书局，1962年，第2159—2160页）

牧多贡珍玩，唯彦之所贡，并供祭之物。高祖善之，顾谓朝臣曰："人安得无学？彦之所贡，稽古之力也。"

与牛弘合撰《新礼》是指开皇三年（583）开始编纂的"五礼"百卷（见下引《隋书·牛弘传》）。《隋书·经籍志》"史部·仪注类"著录"《隋朝仪礼》百卷，牛弘撰"①。从后来与沈重的对谈以及出任随州刺史的两件事可以看出，时人对辛彦之的学识给予了高度评价。

迁潞州刺史，前后俱有惠政。彦之又崇信佛道，于城内立浮图二所，并十五层。开皇十一年，州人张元暴死，数日乃苏，云游天上，见新构一堂，制极崇丽。元问其故，人云潞州刺史辛彦之有功德，造此堂以待之。②彦之闻而不悦，其年卒官。③谥曰宣。④

在这之后，关于他的著作和儿子尚有些许记述，但本传至此结束了。⑤

二、隋代关于明堂的议论

据《隋书》本传，辛彦之的卒年可以确定为开皇十一年（591）。但是

① 《隋书》卷三三《经籍志二》，第970页。

② 《周书》卷四六《孝义传》载张元，字孝始，河北芮城（今山西省芮城县）人（中华书局，1971年，第832页）。若与本传相比较，除籍贯非潞州（今山西省长治市）人这一点，与佛教相关的入冥复苏故事等情节，与本传所述张元的逸事都类似，但仍然无法断定二者是同一人物。

③ 今本《隋书》的本纪、列传所据史料，是王劭《隋书》。《隋书》卷六九《王劭传》曾批评该书采用"迂怪不经之语及委巷之言"。王劭与隋佛教渊源颇深，其著作亦深受佛教影响。参见［日］藤善真澄：《北齊系官僚の一動向》《王劭の著述小考》，《道宣傳の研究》，京都：京都大学学术出版会，2002年。这样看来，此处辛彦之在潞州的逸事，或许出自王劭《隋书》。

④ 《隋书》卷七五《儒林·辛彦之传》，第1709页。

⑤ 《隋书》本传云："彦之撰《坟典》一部、《六官》一部、《祝文》一部、《礼要》一部、《新礼》一部、《五经异义》一部，并行于世。有子仲龛，官至猗氏令。"此外《北史》本传载仲龛有兄名孝舒，见《北史》卷八二《辛彦之传》，中华书局，1974年，第2753页。

《隋书·礼仪志》中，开皇十一年之后仍然屡屡出现辛彦之参与礼仪讨论的情况。今仅举其中一例，因其与后文的讨论相关，我们将此事前后经过连在一起来看。

> 高祖平陈，收罗杞梓，郊丘宗社，典礼粗备，唯明堂未立。开皇十三年，诏命议之。礼部尚书牛弘、国子祭酒辛彦之等定议，事在《弘传》。后检校将作大匠事宇文恺……方欲崇建，又命详定，诸儒争论，莫之能决。弘等又条经史正文重奏。时非议既多，久而不定，又议罢之。及大业中，恺又造明堂议及样奏之。①

辛彦之本应在开皇十一年卒殁，《隋书·礼仪志一》却记载开皇十三年（593），辛彦之任国子祭酒，仍与牛弘等人一起进行关于明堂的讨论。此外，《隋书》卷七《礼仪志二》中，辛彦之的名字也与牛弘、许善心、姚察、虞世基一起出现在开皇十四年（594）关于封禅的讨论之中。②

辛彦之参与开皇十三年的明堂议论，《隋书·礼仪志一》云“事见《弘传》”，则当参考《牛弘传》。我们以《隋书》卷四九《牛弘传》中与明堂相关的讨论作为基本的时间线索，增补前后的相关信息来考论其事。

> 三年，拜礼部尚书。奉敕修撰五礼，勒成百卷，行于当世。弘请依古制修立明堂，上议曰，……上以时事草创，未遑制作，竟寝不行。六年，除太常卿。……上甚善其议，诏弘与姚察、许善心、何妥、虞世基等，正定新乐，事在《音律志》。是后议置明堂，诏弘条上故事，议其得失，事在《礼志》。上甚敬重之。……仁寿二年……③

“五礼”百卷即《隋书·辛彦之传》所谓《新礼》。《隋书·牛弘传》载录了他在开皇三年提议建造明堂的长篇上奏文。在开皇九年（589）关于乐

---

① 《隋书》卷六《礼仪志一》，第 121—122 页。

② 《隋书》卷七《礼仪志二》：“开皇十四年，群臣请封禅。高祖不纳。晋王广又率百官抗表固请，帝命有司草仪注。于是牛弘、辛彦之、许善心、姚察、虞世基等创定其礼，奏之。”（第 140 页）

③ 《隋书》卷四九《牛弘传》，第 1300—1309 页。

制改革的讨论中，牛弘再次提议建造明堂，但《牛弘传》中未明确记载年代。传云“是后议置明堂，诏弘条上故事，议其得失，事在《礼志》”，与《隋书·礼仪志一》“弘等又条经史正文重奏”之语相符。

《隋书·礼仪志一》在记述牛弘和辛彦之等联名提议建造明堂之后，又云“后检校将作大匠事宇文恺”，续云“弘等又”，表明牛弘第二次提议建造明堂。宇文恺的事迹，《隋书》卷六八《宇文恺传》云：“既而上建仁寿宫，访可任者，右仆射杨素称恺有巧思，上然之，于是检校将作大匠。”建仁寿宫，事在开皇十三年二月丙子。[①]

因此，我们可以将《隋书·礼仪志一》中“开皇十三年，诏命议之”之后的记录都视为开皇十三年关于建造明堂的一系列讨论。而在此之后的明堂议论，据“及大业中”之语，则应在大业年间进行。另一方面，《礼仪志一》中完全忽略了牛弘在开皇三年提议建造明堂的长篇上奏。

我们结合《隋书·礼仪志一》和《牛弘传》两者的记录，将有关明堂的议论按照时间顺序整理一下。开皇三年，牛弘在长篇上奏中提出建造明堂的请求，但时议以为时机过早，而被驳回（《隋书·牛弘传》）。开皇十三年，牛弘与辛彦之进行了讨论（《隋书·礼仪志一》），接着宇文恺也做出提议，但是意见没有达成共识（《礼仪志一》）。随后牛弘又列举了过去的事例讨论明堂的得失，但由于否定的意见比较多，最终被否决（《隋书·牛弘传》和《礼仪志一》）。

三、先行研究的整理与问题点——开皇十三年改为开皇三年

上节所见隋代围绕明堂的讨论的发展经过，《隋书·礼仪志一》中提到辛彦之在开皇十三年与牛弘讨论，而据《隋书·辛彦之传》，此时辛彦之已经去世，这令人产生了疑问。在明堂问题的研究史上，通常采用《隋

① 《隋书》卷六八《宇文恺传》，第1587—1588页；卷二《高祖纪下》，第38页。

书·礼仪志一》的记载。[①]研究中论及其中疑点的，主要有南泽良彦的《中国明堂思想研究：王朝的宇宙观念》[②]和高明士的《中国中古礼律综论：法文化的定型》[③]。以下将前者称为南泽说，后者为高说。

南泽说对牛弘的明堂论进行了详细解说，节引如下，其中所涉及的史料，请参考本文上文所引。

> 关于明堂的奏议，是在“五礼”编纂事业之后进行的。据《隋书·牛弘传》，此事发生在开皇三年。据《隋书·礼仪志一》，敕命围绕明堂进行讨论，礼部尚书牛弘、国子祭酒辛彦之等人裁定，事在“开皇十三年”。但是，据《隋书·牛弘传》，牛弘在开皇三年拜礼部尚书，开皇六年调任太常卿。此外，与之共同裁定明堂议论的辛彦之，据《隋书·儒林传》，卒于开皇十一年。综合这些事实，“开皇十三年”当改为“开皇三年”。[④]

高说也认为牛弘和辛彦之联名提议建造明堂的时间，不是开皇十三年，而是开皇三年，在注释中提到笔者上节引用过的《隋书·牛弘传》，提出如下意见：

> 据此，则弘等初次奏议明堂一事，宜在开皇三年至六年之间，但《隋志》曰十三年，何者为是？又，开皇十三年，弘之职宜为太常卿，并非礼部尚书，而辛彦之已于十一年去世，彦之出任国子祭酒，在开皇初，岁余，拜礼部尚书，与秘书监牛弘撰新礼。（《隋书》卷七五《辛彦之传》）因此，宜曰“开皇三年，秘书监牛弘（《弘传》曰礼部尚书，恐误）与礼部尚书

---

① 张一兵《明堂制度研究》（中华书局，2005 年）、《明堂制度源流考》（人民出版社，2007 年），在介绍隋代明堂时，都引用《礼仪志一》的记载，而未注意其年代。田中淡《中國建築史の研究》（东京弘文堂，1989 年）第三篇《隋朝建築家の設計と考證》，在讨论隋代明堂的状况时，附带论及牛弘，也依据《隋书·礼仪志一》。

② ［日］南泽良彦：《中国明堂思想研究：王朝をささえるコスモロジ—》，东京：岩波书店，2018 年。

③ 高明士：《中国中古礼律综论：法文化的定型》，商务印书馆，2017 年。

④ ［日］南泽良彦：《中国明堂思想研究：王朝をささえるコスモロジ—》，第 183 页。

辛彦之奉敕撰新礼”；其后，弘出任礼部尚书，彦之或回任国子祭酒，此时，第一次提出明堂议。（《隋志》系于十三年，恐误）但弘等再提出明堂议，是为开皇十三年，亦见于《通典》卷四四；《资治通鉴》卷一七八等，此一系年，宜无问题，惟弘之职，已是太常卿，并非礼尚，或谓回任，自有可能，但今传文献无法证明。①

南泽说和高说都认为，《隋书·礼仪志一》中的“开皇十三年，诏命议之。礼部尚书牛弘、国子祭酒辛彦之等定议，事在《弘传》”应该将事件年代从开皇十三年改为三年，在这一点上两者是一致的。辛彦之卒于开皇十一年，亦无问题。

然而《隋书·礼仪志一》却说开皇十三年议定明堂，“事在《弘传》”。《牛弘传》也确实提到开皇十三年有关明堂的讨论，“是后议置明堂，诏弘条上故事，议其得失，事在《礼志》”，根据本文上节的考证，事在开皇十三年。此外，《隋书·牛弘传》载录了牛弘的长篇上奏，宜与开皇三年之事相符，《礼仪志一》却完全没有涉及。

通过将《礼仪志一》中的“开皇十三年”改为“三年”，有效地解决了《隋书·礼仪志一》和《牛弘传》之间相互参照的问题。如果《礼仪志一》中的“事在《弘传》”指的是开皇三年，那么就可以与《隋书·牛弘传》中开皇三年的长篇上奏相对应。

如此改订，乍看之下似可巧妙解决史料记载的种种矛盾，使人倾向采纳其说。然而此说也可能引发新的矛盾。

《隋书·礼仪志一》的记载首先介绍了梁、陈、北齐和北周明堂的来历，接下来开始记述隋代明堂的缘起。叙述的顺序是说高祖平陈之后建立各种礼制，但明堂尚未着手，因此在开皇十三年下诏给牛弘和辛彦之。但是高祖平陈事在开皇九年，如果将十三年改为三年，则在叙述了高祖开皇九年平陈，当时明堂尚未建造的话题之后，反过来再谈开皇三年解决此问

① 高明士：《中国中古礼律综论：法文化的定型》，第306页。

题的建策。怎会如此安排事件的先后呢？

此外，《隋书·礼仪志一》云“后检校将作大匠事宇文恺”“弘等又条经史正文重奏”等，如上节所考述，都是发生在开皇十三年的一系列事件。在此之前，牛弘和辛彦之提议建造明堂的议论史料中明确记载是在开皇十三年，接下来叙述同年发生之事，并无违和之感。而如果将事件年代改为开皇三年，那么“后检校将作大匠事宇文恺”和“弘等又条经史正文重奏”等事迹就会被夹杂在之前的开皇三年和之后的大业年间一系列事件中，年代将变得非常混乱。

《隋书·礼仪志一》中“开皇十三年，诏命议之”是指依据敕命所做的讨论，如果将十三年改为三年，那么牛弘在开皇三年提出的关于修建明堂的长篇上奏就成了依据敕命的讨论。但《隋书·牛弘传》记载高祖对牛弘上奏的反应是“上以时事草创，未遑制作，竟寝不行”，这表明在隋朝刚刚建立的时期，着手建造明堂的时机尚未成熟，高祖本人对此当有最为清醒的认识。尽管如此，高祖仍然下诏讨论建造明堂，最终却没有足够的余裕着手建造，这样的想法难以令人信服。因此，我们应该将牛弘在开皇三年提出修建明堂的长篇上奏，“弘请依古制修立明堂，上议曰”等语，视为自发的请愿。换言之，“开皇三年，诏命议之”的说法不能成立。

南泽说和高说还从牛弘和辛彦之的官职出发，质疑开皇十三年这一系年。《隋书·礼仪志一》记载开皇十三年牛弘任礼部尚书，辛彦之是国子祭酒。南泽氏指出，《牛弘传》载牛弘开皇三年为礼部尚书，六年（586）任太常卿，因此否认《礼仪志一》开皇十三年牛弘为礼部尚书之说，主张将“十三年”改为“三年”。

高明士也谈到辛彦之的官职问题。关于牛弘，高氏与南泽氏的看法一致，指出牛弘在开皇十三年并非礼部尚书，而是太常卿。此外，《牛弘传》云他开皇三年负责编纂五礼（即《隋书·辛彦之传》所云“新礼”），时为礼部尚书，但在《隋书·辛彦之传》中，彦之为礼部尚书，牛弘则为秘书监。高说赞同《隋书·辛彦之传》的记载，认为此后牛弘替代辛彦之成为礼部尚书，而辛彦之则再次担任了国子祭酒，直到开皇三年，二人一起议修明堂。[①]

的确，开皇十三年，牛弘并非礼部尚书。但是，并不一定每一次发言或上奏都会在史书中记载其相应的官职。牛弘在《隋书》卷八《礼仪志三》中就有如下记载：

> 开皇初，高祖思定典礼。太常卿牛弘奏曰，……诏曰："可。"弘因奏征学者，撰《仪礼》百卷。[②]

此处的"《仪礼》百卷"是指《隋书·牛弘传》所载开皇三年的五礼，即《隋书·辛彦之传》之《新礼》。因此，牛弘当时到底是礼部尚书还是秘书监，如前所述，《隋书·牛弘传》和《辛彦之传》的记载不同，但至少不是太常卿。但不能由此判断"《仪礼》百卷"是牛弘开皇六年任太常卿之后撰成的。换言之，《隋书·礼仪志一》提到"礼部尚书牛弘"，与其人开皇十三年的任官不符，因此便要改订为与其职位相符的开皇三年，这样的做法还需要谨慎。

高明士还认为在开皇三年之外，牛弘在开皇十三年也进行了有关明堂的讨论，并见《通典》卷四四《礼四·沿革四·吉礼三·大享明堂》和《资治通鉴》卷一七八"隋纪二·文帝开皇十三年"。但是，这两条都是《隋书》之后所撰，系年当是根据《隋书·礼仪志一》的记载。《通典》的记载非常简洁，[③]《资治通鉴》则云：

> 是岁，上命礼部尚书牛弘等议明堂制度。宇文恺献明堂木样，上命

---

① 高明士：《中国中古礼律综论：法文化的定型》，第 223 页注 1。第 228—230 页也表达了同样的理解。

② 《隋书》卷八《礼仪志三》，第 156 页。

③ 《通典》卷四四《礼四·沿革四·吉礼三·大享明堂》："隋文帝开皇十三年，议立明堂，繁役不就。"（中华书局，1988 年，第 1221 页）

有司规度安业里地，将立之。[1]而诸儒异议，久之不决，乃罢之。[2]

这条材料与《隋书·礼仪志一》“各儒争论，无法决定，……时非议既多，久而不定，又议罢之”之语类似，因此《资治通鉴》应该是根据《隋书·礼仪志一》的文字撮要而成。

四、《隋书》的编纂与志书

《隋书·礼仪志一》中的上述事件，无论系于开皇十三年还是三年，都存在问题。根本原因大概在于《隋书》这种史料经历了复杂的成立过程。因此，在本节中我们将梳理《隋书》的编纂过程，并指出编纂的各个阶段所据之基础资料（原典）。

唐武德四年（621）十一月，令狐德棻向唐高祖提议，编纂南北朝正史，同年十二月二十六日，下诏编纂正史。“隋史”的编纂委任给兼中书令封德彝和中书舍人颜师古，但是此书与其他诸部正史，都未能完成。[3]此后唐太宗贞观年间，重新着手编纂南北朝正史，相关史料繁多，记载亦多歧异。概括来说，贞观三年（629），唐太宗命魏征和房玄龄总其事，编撰南

① 第二节引《隋书·礼仪志一》，其中略去的文字提到对宇文恺建议的明堂提案，“高祖异之，命有司于郭内安业里为规兆”。

② 《资治通鉴》卷一七八《隋纪二》“开皇十三年”条，中华书局，1956 年，第 5540 页。

③ 《旧唐书》卷七三《令狐德棻传》：“德棻尝从容言于高祖曰：‘窃见近代已来，多无正史，梁、陈及齐，犹有文籍。至周、隋遭大业离乱，多有遗阙。当今耳目犹接，尚有可凭，如更十数年后，恐事迹湮没。陛下既受禅于隋，复承周氏历数，国家二祖功业，并在周时。如文史不存，何以贻鉴今古？如臣愚见，并请修之。’高祖然其奏，下诏曰：‘……兼中书令封德彝，中书舍人颜师古可修隋史……。’（萧）瑀等受诏，历数年，竟不能就而罢。”（中华书局，1975 年，第 2597 页）；《唐会要》卷六三《史馆上·修前代史》：“武德四年十一月，起居舍人令狐德棻尝从容言于高祖曰，……至五年十二月二十六日，诏，……”（上海古籍出版社，2006 年，第 1278 页）

北朝各代之史，每书别立主编负责修撰，总名“五代史”。隋史之编纂，由魏征（《旧唐书》卷七三《令狐德棻传》）、孔颖达、许敬宗（《旧唐书》卷七一《魏征传》）、颜师古（《史通·古今正史》）等合作完成。今只引《旧唐书·令狐德棻传》：

> 贞观三年，太宗复敕修撰，乃令德棻与秘书郎岑文本修周史，中书舍人李百药修齐史，著作郎姚思廉修梁、陈史，秘书监魏征修隋史，与尚书左仆射房玄龄总监诸代史。①

这项工程的完成时间有两种不同的说法：一为贞观十年（636，《旧唐书》卷三《太宗纪下》、《唐会要》卷六三），一为贞观十八年（644，《史通·古今正史》），各代之本纪和列传，被称为“五代纪传”②。

在此基础上又拟编撰志书。今本《隋书》附有“宋天圣二年《隋书》刊本原跋”，据此可知志书的编纂开始于贞观十五年（641），其具体的经过详见《史通·古今正史》：

> 唯有十志，断为三十卷，寻拟续奏，未有其文。又诏左仆射于志宁、太史令李淳风、著作郎韦安仁、符玺郎李延寿同撰。其先撰史人，唯令

---

① 《旧唐书》卷七三《令狐德棻传》续云：“众议以魏史既有魏收、魏澹二家，已为详备，遂不复修。德棻又奏引殿中侍御史崔仁师佐修周史，德棻仍总知类会梁、陈、齐、隋诸史。武德已来，创修撰之源，自德棻始也。”（第2598页）据此可知，令狐德棻也参与了《隋史》的编纂。《旧唐书》卷七一《魏征传》：“初，有诏遣令狐德棻、岑文本撰周史，孔颖达、许敬宗撰隋史，姚思廉撰梁、陈史，李百药撰齐史。征受诏总加撰定，多所损益，务存简正。隋史序论，皆征所作。梁、陈、齐，各为总论，时称良史。”（第2549—2550页）《史通·古今正史》：“皇家贞观初，敕中书侍郎颜师古、给事中孔颖达，共撰成《隋书》五十五卷，与新撰《周书》并行于时。”（〔唐〕刘知几著，〔清〕浦起龙通释，王煦华整理：《史通通释》，上海古籍出版社，2009年，第344页）此五十五卷，即与今本《隋书》本纪五卷，列传五十卷之数相合。

② 《旧唐书》卷三《太宗纪下》：“（贞观）十年春正月壬子，尚书左仆射房玄龄、侍中魏征上梁、陈、齐、周、隋五代史，诏藏于秘阁。”《唐会要》卷六三：“至贞观三年，于中书置秘书内省，以修五代史。贞观十年正月十二日……，撰成周、隋、梁、陈、齐五代史，上之。”（第1288页）《史通·古今正史》：“始以贞观三年创造，至十八年方就，合为五代纪传，并目录凡二百五十二卷，书成，下于史阁。”（第345页）

狐德棻重预其事。太宗崩后，刊勒始成。其篇第虽编入《隋书》，其实别行，俗呼为“五代史志”。[1]

志书中的天文、律历、五行各志，由李淳风撰作。[2]其他各志的主编无法确考。五代史志于显庆元年（656）完成，由长孙无忌奏进。[3]

一般来说，关于今本《隋书》会作这样的说明：该书由最初作为“五代纪传”一部分的“隋史”，即五卷本纪和五十卷列传（纪传），以及随后单独编撰的“五代史志”，即十志三十卷这两个部分合并而成。[4]既然如此，较晚成立的志书中可能会有“事在某传”的说法，较早成立的列传中因无法参考志书，则不会有“事在某志”的说法。

而在关于明堂的议论中，我们看到，《隋书·礼仪志一》中出现了“事在《弘传》”之语，《隋书·牛弘传》中也有“事在《礼志》”之语，提示读者参考志书。《牛弘传》中还有“事在《音律志》”，相应内容见于《隋

① 〔唐〕刘知几著，〔清〕浦起龙通释，王煦华整理：《史通通释》卷一二，第 345 页。

② 《旧唐书》卷七九《李淳风传》：“（贞观）十五年，除太常博士。寻转太史丞，预撰《晋书》及《五代史》，其《天文》、《律历》、《五行志》皆淳风所作也。”（第 2718 页）

③ 《旧唐书》卷四《高宗纪》：“（显庆四年）五月己卯，太尉长孙无忌进史官所撰梁、陈、周、齐、隋‘五代史志’三十卷。”（第 75 页）

④ 概述《隋书》成立的文献可以举出如下几种。《アジア歷史研究入門 1　中國 I》（京都同朋舍，1983）：“五代史志三十卷，历时十五年方才完成，此时《梁书》《陈书》业已单独行世，因此便于《隋书》的本纪、纪传合编到一起。”（第 121 页，执笔者为砺波护）《中國史籍解題辭典》（神田信夫、山根幸夫编，东京燎原书店，1989 年）：“此诸志书全部编入《隋书》，于是《隋书》共计 85 卷。”（“隋书 85 卷”条，执笔者为船越泰次）《隋書音樂志譯注》（东京和泉书院，2016 年）：“今本《隋书》八十五卷，是将原先作为‘五代史’其中一部，由魏征编纂的《隋史》帝纪、列传五十五卷，加上与《隋史》撰者不同的‘五代史志’三十卷合并而成。”（《前言》，执笔者是佐藤大志）《中國史書入門　現代語譯隋書》（东京勉诚出版，2017 年）：“‘五代史志’被原封不动地纳入《隋书》之中，成为今本《隋书》的诸志。”（专栏①“《隋书》的成立”，执笔者为洲胁武志）柴德赓《史籍举要》（修订本）（商务印书馆，2015 年）：“后来把《五代史志》和《隋书》放在一起，因隋为最后一代，附入《隋书》，较为方便而已。”（第 93—94 页）

书·音乐志下》。也就是说，列传中有时预先设定了相应的志书。

事实上，其他各列传也有指示参引志书的例子，例如《隋书》卷三八《郑译传》云“语在《音律志》”，卷六六《裴政传》云“语在《音律志》”，卷六八《阎毗传》“语在《舆服志》”，《何稠传》“事见《威仪志》”。[①]《隋书·郑译传》之“语”见于《隋书·音乐志中》，《阎毗传》和《何稠传》中的“语”和“事”，分别见《隋书·礼仪志五》和《礼仪志七》，[②]说明列传和志书之间存在对应关系。然而《隋书·裴政传》之“语”不见于《音乐志》，而见于《周书》卷二六《长孙绍远传》，列传和志书之间的对应关系并不成立。[③]

列传中提示参考志书，志书的篇名与今本《隋书》的篇名并不一致，这一点也值得注意。牛弘、郑译、裴政三传中所称的“音律志”，今本《隋书》作“音乐志”，此外还有“事在《声乐志》”的例子，可以看出《隋书·音乐志》的篇名并不固定。此外，《隋书·牛弘传》作“《礼志》”，《阎毗传》则云“《舆服志》”，《何稠传》作“《威仪志》”，皆不见于今本《隋书》。

上文所引《史通》详细记述了志书编纂的经过，可知“十志”的框架较早就已确定，《礼志》《舆服志》《威仪志》三者彼此独立，今本《隋书》将三者收于《礼仪志》，这样的做法是难以想象的。《礼志》可能是《礼仪志》的简称，至少《舆服志》和《威仪志》是今本《隋书》长达七卷的《礼仪志》按照主题不同所具之别称。而《音律志》《声乐志》（或者也包括《礼志》在内）可能是与纪传各自流通的“五代史志”中的篇名，也可能是在“五代史志”被编入今本《隋书》，列传和志书之间建立参照关系时所使用的篇

---

① 《隋书》卷三八《郑译传》，第1138页；卷六六《裴政传》，第1549页；卷六八《阎毗传》，第1594页；卷六八《何稠传》，第1598页。

② 《隋书·音乐志中》，《礼仪志》卷五、七。

③ 中华书局标点本《隋书》校勘记已经指出这一点，参见第2549页。

名，而最终在今本《隋书》确定志书篇名时，未及改称的结果。

为什么志书和列传之间需要彼此参照？这也是一个问题。从《隋书·牛弘传》和《音乐志》之间的参照关系可以看到，《隋书·牛弘传》记载了开皇九年牛弘关于雅乐的两次上奏之后，又加入了第二节引用的“上甚善其议，诏弘与姚察、许善心、何妥、虞世基等正定新乐，事在《音律志》”这一句。与此相对应的，《隋书·音乐志下》简短地概括了两次上奏的经过，又详细记载了与姚察等人讨论的内容。

《隋书·郑译传》中的“语在《音律志》”记载奉诏讨论音乐的内容，《经籍志》在指出自魏晋以来国家正统音乐缺失的文脉中，提及“事在《声乐志》”，两者的具体内容分别见于《隋书·音乐志中》和《音乐志上》。此外，《隋书·裴政传》中的“语在《音律志》”只是简单地记录了裴政和长孙绍远讨论音乐之事，相关内容未见于今本《隋书·音乐志》，但《周书·长孙绍远传》却记载了北周时期裴正（即裴政）和长孙绍远奉诏讨论音乐之事。

《隋书·阎毗传》“语在《舆服志》”和《何稠传》“事见威仪志”的例子情况又如何呢？这些涉及皇室的车舆和朝廷的文物，何稠的例子中，列传记载他营造各种文物，《隋书·礼仪志》则一并记载了两人各自的事迹。

由此可见，列传中主要记录个人的事迹，在涉及奉诏议论或国家事业时，如果存在相应的志书，则会在志书中详细叙述，而在“列传”中加入“事在某志”之语。[①]

然而，在列传中提示参照志书，这样的做法成立的年代很难考定。如前所述，纪传的编撰始于贞观三年，完成时间则有贞观十年和十八年两说，志书则从贞观十五年到显庆元年，花费了十五年。如果纪传在贞观十八年完成，则同时修纂纪传和志书前后有三年时间。但是考虑到志书完成年代

① 在《隋书·裴政传》这个例子中，预想中参照志书的记述，或许由于是北周时代的事件，因而没有着落。然而奉诏议定音乐之事，大概确实是志书所要记述的内容。《北史》无志书，该书卷七七《裴政传》云“事在《绍远传》”（第 2162 页），则是正确地提示了对应段落。

还需要十二年，因此列传的编写者不太可能在前三年内便能参照志书的稿本内容和篇目，而注记“事在某志”等语。再考虑到志书各篇名的不确定性，比较稳妥的结论是，当志书的框架已经大体确立，或者在其完成以后，为了将纪传和志书融合为一个整体，《隋书》的编撰开始逐步地将列传中的内容移至相关的志书之中。[①]

基于以上考察，过去普遍认为《隋史》较早完成，五代史志部分与之独立编撰，今本《隋书》是将这两部分和简单地合并而成，现在看来这一认识可能有必要加以修正。虽然具体时间无法确定，也存在一些混乱，但今本《隋书》中确实存在着在列传与志书之间建立参照关系的意图。

五、关于诸问题的私见——辛彦之的卒年及其明堂议论

在前三节中，我们可以看到，《隋书·辛彦之传》所载辛彦之的卒年与《礼仪志一》等处的记载存在矛盾。南泽氏和高氏为了解决这个问题而提出的假说也存在疑问。在第四节中，我们看到今本《隋书》本来就包含了种种混乱，若要解决所有问题，不得不说相当困难。在本节中，笔者希望提示解决此问题的若干可能，并对辛彦之的卒年与明堂议论的年代略陈鄙见。

回到《隋书·辛彦之传》，彦之在隋朝开国以后，依次出任太常少卿（正四品）、国子祭酒（从三品）、礼部尚书（正三品）。在任礼部尚书期间，他和牛弘一起撰作新礼，事在开皇三年（见《牛弘传》）。本传接着引入了辛彦之和沈重的逸事，沈重卒于开皇三年，春秋八十四（《周书》卷四五和《北史》卷八二《儒林传》）。因此，这件逸事可以推定为开皇三年，亦即沈重最晚年的事迹。

本传又云，辛彦之此后历任随州、潞州刺史（上州刺史为正三品，中州刺史为从三品，下州刺史为正四品），开皇十一年卒，任命他为刺史的时

① 志书中参引列传的例子，仅见于《隋书·礼仪志一》“事在弘传”。也有可能较晚成立的志书有意省略了列传中已见的记载，唯据此一例很难轻易判断。

代和原因尚不确定。如果把目光转向本传之外，会注意到《隋书·音乐志》的记载。隋承用北周以来的音乐，高祖则要求修正音律。

> 于是诏太常卿牛弘、国子祭酒辛彦之、国子博士何妥等议正乐。然沦谬既久，音律多乖，积年议不定。高祖大怒曰："我受天命七年，乐府犹歌前代功德邪？"

由"我受天命七年"之语可知，高祖的发言当在开皇七年（587）。此前"积年议不定"，考虑到牛弘在开皇六年（586）任太常卿的情况（见《隋书·牛弘传》[①]），这里牛弘、辛彦之、何妥的官职反映了开皇六年前后的状况，因此可以推测，辛彦之开皇六年左右担任的是国子祭酒。[②]那么，正如高氏所指出的，辛彦之在开皇三年任礼部尚书之后，再次被任命为国子祭酒。据《隋书·牛弘传》，牛弘开皇三年为礼部尚书，因此牛弘和辛彦之两人轮流担任过礼部尚书。

《隋书》卷四一《苏威传》云，苏威迁吏部尚书，"岁余，兼领国子祭酒"。《隋书》卷一《高祖纪上》开皇七年四月甲戌条"以民部尚书苏威为吏部尚书"[③]，可知苏威兼领国子祭酒在开皇八年（588）。此外，《隋书》未记载其他人在这期间担任国子祭酒，因此可以认为开皇八年辛彦之的国子祭酒职务被苏威接替了。

通过以上的考察及《隋书·辛彦之传》的记载，辛彦之自开皇八年至十一年历任随州、潞州刺史。但是，《隋书·律历志上》记载"开皇九年平陈后"，集中记录了牛弘、辛彦之、郑译和何妥等人关于音律的讨论，[④]这令

---

① 开皇三年也是着手撰述新礼的年份，新礼完成于开皇五年。《隋书》卷一《高祖纪上》："（开皇）五年春正月戊辰，诏行新礼。"

② 关于何妥，参见《隋书·儒林传》："高祖受禅，除国子博士。"

③ 《隋书》卷四一《苏威传》，第1186页；卷一《高祖纪上》，第25页。

④ 《隋书》卷一六《律历志上》："开皇九年平陈后，牛弘、辛彦之、郑译、何妥等，参考古律度，各依时代，制其黄钟之管，俱径三分，长九寸。度有损益，故声有高下，口径长短，与度而差，故容黍不同。"（第393页）

人感到疑惑。时辛彦之已任刺史，是否还有机会参与朝廷中央的音律讨论呢？

关于这一点，《隋书·郑译传》中的例子很有意思。郑译是音律专家，任岐州刺史之后，传云：

> 俄迁岐州刺史。在职岁余，复奉诏定乐于太常，前后所论乐事，语在《音律志》。上劳译曰："律令则公定之，音乐则公正之。礼乐律令，公居其三，良足美也。"于是还岐州。

这也是如上节所示的列传参考志书的例子。即使外任刺史，在需要具有特殊学识的事务上，有些时候也可下诏征调。辛彦之自隋朝开国以来，主要担任国子祭酒，前引《隋书·音乐志》云开皇九年与牛弘等议定音乐。即使开皇九年辛彦之已转任刺史，也很可能作为专家参与有关音律的讨论。

辛彦之开皇八年以前一直担任国子祭酒的职务，之后调任随州刺史、潞州刺史，具体原因不明。在此期间，他似乎还参与过和牛弘等人关于音乐的讨论。因此，根据《隋书·辛彦之传》的记载，将他的卒年系于开皇十一年，是比较妥当的。

阅读《隋书·辛彦之传》时还需要注意，他与牛弘自北周时期就开始交往，入隋以后经常参与牛弘领衔的工作。与辛彦之联名的人士，具见于《隋书·音乐志》和《律历志》者有牛弘和何妥。此外，《隋书·牛弘传》所述乐制改革中，辛彦之还与牛弘、姚察、许善心、何妥、虞世基等人合作，此诸人并见于《隋书·礼仪志二》所载开皇十四年封禅议论者，有牛弘、许善心、姚察、虞世基。既然如此，笔者认为《隋书·礼仪志二》的记载，很可能是由于《隋书》成立过程的种种混乱，误将开皇十一年业已卒殁的辛彦之，加入到开皇十四年类由多人组成的联名事业之中。[①]

---

① 《隋书·礼仪志二》中关于封禅的讨论（参见第 107 页注 2），肇端于开皇十四年群臣请愿，历经曲折，最终高祖下诏，命牛弘、辛彦之等议定封禅之礼，联名上奏。群臣之中不知道是否包括了辛彦之，但由于采用了他生前的意见，因而将其名字混入其中，这是不太可能的。

那么接下来，我们来考察一下《隋书·礼仪志一》“开皇十三年，诏命议之。礼部尚书牛弘、国子祭酒辛彦之等定议，事在《弘传》”这条材料。《隋书·牛弘传》记载，关于明堂的讨论分别见于开皇三年和十三年。开皇三年这里收录了动议建造明堂的长篇上奏，相比开皇十三年的记载要详细得多，这一点只要读一遍《隋书·牛弘传》便可明了。然而史书所载的官职未必与发言或上奏之时任官对应，开皇三年，牛弘任礼部尚书，辛彦之在稍早之前任国子祭酒。上文已经考证过，此后辛彦之曾经短暂地出任礼部尚书，又再次被任命为国子祭酒。因此，“礼部尚书牛弘、国子祭酒辛彦之等定议，事在《弘传》”这一句，应该是指开皇三年议论明堂之事，“事在《弘传》”则对应于牛弘的长篇上奏。笔者认为，这篇上奏也并非奉诏而作，而是基于“个人事迹应该在列传中进行记录”这一认识而加以采录的。

如果“礼部尚书牛弘、国子祭酒辛彦之等定议，事在《弘传》”这一句是指开皇三年的明堂讨论，那么前述南泽和高明士两位学者提出将“开皇十三年，诏命议之”中的“十三年”改为“三年”的观点，似乎看起来相当有力。然而，本文第三节业已指出中两说的疑点，因而不能如此改订。

笔者的理解是这样的。既然牛弘在开皇三年、十三年两次参与了关于明堂的议论，《隋书·礼仪志一》“开皇十三年，诏命议之。礼部尚书牛弘、国子祭酒辛彦之等定议，事在《弘传》”这一条记载，或许是混淆二者记录的结果。

开皇三年，牛弘和辛彦之提议修造明堂，并将定议上奏。此即《隋书·牛弘传》所收有关明堂的长篇上奏，也与《隋书·礼仪志一》“礼部尚书牛弘、国子祭酒辛彦之等定议，事在《弘传》”对应。

“开皇十三年，诏命议之”是在开皇九年平陈以后，开始正式提起国家性的明堂建设讨论，这一讨论仍然以牛弘为主导。接下来插入了一段宇文恺上奏之事，故而有“弘等又”之语。也就是说，今本《隋书·礼仪志一》意在表明，开皇十三年的明堂讨论在牛弘的主导下正式展开，同年经宇文恺提议后，牛弘等人再次提出建议。

然而，《隋书·礼仪志一》在讨论开始和宇文恺的情节之间，插入了牛弘和辛彦之在开皇三年的讨论，表面看来就像是开皇十三年的讨论，直接与下文相接。因此，仅仅将十三年改为三年是不够的。此处的行文没有考虑与辛彦之卒年的矛盾，径直以开皇三年之事视作十三年之事插入文中，盖因开皇三年和十三年的两次讨论都由牛弘主导，他与辛彦之又经常一起参与《隋书》所载的各种礼制、乐制讨论。这种情况类似《隋书·礼仪志二》所载开皇十四年围绕封禅的讨论，是时辛彦之已经去世，却仍参与讨论。

综上所述，今本《隋书·礼仪志一》先叙述开皇九年隋平陈，此后是开皇十三年正式提出明堂的讨论，而在其中混入了开皇三年的讨论，由此才形成了关于明堂议论的经过。

开皇三年的情节，本应该放在平陈之前，可能《隋书·礼仪志一》原本计划在开皇九年这里介绍此前有关明堂建造的讨论。又或许由于此事作为牛弘个人业绩色彩比较浓厚，因此作了“事在《弘传》”这样的处理。

在第二节中，《礼仪志一》中的“弘等又条经史正文重奏”和牛弘传中的“是后议置明堂，诏弘条上故事，议其得失，事在礼志”有些重叠。但是，“弘等又”在《礼仪志》的上下文中表示牛弘在十三年进行了第二次上奏，而“是后”则在牛弘传的上下文中表示在十三年首次讨论了明堂的建造。这可能是因为牛弘传没能涉及牛弘在十三年第一次关于明堂的讨论，而是将重点放在了第二次讨论上，并将详细内容留给了《礼仪志一》来记录，这也是为什么牛弘传中有“事在礼志”一说，但《礼仪志一》中并没有详细论述。

结　语

作为正史之一的《隋书》，不仅对研究隋代，而且对研究南北朝时代也是极为重要的史料。南北朝后期诸人，其生涯多有入隋者，《隋书》的本纪、列传多记南北朝后期的事件，志书部分则作为五代之史志，不仅书隋之事，也向我们揭示了梁、陈、北齐、北周各代文化、制度的实际状况。

以往对今本《隋书》的认识是，本纪、列传和志书成于众手，二者分别编撰，几乎没有重叠之处，之后将两部分合并而成。对于这一通行的说法，本文指出，较早撰成的列传中有几处提示参引后来撰成的志书，在今本《隋书》的成书过程中，存在将列传和志书建立相互参照关系的编纂痕迹。

然而这种参照关系有些时候并没有完全建立。本文通过分析列传和志书之间的参照关系，揭示了今本《隋书》成立过程中牵涉到的复杂问题，并尝试给出解决的方案。

由此我们可以对《隋书·辛彦之传》所载其人卒年和《礼仪志》一、二所载明堂和封禅相关议论二者之间的矛盾给出最为合理的解释。本文指出，列传记录个人事迹，而国家事业相关的讨论，则会放到志书之中，并标注“事在某志”等语，提示读者参见志书，也就是说列传与志书之间存在某种职能分工。

本文主要讨论了辛彦之的卒年和有关明堂的议论，《隋书》的列传和志书之间存在矛盾。今本《隋书》的成立过程格外复杂，由此引出种种问题，在辛彦之的这一个案中可以说得到最为典型的体现。

关于中古“职田”的一些解读

北京师范大学历史学院　严耀中

摘　要：中古时期职田制度中的受田官员，对国有土地是实质占有。由于他们所得到的田地情况是依照各自官职与权位而定，且有着和一般地主同样的生产经营权和产品支配权，故而亦可说这是生产资料权位所有制的形态之一。

关键词：职田；权位占有；中古时期

在中古时期出现作为官吏待遇之一的职田制度，虽然其属于所谓田制的一部分被广泛提及，但对于此制产生的背景与性质似乎尚有进一步探讨的余地，特别是涉及如何理解土地之类生产资料的“名义所有”和“实质占有”之间的关联。

一、有关职田的一些记载

“公田”一词很早就出现在典籍上，其实有着多重含义，不能一概而论。中古时期的“职田”亦系公田的类型之一，鉴于其含有较为特殊的权益占有形态，有必要作一番更细的解读。凡是有关中国古代土地制度的史籍和专著，总会有关于职田的记载或叙说，但为了阐释的方便，还是在此将相关的一些条文先予以摘录。

从时间上看，《荀子・荣辱》已将“农以力尽田”和士大夫之受禄相关联，但作为制度里的官员职田首先是在西晋出现。据《晋书・食货志》，晋武帝统一中国后，先是因“国王公侯，京城得有一宅之处。近郊田，大国田十五顷，次国十顷，小国七顷。城内无宅城外有者，皆听留之”。接着在所制户调式中又规定：“其官品第一至于第九，各以贵贱占田，品第一者占五十顷，第二品四十五顷，第三品四十顷，第四品三十五顷，第五品三十顷，第六品二十五顷，第七品二十顷，第八品十五顷，第九品十顷。”[①]此外还有受特别优待的，如《晋书・职官志》载，诸公及开府位从公者，“元康元年，给菜田十顷，田驺十人，立夏后不及田者，食奉一年”。位特进者也在“元康元年，给菜田八顷，田驺八人，立夏后不及田者，食奉一年”。光禄大夫和尚书令也同时给“菜田六顷，田驺六人”[②]。南朝依旧如此，若云“嘉禾生太尉府田”[③]中的府田等亦系职田，不过在朝廷供职的大多数官吏似乎没有资格享受这样的待遇。地方主官拥有职田者，一样可以驱使属吏为其耕种土地，如陶潜“为彭泽令。公田悉令吏种秫稻。妻子固请种粳，乃使二顷五十亩种秫，五十亩种粳”[④]。以吏作为公田耕种者的规定一直延续到南北朝的后期，故有“吏禄”“干禄”等名称出现。如此对劳动生产者和生产资料的双重占有，虽然有着魏晋南北朝期间因人口剧减导致劳动力缺乏的特殊情况，但也说明了职田上体现的权力所有制形态是完全的。

司马南渡，在法统上理所当然继承中原旧制，不过由于江左更是地广人

---

① 《晋书》卷二六《食货志》，中华书局，1974 年，第 790 页。

② 《晋书》卷二四《职官志》，第 726—728 页。

③ 《宋书》卷二九《符瑞志下》，中华书局，1974 年，第 829 页。

④ 《宋书》卷九三《陶潜传》，第 2287 页。

稀，给官员之优待，且强调依职位占有额定劳动力，“历宋、齐、梁、陈，皆因而不改”①。或略有增减。如宋武帝泰常二月“戊申，制中二千石加公田一顷”②。北魏统一北方后，经济逐步恢复，孝文帝时开始实行均田制。其中“诸宰民之官，各随地给公田，刺史十五顷，太守十顷，治中别驾各八顷，县令、郡丞六顷。更代相付。卖者坐如律”③。如此田制贯穿于北朝，如北齐“京城四面，诸坊之外三十里内为公田。受公田者，三县代迁户执事官一品已下，逮于羽林武贲，各有差。其外畿郡，华人官第一品已下，羽林武贲已上，各有差”。又如隋“京官又给职分田。一品者给田五顷，每品以五十亩为差，至五品，则为田三顷，六品二顷五十亩，其下每品以五十亩为差，至九品为一顷。外官亦各有职分田。又给公廨田，以供公用”④。很明显，官员对这些土地之占有与其职位密切相关，属于一种特殊形式的土地所有。

唐代之职田，集前朝之大成，更具体明确。现据天一阁所藏《天圣令》摘录如下：

> 诸职田。三京及大藩镇四十顷，藩镇三十五顷，防、团州三十顷，上、中州二十顷，下州、军、监十五顷，边远小郡户少者一十顷，上、中、下县十顷至七顷为三等给之。给外有剩者，均授。州县兵马监临之官及上佐录事、司理参军、判司等，其给剩田之数类，在州不得过幕职，在县不得过簿、尉。
>
> 诸职分陆田。限三月三十日，稻田限四月三十日。以前上者，并入后人；以后上者，入前人。其麦田以九月三十日为限。若前人自耕未种，

---

① 《隋书》卷二四《食货志》，中华书局，1973年，第673页。

② 《宋书》卷三《武帝本纪下》。

③ 《魏书》卷一一〇《食货志》，中华书局，1974年，第2855页。但《通典》卷二引《关东风俗传》云：“魏令，职分公田，不问贵贱，一人一顷，以供刍秣。”（中华书局，1988年，第27页）说明北魏的职田其实还有更复杂的内容，不过史料缺失，难以窥见全貌。

④ 《隋书》卷二四《食货志》，第677、681页。

后人酬其功直；已自种者，准租分法。其限有月闰者，只以所附月为限，不得更理闰月。若非次移任，已施功力，交与见官者，见官亦酬功直，同官均分如法。若罪犯不至、去官，虽在禁，其由并同见任；去官者，同阙官例。或本官暂出即还者，其权署之人不在分给。

…………

诸应给永业人，若官爵之内有解免者，从所解者追。即解免不尽者，随所降品追。其除名者，依口分例给，自外及有赐田者并追。若当家之内有官爵及少口分应受者，并听回给，剩追收，不足更给。

诸因官爵应得永业，未请及请未足者而身亡者，子孙不合追请。

…………

其京官文武职事职分田，一品一十二顷，二品一十顷，三品九顷，四品七顷，五品六顷，六品四顷，七品三顷五十亩，八品二顷五十亩，九品二顷，并去京城百里内纳。其京兆、河南府及京县官人职分田亦准此。即百里内地少，欲于百里外给者亦听。

诸州及都护府、亲王府官人职分田，二品一十二顷，三品一十顷，四品八顷，五品七顷，六品五顷京畿县亦在此，七品四顷，八品三顷，九品二顷五十亩。镇、戍、关、津、岳、渎及在外监官五品五顷，六品三顷五十亩，七品三顷，八品二顷，九品一顷五十亩。三卫中郎将、上府折冲都尉各六顷，中府五顷五十亩，下府及郎将各五顷。上府课（果）毅都尉四顷，中府三顷五十亩，下府三顷。上府长吏、别将各三顷，中府、下府各二顷五十亩。（果毅）亲王府典军五顷五十亩，副典军四顷，千牛备身左右、太子（千）牛备身各三顷。亲王府文武官随府出藩者，于所在处给。诸军折冲府兵曹二顷，中府、下府各一顷五十亩。其外军校尉一顷二十亩，旅帅一顷，队正、队副各八十亩。皆于镇侧州县界内给。其校尉以下，在本县及去家百里内镇者不给。[1]

① 天一阁博物馆、中国社会科学院历史研究所天圣令整理课题组校证：《天一阁藏明钞本天圣令校证》（上册），中华书局，2006年，第28、29、33、41—43页。

此外还有公廨田，其实也是一种职田，不过是给予某个部门的全体官吏。若隋“外官亦各有职分田。又给公廨田，以供公用”[①]。唐初定制更详：“京司及州县皆有公廨田，供公私之费。其后以用度不足，京官有俸赐而已。诸司置公廨本钱，以番官贸易取息，计员多少为月料。”[②]其收入中用于“公”系当时机关的日常办公费，“私”则作为官员们的津贴。但这种津贴之取得也是因为有着官吏身份。由此可见，所谓职田都是依照官位及其附带的权力来占有田地的一种形式。

唐代之后，制度性的职田在一定情况下依然存在。如元：

> 至元二十一年五月，中书省。准各省咨及御史台呈：“官员职田，江淮、闽广地土不同，合依中原迁转官，每俸钞五贯给公田一顷。”都省议得，比及通行定夺以来，比附腹里官员职田体例，于无违碍系官荒闲地内减半拨付。
>
> 各路：
>
> 上路，官：达鲁花赤八顷、总管八顷、同知四顷、治中三顷、府判二顷半；首领官：经历二顷、知事一顷、提控案牍一顷。
>
> 下路，官：达鲁花赤七顷、总管七顷、同知三顷半、府判二顷半；首领官：经历二顷、知事一顷、提控案牍一顷。
>
> 散府，官：达鲁花赤六顷、知府六顷、同知三顷、府判二顷；首领官：提控案牍一顷。
>
> 上州，官：达鲁花赤五顷、知州五顷、同知二顷半、州判二顷；首领官：提控案牍一顷。
>
> 中州，官：达鲁花赤四顷、知州四顷、同知二顷、州判一顷半、都目半顷。
>
> 下州：达鲁花赤三顷、知州三顷、同知二顷、州判一顷半。

① 《隋书》卷二四《食货志》，第681页。

② 《新唐书》卷五五《食货志五》，中华书局，1975年，第1394页。

上县：达鲁花赤二顷、县尹二顷、县丞一顷半、主簿一顷、县尉一顷。

中县：达鲁花赤二顷、县尹二顷、主簿一顷、县尉一顷。

录事司：达鲁花赤一顷半、录事一顷半、录判一顷、司狱一顷、巡检一顷。

各道按察司，官：按察使八顷、副使四顷、签使三顷；首领官：经历二顷、知事一顷。

各处运司，官：运使八顷、同知四顷、运副三顷、运判二顷半；首领官：经历二顷、知事一顷、提控案牍一顷；盐司：盐使二顷、盐副二顷、盐判一顷；各场管勾：正管勾一顷、同管勾一顷。

此外还有规定："大德五年七月，中书省。议得，江南各处见任官吏，于任所佃种官田，不纳官租。"[①]表明这是一种对生产资料之完整的占有形式，也同样是为凭依权位谋取经济利益之法制化。

二、依官位授田的背景

中古时期依官位授田现象的出现，既有传统的观念基础，亦系当时的实际情况所导致。

从观念上说，这是二种传统的重合。其一是在孟子"分田制禄"[②]观念基础上，在职官制度里实行"以禄代耕"，即在行政系统里实行的俸禄制，特别是从秦代开始以行政的系统性管理落实国家在政治上的统一，形成了新的官吏群体。这些人自身不能直接参与农业生产等经济活动，故而在税收中拿出一部分作为他们的酬劳则势在必行，从这个角度可以说职田是俸禄制里的一个变种，与现行的权力相关。其二，这也是作为论功行赏的一种形式，《礼

① 方令贵校注：《通制条格校注》卷一六，中华书局，2001年，第372—376、475页。

② 《孟子·滕文公章句上》。朱熹于此补充说："公田以为君子之禄。"（〔宋〕朱熹：《四书章句集注》，中华书局，1983年，第257页）朱子之言应该是联系了后世的情况。

记·王制》："诸侯之有功者，取于闲田以禄之；其有削地者，归之闲田。"闲田即是公田。又秦制"明尊卑爵秩等级，各以差次名田宅"[①]。后来按爵位与勋位所分给之永业田，性质和此制类似。彼此的区别是前者系实权和身份之合一，而后者则意味着权位已经转入身份。这二种传统观点所合成的思路，系"此亦古者公田稍食之制也"[②]，使得职田制度之设立，在社会意识上没有任何障碍，且"长期的官僚政治，给予了做官的人，准备做官的人，乃至从官场退出的人，以种种社会经济的实利"[③]，社会上下也都习以为常了。此外，曹魏在内地展开大规模屯田或许也会激活一种思路：既然荒田可以用来提供军粮，应该也可以有助于行政机构的支出所需。

职田制度在西晋的占田制中萌生出来，还是由当时的现实状况所决定的。一方面，自从汉末黄巾起事，战火不断，军阀混战和三国相争，再加上连年灾荒。由此造成大量的死亡，城乡一片萧条，最突出的标志就是人口的遽然减少。仅"自初平之元，讫于建安之末，三十年中，万姓流散，死亡略尽"[④]。或若《隋书·地理志上》说："三国争强，兵革屡兴，户口减半。有晋太康之后，文轨方同，大抵编户二百六十余万。"[⑤]据梁方仲先生的统计，东汉桓帝永寿三年（157）的人口数为10 677 960户；56 486 856口。晋武帝太康元年（280）的人口数为2 459 840户；16 163 863口。[⑥]通过这两组数字的对比，可见西晋初的户数只有东汉后期的四分之一不到，人口则不及五分之一。由此造成的社会状况正如王粲的《七哀诗》所描绘："出门无所见，白骨蔽平

① 《史记》卷六八《商君列传》，中华书局，1982年，第2230页。

② 〔唐〕白居易：《策林·百官职田》，《白氏长庆集》卷六四，上海古籍出版社，1994年，第693页。

③ 王亚南：《中国官僚政治研究》，中国社会科学出版社，1981年，第112页。

④ 《晋书》卷四三《山涛传附山简传》，第1229页。

⑤ 《隋书》卷二九《地理志上》，第807页。

⑥ 梁方仲：《中国历代户口、田地、田赋统计》甲表5、13，上海人民出版社，1980年，第20、38页。

原。"[1]曹植的《送应氏》里也佐证当时所见的同样景象："洛阳何寂寞！宫室尽烧焚……侧足无行迳，荒畴不复田。游子久不归，不识陌与阡。中野何萧条，千里无人烟。"[2]西晋统一后则灾害不断，若"晋武帝泰始十年，大疫，吴土亦同"，疫病流行肯定会死人不少，太康三年（282）也有疫，其间"咸宁元年十一月，大疫，京都死者十万人"[3]。如此情况意味着劳动力严重缺乏，古代的农业生产主要依靠劳动力的投入，所以人口剧减必然导致国家租赋大大减少。另一方面，西晋的统一也使全国统一的行政系统之重新建立成了当务之急。也就是说，这需要任用大量行政官吏来体现合法政权之存在和正常运作，而给予他们的俸禄也不可或缺。此外，司马氏皇室对内从曹氏手里夺取政权，对外先后征讨消灭蜀国、吴国，对此过程中立下功劳的众多臣下予以奖励也在情理之中而势在必行。

毫无疑问，上述两方面的情况在财政收支上产生了一个巨大的矛盾。西晋政权应该是看到了耕地被大量荒芜而成为"闲田"的有利可图之处，除了继承曹魏的屯田制度，还将其中一部分土地作为职田分给各级官员，让他们自行想办法来利用这些生产资料牟利，[4]同时减轻了行政经费的压力。由此附带的一个好处是，虽然同一官位分给的田地面积是一样的，但其间的出产可各显神通而得利高低不一，因而在一定程度上激发出组织生产的积极性，可谓公私双赢。

或许这是在地广人稀状况下来解决财政难处的方便可行的办法，所以西晋之后的各个政权都把设立职田当作整个田制里的组成部分，且基本上是和田制相始终。职田制度也带来了另外一些重要的社会影响，这主要是在职田上的生产过程所引发的。总量为数不少的各类职田需要人来耕种，对于只是

---

① 《建安七子集》，中华书局，2005 年，第 86 页。

② 《曹植集校注》卷一，人民文学出版社，1984 年，第 3 页。

③ 《宋书》卷三四《五行志五》，第 1009 页。

④ 对于一些朝廷重臣显职，则以一顷菜田另配给一名田驺的办法帮助解决劳动力问题，以示对某些高官的特殊优待，一如前文所引《晋书·职官志》的记载。

得到“少者至四十亩”之类的低级官吏来说，至少其中一部分是让家人或自己来亲务农事。但那些分得数十顷，甚至上百顷的王公高官们，由于官位意味着权力在手，当然要对此加以利用。

这不外乎两种形式，其一是直接驱使下级官吏为其出力，即如上文提到的陶潜让县吏为他种田。又如谢灵运为侍中，即可“驱课公役，无复期度”[①]。当时还有提议“都督可课佃二十顷，州十顷，郡五顷，县三顷。皆取文武吏医卜，不得挠乱百姓”[②]。还如北齐“自一品已下，至于流外勋品，各给事力”[③]。这些“事力”或称为幹，后者在当时是一类中下级官员的职名，他们中相当一部分下沉为专役劳动者，故亦有僮幹之称。北齐后来将此发展成所谓“食幹制”，把某郡某县所属之幹吏当作“事力”赐给一些官员。[④]这些幹吏承担的劳务之一，就是在职田上进行农业生产，由此可以说，职田制度是促成低级小吏沉沦为专役劳动者的一个重要因素，由此也体现出权位对社会生产之占有是全面性的。其二是转佃出去。先是，《晋书·食货志》把给官吏的佃客制度和职田都作为“户调式”的内容，官员“又得荫人以为衣食客及佃客，品第六已上得衣食客三人，第七第八品二人，第九品及举辇……命中武贲武骑一人。其应有佃客者，官品第一第二者佃客无过五十户，第三品十户，第四品七户，第五品五户，第六品三户，第七品二户，第八第九品一户”[⑤]。这是一种为了给现任官员优待而将劳动力与土地强制结合的方式，恐怕这也是借鉴屯田制中的组合方式。

从南北朝后期至隋唐，随着户口数量的不断增加，职田上的劳动者也从制度上的强行指派渐渐转向由受田官员来自行灵活处理。如在唐开元二十五

---

① 《宋书》卷六七《谢灵运传》。

② 《晋书》卷七〇《应詹传》，第1860页。从“不得挠乱百姓”的建议中，可以推知当时应该有一些官员强迫百姓为其耕种职田的现象。

③ 《隋书》卷二七《百官志中》，第764页。

④ 程应镠：《释“幹”》，《中华文史论丛》1979年第2辑。

⑤ 《晋书》卷二六《食货志》，第790页。

年（737）令中规定耕田者“并取情愿，不得抑配”，若可以“其田亦借民佃植，至秋冬受数而已”[1]。其好处之一是“农民佃作公廨田、职分田等官田，能够弥补实受田少而农民无法进行再生产的不足”[2]。这也说明职田在所有权方面的双重性具有生产关系上的灵活性，会给各方面都带来一定的利益，故而也有学者由此认为“耕种屯田、营田、职田、官庄等国有土地的农民才是真正的国家佃农”[3]。其实租佃关系多种多样，并非因为或有可能租赋数量之不一而存在本质上的不同，中古时期耕种职田的农民和一般均田农民的差异实际上只是中间多了个官员“二地主”，他们从事生产的土地归根结底都是属于“国家土地”，难道不是吗？其中需要特别注意的是这个职田制度中的“二地主”所扮演的角色，当然是和职田的特性密切关联。

三、职田之特性

在上述中古时期田制中所提及的职分田都显示出一些共同的特征：

第一，不管这些职田如何分配，也不管它如何分类及具有何种名称，如职分田、公廨田、口分田、永业田等等，都来自朝廷所属之公田或官田，其最终目的是促进行政体系之巩固和运行之效能。如唐德宗“建中四年六月，户部侍郎赵赞请置大田：天下田计其顷亩，官收十分之一。择其上腴，树桑环之，曰公桑。自王公至于匹庶，差借其力，得谷丝以给国用。诏从其说。赞熟计之，自以为非便，皆寝不下”[4]。此事虽未行，但其中对支配土地的理念代表着当时之共识。从这个层面也可推演出另一层意思，即从国家所属公田

① 《通典》卷二《食货·田制下》，第32页；卷三五《职田及公廨田》注，第971页。

② ［日］西嶋定生著，冯佐哲等译：《中国经济史研究》，农业出版社，1984年，第476页。

③ 胡如雷：《中国封建社会形态研究》，生活·读书·新知三联书店，1979年，第135页。

④ 《旧唐书》卷四九《食货志下》，中华书局，1975年，第2127页。

里划出一部分作为职田，也是对作为政府财政收入之大头的租赋的一种分割。这种对土地出产之分割亦可说是职田属性的附加标志之一。

第二，如此的土地“占有还受实现占有所必须采取的方式的制约”[①]。国王公侯和各级官吏们之所以能够得到这些土地，毫无疑问是因为他们所具有的身份。或者形象地说，建立官吏与职田之间关系的不是田契，而是官印，而且这种关系会随着他们官位的变化而变化。如有人的官职从三品升级到二品，后者所封爵位上提了一个档次，就可以多得五顷的土地。反之，如果被降级或丢失爵位，当然也会随之失去这些给予的土地。由此可见，那些王公及官员们根据制度所得到的土地，是一种临时性的占有，不能将其当作自己名分上的产业。从这方面说，均田制中一般民众的口分田之占有是以其身体存在状况为条件，官吏对职田之占有则是按照身份变化而实现，这是两者的重要区别。溯其渊源，在中央集权的体制里，禄秩与职位的关系是一贯的。“无论如何，官员离职后便丧失了旧日秩位，‘若干石’的禄秩等级并没有跟随官员本人走，它是附丽于职位的。你当下被安排在哪个职位，你就是哪个秩次。”[②]在这点上，职田和禄秩的性质是相同的，属于朝廷给予官员的酬劳，所以亦有“禄田”之称。到了唐代，“官吏利用职田，租佃与人，获得的收入比禄高得多”，于是“职田是官吏尤其是本品卑官吏的主要收入”[③]，成了“实施政治行政调节的手段，甚至也是一种社会分配的形式”[④]。不过它比禄秩优越之处，则在于只要其身份不变仍可继续占有依职品所得之部分土地，若唐《田令》规定“诸流内九品以上口分田，虽老不在追收之限，听终其身。其非品官年

① ［德］马克思、［德］恩格斯：《费尔巴哈》，载《马克思恩格斯选集》（第1册），人民出版社，1972年，第75页。

② 阎步克：《品位与职位：秦汉魏晋南北朝官阶制度研究》，中华书局，2002年，第183页。

③ 李锦绣：《唐代财政史稿》，北京大学出版社，1995年，第826、829页。

④ 阎步克：《中国古代官阶制度引论》，北京大学出版社，2010年，第130页。

六十以上，仍为官事驱使者，口分亦不追减，停私之后，依例追收”[1]。这犹如公务员的退休金数额和其原来的职位挂钩，是权位和身份结合之延续，虽然这也意味着两者结合所持有的特定性的淡化。

第三，当在位官员得到所分给的土地之后，就有着和当时一般的所谓私田同样的产品支配权或生产经营权，无论是对于相关的生产过程还是最后的收成。如前文所引东晋时陶潜“为彭泽令。公田悉令吏种秫稻”等。不过如此一来，官员们在自己职田上的操心无形之中省却了朝廷的行政成本。否则的话，通过经营公田解决“百僚供费不足，台省府寺咸置廨钱，收息取给”，是很需要有关部门费心费力的。现在朝廷用“公卿以下给职田各有差”[2]的办法让官员暂时占有部分公田来替代廨钱支出，岂不在行政上也能够省心省力又省钱?

职田与俸禄不同的地方，是中古时期官员所得的职田属于生产资料，他们从中所得到的报酬是间接的，还得需要自己花上一些功夫，来把土地与劳动力结合起来去种植所需要的农产品，其间还少不得用点心思及进行监督等等。虽然官吏对这些土地的占有是一种职位占有，但是在占有期间同样有着完整的使用权，其对土地的生产利用有着相当的主动性和积极性，与当时所谓的地主无异。这或许亦可算作实行职田制度的一个有利因素。

第四，官员按品位所受田（包括按爵位、勋位等）广义上亦属职田，狭义的职田则是指与具体官职关联，往往和官职所在的衙门有着较为固定的联系，由此更像是一种职务津贴。需要注意的是，自两晋至隋唐，职田的主要内容有着从狭义向广义转移的倾向，这个过程其实也反映了它趋向消亡的过程。

而按品位等授给的职田与当时田制中其他情况相比，有些地方十分类似。

---

① 天一阁博物馆、中国社会科学院历史研究所天圣令整理课题组校证：《天一阁藏明钞本天圣令校证》（上册），第 34 页。

② 《隋书》卷四六《苏孝慈传》，第 1259 页。

值得注意的是在职田中同样有口分田与永业田的区别。如隋文帝曾令：“自诸王已下，至于都督，皆给永业田，各有差。多者至一百顷，少者至四十亩。”[①]又如唐德宗贞元四年（788）八月敕：“永业田，亲王百顷，职事官正一品六十顷，郡王及职事官从一品各五十顷，国公若职事官正二品各四十顷，郡公若职事官从二品各三十五顷，县公若职事官正三品各二十五顷，职事官从三品二十顷，侯若职事官正四品各十四顷，伯若职事官从四品各十一顷，子若职事官正五品各八顷，男若职事官从五品各五顷，上柱国三十顷，柱国二十五顷，上护军二十顷，护军十五顷，上轻车都尉十顷，轻车都尉七顷，上骑都尉六顷，骑都尉四顷，骁骑尉、飞骑尉各八十亩，云骑尉、武骑尉各六十亩。其散官五品以上同职事给，兼有官爵及勋俱应给者，唯从多，不并给。若当家口分之外，先有地非狭乡者，并即回受，有剩追收，不足者更给。诸永业田皆传子孙，不在收授之限。”[②]这里应该申明的是得爵位或勋位者亦可享有职田，不过其中单独提及“职事官正一品六十顷”等，表明其中的官位、爵位、勋位等性质类似，即其所得之田地数额也应与地位升降相连。这些官员们的永业田也是整个田制的一部分，与一般的永业田相异之处在于按等级授予和“不课”，而且其田虽然可以“皆传子孙”，但“随着官品的升降，其永业田也要随着增减。如果官吏生前被罢为庶民，其永业田就要被追收而改为按庶民标准授田”[③]。

包括所谓永业田在内的职田亦随田制总体的变化而变化。如德宗时李泌执政就“减王公以下永业田”[④]。若遇到诸如玄宗开元十年（722）“六月敕：所置职田，本非古法，爰自近制，是以因循，事有变通，应须删改。其内外官

---

① 《隋书》卷二四《食货志》，第680页。

② 《通典》卷二《食货·田制下》，第30页。

③ 杨际平：《北朝隋唐均田制新探》，岳麓书社，2003年，第210页。

④ 《新唐书》卷五五《食货志五》，第1401页。

所给职田地子，从今年九月以后，并宜停给”[1]，即职田和均田制里其他分配的土地一样，都得统统回收。西嶋定生先生根据吐鲁番文书中的给田文书和退田文书证实了唐代“不仅永业田要退还，而且赐田也要退还，说明赐田也不能当成永世所有的土地”，并指出这不是高昌“一个地方的特殊现象”[2]。职田中的“永业田”无疑也属于“赐田”，此与“诸田不得贴赁及质，违者财没不追，地还本主”[3]等，都是表明朝廷对这些土地有着最终支配权。如此亦可把职田视作朝廷与官员之间对土地所有权中的收益权之分割形式。官员由此通过权位占有田地而得到利益，实质上和资本家通过股权占有生产资料相类似，即后者手持相当数量的股票时不仅可获得利润并拥有企业经营权，一旦股票脱手则犹如官员失去职位，和生产资料就没有关系了。两者都是通过有着法律效用的文书而占有生产资料来谋利，其所有权都是有限而非无限。如此反映出“财产的手中并没有政治权力，甚至政治权力还通过如任意征税、没收、特权、官僚制度加于工商业的干扰等等办法来捉弄财产”[4]。

四、关于职田所有形式之杂议

由于职田是属于后世所谓的“生产资料”，并且由于它的“所有权”内涵在实践中可以被分割成几个层面而显得有些特殊，且在职田上亦有所表露，因此值得作进一步的探讨。

从历史的事实来看，一方面职田本于公田，朝廷对其有着最终支配权。另一方面，当职田已经处于某个具体官员的名下时，在土地的使用和保有上又和该官员其他的私有田产没有区别。堀敏一先生通过对《唐律疏议》卷

---

① 《唐会要》卷九二《内外官职田》，中华书局，1960年，第1669页。

② ［日］西嶋定生著，冯佐哲等译：《中国经济史研究》，第427页。

③ 《通典》卷二《食货・田制下》，第32页。

④ ［德］马克思：《道德化的批判和批判化的道德》，《马克思恩格斯选集》（第1册），第170页。

一三、卷二七和《通典》卷二里相关史料的分析，以及参考日本令中《养老令·田令荒废条义解》中对公田与私田之定义，得出结论，即职田制中“所班给的土地，永业田自不用说，包括口分田在内，都是私田”[①]。这是一种比较符合实际的说法，但这样子一来，是把均田制视作“是一种具有国有和私有两重性质的土地所有制形态”[②]。其中，职田在所有制上具有的双重特征则更为突显，即同时兼有本质上的公田和实践中的私田的两面性，即使职田中的不同类型之双重特征表现的程度不一。

中古时期职田之出现“并不仅是一直接的存在，而乃是一有本质的存在”[③]，故而我们把职田当作一扇窗口来探视中国古代以土地为代表的生产资料所有制问题，可以发现至少在1911年之前根本不存在现代话语里的那种“私有制”。因为西方话语里的生产资料私有制概念是以“私有财产神圣不可侵犯”为前提的，对土地亦“意味着毫无阻碍和毫无限制地占有土地”[④]。而中国古代“普天之下，莫非王土；率土之滨，莫非王臣”作为天经地义之理和西方那种观念格格不入。在专制集权制度形成之后，作为最强者的以皇帝为首的统治集团认识到“如果他不把他的强力转化成权利，把服从转化成义务，他就不可能强到足以永远当主人”[⑤]。所以坚持将所有的土地与民众都从属于以皇帝为代表的国家，就成了华土历代历朝不变的信念，并以此构成向君王缴供赋役之根由，如此当然不会产生西方观念中的私有制。其实华土现代学术讨论中所谓的私田或土地私有制仅仅表现为对土地的使用权、保有权和继承权，

---

① ［日］堀敏一著，韩国磐等译：《均田制的研究》，福建人民出版社，1984年，第362—363页。

② 武建国：《五代十国土地所有制研究》，中国社会科学出版社，2002年，第85页。

③ ［德］黑格尔著，贺麟译：《小逻辑》，生活·读书·新知三联书店，1954年，第312页。

④ ［德］恩格斯：《家庭、私有制和国家起源》，《马克思恩格斯选集》（第4卷），人民出版社，1972年，第163页。

⑤ ［法］卢梭著，李平沤译：《社会契约论》，商务印书馆，2017年，第7页。

以及在这些权利范围内进行买卖，并没有土地最终支配权的含义。我们从历史记载中可以找出无数个名义上的“私田”被政治权力任意夺走的事例，时间上可以纵贯数千年。若“同前代一样，六朝的民田产权经常被皇帝、官僚贵族和豪强巧取豪夺”[①]。官僚贵族等之所以能够对民田巧取豪夺，其实也是凭借着朝廷给予的特权。值得注意的是传统观念对土地所有权认识之历久不衰，这在实行田制的那段时间里表现得特别明显。卢向前先生认为贞观十六年（642）正月《巡抚高昌诏》中所谓“‘彼州所有官田’乃指高昌全部之九百顷垦田（以及未垦土地），而‘分给旧官人首望及百姓等’，则意味着西州均田制的成立”，因此该州所有“公田、私田都属于‘官田’的范畴”[②]。朱雷先生通过对敦煌和吐鲁番出土文书的深入研究后指出，在唐代的西州与沙州，“作为尚有一小块私有土地的均田民来说，在推行均田制过程中，他们的私有小块土地亦纳入均田轨道之中，作为‘已受’数记入手实和户籍之中，似乎已成为国家授予之地，而国家不承认私有土地的存在”[③]。为什么将私有土地当作“国家授予之地”之举能够被社会自然而然地认可？这难道不是自古以来“普天之下，莫非王土”深深地浸透在华土民众心理之结果？如此社会意识影响之下，所谓私田在整个土地制度中被处于公田的下位而有着很大的局限性当然也显得顺理成章。

由此也可以这样说，由于土地所有制包含着多重内容，而从中国古代“田制”中的实际情况来看，其处于生产状态的土地之所有权既非纯粹国有，亦非纯粹私有。无论职田还是民田，口分田还是永业田，只是公或私的成色不同而已。其中，职田本身由于存在着公私合体的双重特性，就呈现得尤为突

① 陈明光：《六朝“民田”的产权及交易方式》，《寸薪集》，厦门大学出版社，2017年，第151页。

② 卢向前：《唐代西州土地关系述论》，上海古籍出版社，2001年，第21、23页。

③ 朱雷：《唐代“均田制”实施过程中“受田”与“私田”的关系及其他》，载武汉大学历史系魏晋南北朝隋唐史研究室编《魏晋南北朝隋唐史资料》（第14辑），武汉大学出版社，1996年，第80—85页。

出。民间土地买卖只是保有权或占有权的一种转手，而非所有制之全部，至多是里面私有成分增加的一个标志。这一点上，鉴于职田全系依受田者身份所得，而一般永业田则至少部分可通过买卖得之，后者容易因长期被保有而在习惯思维上形成了“事实私有”之认知，这应该也是两者之间的一个区别。

堀敏一先生认为，在后期均田制中，朝廷通过对按广义官位授田，“建立了与这样的身份秩序相适应的土地所有体系”，亦有利于让“国家的身份支配秩序贯彻到人民中间”[①]。其实这两者是互动的，因为田制是建筑在官府已经掌握户籍的基础上才得以实施的。鉴于秦统一中国后建立起来的行政系统主要是依靠征集赋役来支撑其运行的，而在两税法之前主要是力役地租，如此则需要对民众户口情况加以清楚的掌握和严密的控制。在这种控制中社会上下也早已被身份分类，以便赋役之征收，“故土地的调查与变动，亦是与户籍的管理分不开的”[②]。而职田授予之依据则是户籍与官籍合一的结果，很典型地从一个侧面证明了所谓“地主”往往不过是掌权者的附加身份之一，由此也体现出按身份占有田地的中国古代社会实况。

从以上所悉，职田也是中古时期土地所有权的一种制度形式，是作为“田制”里的一个部分。它的实际所有状况既不能算私有，亦不属于公有，而是属于一种亦公亦私的特殊所有权形式。且既然职田呈现公私合体的双重特性，而如此特性之由来概由受者之官吏身份，故可名其为“身份占有制”。当然，田制里的授田既然要区分官民僧道、男女老少、奴婢部曲等，也就都可以说是属于身份占有制，只是类型不一而已。这也告诉我们，至少在田制盛行的中古时期，土地的所有制情况是复杂的，不能简单地用公、私之二分来解释这段历史中的社会现象。还值得注意的是，中国古代的社会等级制度是依身份而定的，而职田分配所依据的身份则是官位（包括爵位等）之高低。

---

① ［日］堀敏一著，韩国磐等译：《均田制的研究》，第190页。

② 朱雷：《唐“籍坊”考》，《武汉大学学报》（人文科学版）1983年第5期，第114—119页。

换句话说，职田制里对生产资料的拥有和官员手中权力大小相关，职田制中的生产资料所有权关系就是一种权位占有制。或者说它是一种名义上属于国家，实际上却是被附带权力的官位占有的生产资料所有制。其中“土地所有权一旦构成了地租的来源，它本身就成为竞争的结果”[①]。但在华土，这种竞争主要表现在权位之争。这种形式的制度丰富了生产资料所有制的内涵，影响深远。亦如刘泽华先生所指出：“中国自有文字以来的记载表明，君主和国家对社会财产拥有最高的所有权或支配权，同时私人也有某种程度的所有权和支配权，因此我认为在所有权问题上，既不是简单的国有，也不是简单的私有，而是一种混合性的多级所有制”[②]。

中古时期职田是作为田制中的一个分支而存在的，当然也随着“不立田制”而消失。职田作为一个历史现象，也是从侧面反映出华夏政治体制中权位的重要性，虽然它只是作为官吏收入的一种补充。“到唐后期，俸禄制度日益完善，俸额得到了大幅提高。以中书令为例，开元时月俸为17贯，到唐德宗贞元四年（788）定俸额，增至160贯，几乎是开元时月俸的10倍。”[③]而贞元二十年（804）时关中因旱灾“一顷麦苗五石米，三间堂屋二千钱”[④]，中书令的月俸就可一下子买入八十份房产，如果他乐意的话。对官员来说，俸禄是旱涝保收，要比操心职田好多了，这恐怕也是官吏们愿意放弃职田的原因之一，所以行政制度与政策之成功施行必须顾及官吏阶层的利益，因为他们是制度和政策的具体执行者，有着相当的自由裁量权。由此可见，后来官员们依然是凭借权位对社会财富大量占有，不过并非直接通过占有生产资料所

---

① ［德］马克思：《政治经济学的形而上学》，《马克思恩格斯选集》（第1册），第148页。

② 刘泽华：《公与私：先秦的“立公灭私”与对社会的整合》，载王中江主编《新哲学》（第2辑），大象出版社，2004年，第147页。

③ 黄正建：《官员日常生活的个案比较》，《走进日常：唐代社会生活考论》，中西书局，2016年，第270页。

④《旧唐书》卷一三五《李实传》，第3731页。

得。需要注意的是臣吏将所得禄赐买入的田产捐施给寺院时，亦须征得朝廷的同意，至少要知会官府。如北宋王安石欲将“所得禄赐及蒙恩赐（给其子王）雱银，置到江宁府上元县荒熟田”充为蒋山太平兴国寺常住，需要特地上札子请求恩准。[①]这似乎可以视作职公田归入俸禄之后，朝廷对官权力的一种变相保留。

如果说秦汉时代包含着田地分配内容的“爵制所具有的意义就在于它是国家秩序……它跟所谓中央集权的皇帝支配的整个结构一致，它是皇权统治赖以实现的场所，而且规定了皇帝权力的内容及其性质”[②]，那么，职田的产生及其演变过程却是反映了在社会动乱和门阀兴起的背景下，皇权为了管控行政体系和推动其运转的一种适应性努力，也折射出它由强变弱及再展现强势的曲折过程。于是，随着经济的恢复发展和专制集权的再度加强，职田终究定位于中国土地制度史上的一个阶段性现象。

---

① 〔宋〕王安石：《王文公文集》卷一九《乞将荒熟田割入蒋山常住札子》，上海人民出版社，1974 年，第 229、239 页。

② ［日］西嶋定生著，武尚清译：《二十等爵制》，国际文化出版公司，1992 年，第 336 页。

魏晋南北朝的汉代记忆及其变化[①]

南开大学历史学院　王安泰

摘　要：汉朝作为中国古代史上的强大政权，对后世有着巨大的影响力。因而在东汉灭亡后的百余年间，各政权纷纷以继承汉朝正统与政治遗产为己任，将“汉”视作无可替代的政治象征。至南北朝时期，士族为了建构自身家族传承与谱牒等方面的完整性，更重视作为汉朝统治集团的刘氏与诸名臣，“汉”逐渐由政治实体发展出文化象征的新意义。加上隋唐王朝完成了恢复汉代政治秩序的历史任务，“汉”不再作为强大政治体系的唯一标杆，古代中国遂走上与欧洲不同的路线。

关键词：正统论；五德次序；政治遗产

前　言

汉代是中国古代第一个延续四百年的强盛帝国。正由于汉朝对内外的统治经略都卓有成就，后世多对“汉”有较正面的评价，并在许多方面以

---

① 本文原题《魏晋南北朝の漢代の記憶とその变化》，载［日］佐川英治主编《多元的中華世界の形成——東アジアの「古代末期」》（京都：临川书店，2023年）。

"汉"为代称，诸如汉人、汉化、汉服等。历代对于汉代的认识与关注，主要是汉代四百年的文治武功，以及汉代各方面制度对后世的影响。

以此为基础，过往学者对于汉代的政治、社会、经济、文化等诸多面向，已有相当多的研究成果；近数十年来各种简帛文书的发现，使学界对汉代有了更深入而具体的认识。而魏晋南北朝在继承汉朝的基础上，所发生的各项制度变革、统治阶层变化、社会风气转换、思想宗教异同等，乃至于南北朝到隋唐的新转化，同样也有不少的讨论。

正由于汉代四百年的盛名，当汉代灭亡后，从名号到疆域、从制度到文化的各种政治遗产，自然成为后世政权与人群追求的目标。魏晋南北朝的人们必须考虑，如何才能算作结束乱世、恢复秩序乃至建立盛世？自魏晋以降，各政权大多是以建立新王朝、新秩序为政治号召，然而建立新体系并非唯一解答方案，"恢复"汉朝名号理应也是可资考虑的选择。若以罗马帝国为对照点，罗马帝国灭亡后，许多政权或强人在势力扩大到一定程度后，经常以"恢复罗马"为号召，在国名、称号、制度等方面皆以仿照罗马为荣，且此种致力继承罗马政治遗产的现象延续了千余年，显示罗马在古代欧洲人心目中的地位。

既然汉与罗马都是古代强大而久续的帝国，"汉"的名号理应也有如同罗马帝国般的影响力。要探讨这个问题，必然要从时代上延续汉朝的魏晋南北朝时期进行分析，亦即魏晋南北朝对汉代有何种"印象"？从魏晋转移至南北朝，受到汉朝影响的程度以及看待汉朝的态度有何差异？为何至唐代以降，汉朝的影响力显著衰弱？等等，都是可以再加思考的方向。汉朝对后世影响层面甚多，本文将聚焦于政治与制度方面进行分析，希望能借此考察汉朝政治遗产对魏晋南北朝的影响。

一、三国两晋与"汉代"的联结

1. 魏蜀吴三国各自面临的不同局面

自东汉中期以来，由于外戚、宦官陆续把持朝政，以及豪族控制地方等因素，造成党锢之祸、黄巾起事等重大事件，东汉后期的人们对东汉朝廷十分失望。然而当东汉王朝行将就木、建安年间群雄割据之际，时人未必都希望眼见东汉灭亡，可以说时人也被迫选择继续支持汉朝，或是期待新政权或势力能够恢复原有的政治秩序。

曹丕君臣建构的汉魏禅代仪式，主要论述在于汉朝之德已经结束，上天通过各种暗示与安排，让汉献帝将政治正统禅让给曹丕建立曹魏。所以对于曹魏来说，尽管东汉王朝即将终结，“继承”汉朝仍是曹魏正统的主要来源。反过来说，曹丕之所以不沿用“汉”的国号，显然源自四百年来“汉代=刘家”的理念深入人心，加上传统宗法制度的影响，曹氏家族即便与东汉皇室通婚，也无法让曹丕以“过继”外家或改姓为刘的方式延续汉朝政权。因此通过禅让以改朝换代，可谓最适合曹氏的方式。[①]

正因当时“汉”的形象仍有强大影响力，曹丕又无法继续使用汉的国号，刘备遂趁势取得“延续”汉朝的主导权。刘备号称是西汉景帝之子中山靖王刘胜的后裔，汉魏禅代后，刘备以听闻汉献帝已死为由，配合臣民劝进与大臣所上各种祥瑞，以旁支入继大统的模式“延续”汉朝。尽管刘备所建之汉，在血缘与疆域等方面都与东汉相差甚远，后世通常将其称为“蜀汉”，不过蜀汉的正式国号仍然是“汉”，蜀汉君臣也一再强调自身是继承汉献帝的正统王朝。[②]

与蜀汉、曹魏相比，孙权既非刘姓宗室，也无法获得汉朝的禅让或委任，导致孙权在称帝之际，只能强调天命，而不论及孙吴与东汉间的继承

---

① 相关论述可略参朱子彦：《汉魏禅代与三国政治》，东方出版中心，2013 年，第 35—40 页；楼劲：《魏晋以来的“禅让革命”及其思想背景》，《华东师范大学学报》（哲学社会科学版）2017 年第 3 期，第 1—15 页；［日］冈田和一郎等编：《漢とは何か》，东京：东方书店，2022 年。

② 饶胜文：《大汉帝国在巴蜀——蜀汉天命的振扬与沉坠》，中国文史出版社，2016 年。

关系，以回避此一难题。[1]孙权即位后随之而来的吴蜀同盟，不只是吴蜀两国的合作，也让孙权找到继承汉朝的理由。蜀汉为了寻求与孙吴的合作，透过吴蜀二国预先划分曹魏疆域的盟约，与孙吴共同“继承”汉朝政治疆域。[2]孙权在称帝过程中面临的困境，也可反衬“汉”仍有重要影响力。

实际上不仅魏蜀吴三国，其他势力也曾试图运用各种方式继承汉朝权力。例如袁绍与韩馥曾企图拥立刘虞为帝，就是看中刘虞的宗室身份；公孙渊自立为燕王后，立年号为绍汉，同样也是标榜公孙渊所建之燕国是接续汉代的新王朝。[3]可以说，在汉末三国时期，几乎所有政权与官员都相当重视“汉”的政治体系，并试图利用各种方式与汉朝产生联结，以获取汉朝的政治遗产。

2. 西晋一统与新典范的诞生

到了曹魏末年，以司马氏为首的士族集团沿用汉魏禅代的故事，再次完成改朝换代之举，建立西晋政权。[4]尽管西晋并未继承或延续汉朝，透过曹魏的联结，西晋依然尊“汉”为两代前的正统王朝，亦即汉晋仍有正朔上

① 孙权即位告天文云：“皇帝臣权敢用玄牡昭告于皇皇后帝：……权生于东南，遭值期运，承乾秉戎，志在平世，奉辞行罚，举足为民。群臣将相，州郡百城，执事之人，咸以为天意已去于汉，汉氏已绝祀于天，皇帝位虚，郊祀无主。休征嘉瑞，前后杂沓，历数在躬，不得不受。权畏天命，不敢不从，谨择元日，登坛燎祭，即皇帝位。惟尔有神飨之，左右有吴，永终天禄。”文中只提到东汉失去天命，孙吴为下一个天命继承者，只字未提天命如何由东汉转移至孙吴。《三国志》卷四七《吴书·吴主传》裴注引《吴录》，中华书局，1982 年，第 1135—1136 页。

② 王安泰：《“恢复”与“继承”——孙吴的天命正统与天下秩序》，《厦门大学学报》（哲学社会科学版）2016 年第 5 期，第 1—7 页。

③ 袁绍、韩馥曾于初平元年（190）筹划立刘虞为帝，以与董卓对抗，遭到曹操拒绝，事见《三国志》卷一《魏书·武帝纪》，第 8 页。公孙渊立年号为“绍汉”事，见《三国志》卷三《魏书·明帝纪》，第 109 页。另外《三国志·魏书公孙度传》裴注引《汉晋春秋》亦提及此事。

④ 仇鹿鸣：《魏晋之际的政治权力与家族网络》，上海古籍出版社，2012 年，第 155—170 页。

的延续关系。而司马氏君臣以咸熙改革为契机，对汉魏时期的礼制、法制、官制等方面进行大规模改革，从而出现不同于“汉制”的“晋制”；[①]其后西晋借由完成平定天下之举，证明毋须“恢复”汉朝也可以重建政治秩序。正因西晋在疆域版图与典章制度上都足以与汉朝匹敌，西晋一度成为取代汉朝的新典范，并在正统论上取得一席之地。

西晋统一时间不长，随即因八王之乱与永嘉之乱衰败而亡，延续“大晋”的东晋与继承东晋的南朝，自然选择继续遵奉西晋正统，在正统与五德历运上一脉相承。即便是自称汉代宗室后裔的刘裕，也没有选择“恢复”汉朝，而是另立国号（详后述）。相较之下，在纷乱的十六国时期，各政权则多依自身需求，在“尊汉”“尊晋”之间徘徊。

3. 刘渊“恢复”汉朝的政治考量

西晋末年刘渊起兵后，为了对抗西晋、拉拢中原吏民，选择以“汉”为国号，作为正统与权力的来源，特别是刘渊立国之际所说的话，非常具有代表性：

> 夫帝王岂有常哉，大禹出于西戎，文王生于东夷，顾惟德所授耳。今见众十余万，皆一当晋十，鼓行而摧乱晋，犹拉枯耳。上可成汉高之业，下不失为魏氏。虽然，晋人未必同我。汉有天下世长，恩德结于人心，是以昭烈崎岖于一州之地，而能抗衡于天下。吾又汉氏之甥，约为兄弟，兄亡弟绍，不亦可乎？且可称汉，追尊后主，以怀人望。（《晋书·刘元海载记》）

如引文所见，刘渊为了号召西晋统治下的臣民，利用汉朝曾与匈奴和亲、匈奴王室后裔拥有汉朝王家血统的往事，自诩为延续东汉—蜀汉正朔的汉王朝的继承人，遂以“汉”为国号。刘渊称“汉”的同时，也否定了汉—魏—晋的传承，指控西晋不过是继承“篡夺”汉朝的曹魏政权而来，如此一来，刘渊仿佛拥有了推翻西晋的大义名分。

---

① 陈寅恪：《崔浩与寇谦之》，《金明馆丛稿初编》，生活·读书·新知三联书店，2001 年，第 120—158 页。

至刘聪陆续攻克洛阳、长安，大抵平定华北，汉国的政治势力更加稳固，对刘聪君臣而言，标明汉国名号是自然不过之事：

（刘）聪引（晋怀）帝入宴，……聪曰："卿家骨肉相残，何其甚也？"帝曰："此殆非人事，皇天之意也。大汉将应乾受历，故为陛下自相驱除。且臣家若能奉武皇之业，九族敦睦，陛下何由得之！"

（刘）聪游猎无度，常晨出暮归，观渔于汾水，以烛继昼。中军王彰谏曰："……且愚人系汉之心未专，而思晋之怀犹盛，刘琨去此咫尺之间，狂狷刺客息顷而至。帝王轻出，一夫敌耳。愿陛下改往修来，则亿兆幸甚。"

（刘聪）谓（傅）祗子畅曰："……以元恶之种而赠同勋旧，逆臣之孙荷荣禁闼，卿知皇汉之德弘旷以不？"

陈元达谏曰："……晋氏暗虐，视百姓如草芥，故上天剿绝其祚。乃眷皇汉，苍生引领息肩，怀更苏之望有日矣。……"[①]

引文所见"大汉""皇汉"等词汇，若只看对话内容，仿佛刘聪的汉国真是延续东汉、蜀汉之正统王朝。即便考虑到这些对话可能是史官润饰后的语句，至少也可反映出刘聪君臣对"汉"的政治宣传。其他如"汉皇帝""汉域"等词语，[②]刘粲所立"汉昌"年号，[③]以及"亲汉王""辅汉将军"等官爵，[④]也具有标示汉国名号的意义。

---

① 上述史料皆见于《晋书》卷一〇二《刘聪载记》，第 2661—2663 页。

② 如刘聪之子刘约死后遇猗尼渠余国之人云"为吾遗汉皇帝"，以及太史令康相所云"月为胡王，皇汉虽苞括二京，龙腾九五，然世雄燕代，肇基北朔，太阴之变其在汉域乎！……吴蜀之不能北侵，犹大汉之不能南向也"，同样都标榜"汉"之名号。《晋书》卷一〇二《刘聪载记》，第 2674 页。

③ 《晋书》卷一〇二《刘聪载记》，第 2678 页；《资治通鉴》卷九〇《晋纪十二》"太兴元年"条，中华书局，2011 年，第 2909 页。

④ 如刘渊以𠠎督为亲汉王，以石勒为辅汉将军，又有辅汉将军张寔，皆为其例。《晋书》卷一〇四《石勒载记上》，第 2710 页；《资治通鉴》卷八八《晋纪十·怀帝永嘉六年》，第 2825 页。而辅汉将军并非汉国所创，东汉初年与蜀汉亦曾设置，显示辅汉将军官如其名，意为辅佐汉朝重建秩序之职，正符合汉国"复兴"汉室的宣示。

4. 刘曜与李寿的更改国号之举

刘聪死后，华北转为刘曜与石勒对抗的局面，刘曜为了强化自身的政治宣传，遂通过更改国号，期望获得天命与臣民的支持：

> 汉主曜立宗庙、社稷、南北郊于长安，诏曰："吾之先，兴于北方。光文立汉宗庙以从民望。今宜改国号，以单于为祖。亟议以闻！"群臣奏："光文始封卢奴伯，陛下又王中山；中山，赵分也，请改国号为赵。"从之。以冒顿配天，光文配上帝。(《资治通鉴·晋纪十三·元帝太兴二年》)

> (群臣议曰)陛下勋功茂于平洛，终于中山。中山分野属大梁，赵也，宜革称大赵，以水行承晋金行，国号曰赵。(刘)曜从之。于是牲牡尚黑，旗帜尚玄，冒顿配天，(刘)渊配上帝，自称大赵。(《十六国春秋·前赵录五》)

透过引文可知，刘曜配合图谶改国号为赵，并将赵的五德次序置于西晋金德之后而为水德。既然刘曜放弃"汉"的国号，自然也不须再以汉高帝刘邦作为王朝追溯的先祖，因而改奉匈奴冒顿单于为始祖，可谓进一步强化前赵政权的"匈奴"形象。另一方面，刘曜以前赵继承西晋，也等于宣示晋愍帝死后"晋"王朝已不复存在，在南方立国的东晋是冒称延续西晋的伪政权。尽管刘曜不再使用"汉"的国号，既然西晋接续汉魏正朔，继承西晋的前赵自然也继续沿用此一体系，形成汉—魏—晋—赵的正统论述。

除了刘曜，李寿也曾有改国号为"汉"之举。由賨人李氏建立的所谓成汉，是由前期的"成"与后期的"汉"并称而来。西晋末年李雄等人于四川建国之际，以"成"为国号；至李寿于咸康四年(338)杀李期称帝后，方改以"汉"为国号，又透过立年号汉兴、设置汉州等方式，强化"汉"的政治形象。[①]賨人李氏与汉朝刘氏宗室没有明确的血缘关系，甚至并非汉

---

① 李寿改国号为汉、立年号为汉兴，参《晋书》卷一二一《李寿载记》，第3044页。又李寿"分宁州兴古、永昌、云南、朱提、越巂、河阳六郡为汉州"，见《晋书》卷一四《地理志上》，第441页。

人出身，李寿自汉王登基为帝后，选择改国号为汉，代表李寿认为继续使用“汉”的政治符码，[①]可继承蜀汉对巴蜀地区的统治权，并获得相应的号召力与影响性。

4世纪前半试图利用“汉”名号者不仅限于刘渊与李寿，西晋末年还有其他以“汉”为名的起事：

> （太安二年，303）五月，义阳蛮张昌举兵反，以山都人丘沈为主，改姓刘氏，伪号汉，建元神凤。（《晋书·惠帝纪》）
>
> 山都县吏丘沈遇于江夏，（张）昌名之为圣人，盛车服出迎之，立为天子，置百官。沈易姓名为刘尼，称汉后，……乃下赦书，建元神凤，郊祀、服色依汉故事。（《晋书·张昌传》）
>
> ［永嘉三年（309）七月］辛未，平阳人刘芒荡自称汉后，诳诱羌戎，僭帝号于马兰山。（《晋书·怀帝纪》）

刘芒荡与张昌所立丘沈都以“汉”为号召建国称帝，两人都自称汉宗室后裔，丘沈甚至为此改名为刘尼，以应对汉朝为刘家的宣传。由上述诸例可以发现，当西晋政局不稳乃至灭亡之际，作为众人记忆中的强盛王朝，“汉”再次成为各势力企图“恢复”的对象，至南北朝方出现新的变化。

二、南北朝以降对汉代的认识

1.开创新局的刘裕、赫连勃勃与侯景

西晋灭亡后，南方的东晋长期沿用魏晋以来正朔，无需考虑是否“恢

---

① 如学者所言，李寿之所以改国号为“汉”，主要理由在于李寿曾受封汉王，参［日］佐川英治：《汉帝国之后的多元世界》，载［日］南川高志编，许郁文译《崩解的古代帝国秩序》，商务印书馆台湾分馆，2021年。不过李寿称帝后所建汉兴年号，很容易让人联想到复兴汉王朝；加上四川一带前有刘备、后有五代时期王建皆曾以“汉”为国号，因此应也存在。

复”汉的国号；北方则经历十六国时期多次的战乱与政权更迭，“汉”的政治影响力与边际效益日趋下降。因此4世纪后期与5世纪前期的政权，不再追求“汉”的国号，刘裕与赫连勃勃正是其中的代表人物。

刘裕自平定桓玄、取得东晋朝廷的主导权开始，为了着手取代东晋，显然会建构刘裕为汉朝宗室后裔的谱系，以提升自身与家族的地位。既然刘裕“出身”汉朝宗室之后，当然可选择以“汉”为国号，乃至全方位继承汉朝政治遗产，但这也将面临一些难题。首先，刘备、刘渊“延续”汉朝的重要前提，是否定曹魏、西晋的正统性与合法性，如果刘裕选择“恢复”汉朝，等同否定曹魏土德与西晋金德，回归汉代的火德。若然，则对刘裕而言，受禅对象东晋的正统性也将不复存在。其次，即便刘裕选择恢复汉朝，刘裕该选择入继汉献帝或汉怀帝（刘禅）的大统，以及刘裕与东汉、蜀汉百余年间的世代落差如何接续等方面，也是难以处理的课题。因此刘裕只强调刘姓宗室出身，而立国号为宋，以水德继承东晋金德，从而回避以“汉”为国号将会带来的各种问题。[①]

在刘裕强调刘姓宗室后裔身份的同时，北魏则是极力贬抑刘裕的出身背景。从《宋书》与《魏书》对刘裕家族记载的差异，就可看出端倪：

> 高祖武皇帝讳裕，字德舆，小名寄奴，彭城县绥舆里人，汉高帝弟楚元王交之后也。（《宋书·武帝纪上》）

> 岛夷刘裕，字德舆，晋陵丹徒人也。其先不知所出，自云本彭城彭城人，或云本姓项，改为刘氏，然亦莫可寻也，故其与丛亭、安上诸刘了无宗次。裕家本寒微，住在京口，恒以卖履为业。意气楚剌，仅识文

---

① 此外《宋书·武帝纪中》记载加刘裕九锡册书云：“永嘉不竞，四夷擅华，五都幅裂，山陵幽辱，祖宗怀没世之愤，遗氓有匪风之思。公远齐伊宰纳隍之仁，近同小白灭亡之耻，鞠旅陈师，赫然大号，分命群帅，北徇司、兖。许、郑风靡，巩、洛载清，伪牧逆藩，交臂请罪，百年榛秽，一朝扫涤。此又公之功也。”同样标示刘裕是作为东晋之臣收复洛阳，从而更凸显刘裕与东晋间的承继关系。此条史料承蒙葭森健介先生提示，特此致谢。

字，樗蒲倾产，为时贱薄。（《魏书·岛夷刘裕传》）

由上述两条史料可见，《宋书》清楚论述刘裕出身刘邦之弟楚元王刘交的后裔，《魏书》则贬抑刘裕出身不详，伪冒彭城刘氏，且家境寒微、才德粗鄙。尽管北魏作为刘宋的敌国，必然会批评南朝皇帝的出身与作为，但相较《魏书》对萧道成的叙述，[①]北魏对刘裕的评价显然更加刻薄。可以说南北政权对刘裕出身的不同论述，差异主要在于刘裕是否出身汉朝宗室，以及是否有“汉”的血统。

赫连勃勃所立大夏则是另一番光景。赫连勃勃原为刘姓，属于匈奴系的铁弗部，且与刘渊同族。其曾祖刘虎以宗室身份受封楼烦公，祖刘豹子与父刘卫辰亦活跃于后赵、前秦时期。赫连勃勃身为刘渊后裔，在起兵独立之际，可以选择延续刘渊再建“汉”朝，或是继承刘曜的前赵，以宣示匈奴政权的延续；而赫连勃勃的抉择是宣示自身为上古的夏朝后裔，立国号为大夏，改姓为赫连氏，以宣示创立全新的政治体系。[②]赫连勃勃舍弃刘姓与“汉”国号，不仅无视匈奴汉国与前赵的政治遗产，也是放弃直接延续两汉的正统。

与西晋末年相比，刘裕与赫连勃勃掌权之际距离汉朝灭亡已近两百年，“汉”政体的政治价值更加低落。刘裕与赫连勃勃同样源出刘姓，尽管两人面临局面与选择道路多有不同，但都不约而同放弃“汉”的国号。刘裕基于现实考量放弃“汉”的国号，只保留“刘”姓的政治效应；赫连勃勃则是无视汉朝与匈奴的政治遗产，另立新局。

---

① 《魏书》对萧道成的描述为：“岛夷萧道成，字绍伯，晋陵武进楚也。僭晋时，以武进之东城为兰陵郡县，遂为兰陵人。”《魏书》称萧道成为岛夷楚人，但并未否定萧道成出身兰陵，也没有将萧道成描述为粗鄙无识之人，与描述刘裕的内容有显著差异。《魏书》卷九八《岛夷·萧道成传》，中华书局，2017 年，第 2339 页。

② 《晋书》卷一三〇《赫连勃勃载记》，第 3201—3202 页。对于赫连勃勃选择以夏为国号与改刘氏为赫连氏的意义，可参［日］佐川英治：《汉帝国之后的多元世界》。又可参［日］三崎良章撰，林晓光译：《论十六国夏之年号》；徐冲：《赫连夏历史地位的再思考》；二文皆载刘跃进、徐兴无主编《大夏与北魏文化史论丛》，凤凰出版社，2020 年。

综观南北朝时期，只有侯景明确以“汉”为国号。侯景在攻克建康、掌控萧梁朝政后，先是自立为汉王，其后又行禅代称帝，立国号为汉。《梁书》并未直言侯景的国号，不过从《梁书·侯景传》所云侯景“改梁律为汉律”，以及《北齐书·文宣帝纪》称“侯景废梁主，僭即伪位于建邺，自称曰汉”等史料，可确知侯景所立国号为“汉”。[①]侯景既非刘姓，也不同于李寿以地缘关系改“成”为“汉”，但侯景依然选择以汉为国号，应有其他目的。现存史料未见说明立“汉”缘由的侯景即位诏书，只能猜测侯景出身北族，在无法沿用东晋南朝正朔的局势之下，可能是希望透过沿用汉朝国号，以继承汉朝功业，建立类似西欧拜占庭帝国或神圣罗马帝国的新“汉朝”。

2. 北魏后期至隋末的刘氏起事

南北朝时期，除了侯景以汉为国号，北魏后期的诸多起事之中，以刘姓为首者的数量与比例甚高，详见表1“北魏后期刘氏起事者”。表1所列的13次起事中，大抵包含百姓、沙门、北族等各类身份族群之人，其中只有刘举（473）、刘蠡升自称天子，刘获立年号为天授，其余起事者多自称某官，少有径行称帝者。由此可以推测，多数刘姓起事者只是利用“刘姓=汉家”的历史记忆，未必使用“汉”的名号。[②]

北魏后期以“汉”为名的起事，只有非刘氏出身的河间邢杲自称汉

---

① 关于侯景代梁称帝的过程，可参《梁书》卷五六《侯景传》，中华书局，2020年，第955—956页。

② 如《魏书·刘灵助传》云：“（刘）灵助驯养大鸟，称为己瑞，妄说图谶，言刘氏当王，又云‘欲知避世入鸟村’。遂刻毡为人象，画桃木为符书，作诡道厌祝之法。民多信之。”孙英刚认为，中古时期以五色大鸟为祥瑞的现象，前述刘渊、张昌等人亦征引凤凰以为祥瑞，显示魏晋南北朝时期可能流行以大鸟、凤凰作为联结汉朝火德的象征。孙英刚：《神文时代：谶纬、术数与中古政治研究》，上海古籍出版社，2014年，第230—239页。

王，[①]与沙门法庆以李归伯为定汉王两例。[②]邢杲称“汉”的理由或与前述侯景相近，都是希望建立与两汉盛世齐名的新汉朝；法庆以李归伯为十住菩萨、平魔军司、定汉王，显示法庆在利用佛教进行起事的同时，也不忘顾及俗世中曾存在的强盛汉朝。

至东西魏与北齐北周时期，随着华北局势恢复平稳，各地起事频率下降，以刘姓为首的起事也随之减少，参表2“东西魏北齐北周刘氏起事者”。至隋末动乱之际，各地以刘氏为首的起事再次上升，见表3“隋末刘氏起事者”。

表1　北魏后期刘氏起事者

年份	身份	人名	官爵年号	出处
延兴三年（473）	妖人	刘举	天子	《魏书·孝文帝纪》
永平元年（508）	泾州沙门	刘慧汪		《魏书·宣武帝纪》
永平三年（510）	秦州沙门	刘光秀		《魏书·宣武帝纪》
永平四年（511）	汾州人	刘龙驹		《魏书·宣武帝纪》
延昌三年（514）	幽州沙门	刘僧绍	净居国明法王	《魏书·宣武帝纪》
神龟二年（519）	瀛州民	刘宣明		《魏书·孝明帝纪》
正光五年（524）	营州城人	刘安定		《魏书·孝明帝纪》
正光中（520—524）	步落坚胡	刘阿如		《魏书·尔朱荣传》
孝昌元年（525）	山胡	刘蠡升	天子	《魏书·孝明帝纪》
孝昌二年（526）	齐州平原民	刘树、刘苍生		《魏书·孝明帝纪》
孝昌三年（527）	齐州广川民	刘钧	大行台	《魏书·孝明帝纪》
孝昌三年（527）	陈郡民	刘获	号年天授	《魏书·孝明帝纪》
建义元年（528）	光州人	刘举	皇武大将军	《魏书·孝庄帝纪》
普泰元年（531）	幽州刺史	刘灵助		《魏书·前废帝纪》

① 《魏书·孝庄帝纪》云孝庄帝建义元年（528）六月，“幽州平北府主簿河间邢杲率河北流移人万余户，反于北海，自署汉王，年号天统”。邢杲既非出自刘姓，起兵处北海（郡）也与“汉”地名无关，邢杲未采用赵、齐、鲁等地域性质国号，而选取“汉”之名号，显然有希望比附汉朝般强盛政权的意图。

② 《魏书》卷一九上《京兆王子推传》，第513—514页。至于李归伯之定汉王爵，意为遵循汉朝或平定汉朝，尚无法确知。

由表3可发现两方面的特点。首先，与北魏末年相比，隋末刘氏起事者称皇帝或天子的比例大增，然而刘氏在隋末起事者中所占比重不高，表示姓“刘”与否已非隋末起事者重视的部分。其次，刘元进等人既为天子或皇帝，理应各自建立国号，然而《隋书》《旧唐书》《新唐书》《资治通鉴》等史料皆未提及各势力的国号为何，难以判断这些势力是否以“汉”为名，只有刘黑闼的汉东王尚带有“汉”的名号。刘黑闼所用“汉东”称号，源自窦建德封刘黑闼汉东郡公，其后范愿以“刘氏当王”为由而支持刘黑闼，[①]因而刘黑闼称王立年号之际仍保留汉东之名，不仅可拉拢窦建德余众，又能联结众人对“汉”的历史记忆，对刘黑闼来说仍有一定政治效益。

总而言之，自北魏后期至隋末，以刘姓为首起事者数量与比例的上升，反映当时人们普遍认为刘姓与汉朝关系密切，以刘氏身份起事将更具号召力；然而诸刘氏起事者多未使用“汉”的称号，刘氏与“汉”的直接联系反而日趋降低。亦即北魏后期以降利用“刘氏=汉家”的历史记忆起事者，毋须以“重建”汉朝为唯一选择。

表2　东西魏北齐北周刘氏起事者

年份	身份	人名	官爵年号	出处
天平中（534—537）	山东旧贼	刘盘陀		《北齐书·高乾传》
武定二年（544）	徐州人	刘乌黑	天子	《魏书·孝静帝纪》
武定中（543—549）？	平原妖贼	刘黑狗		《北齐书·苏琼传》
天保八年（557）	冀州民	刘向		《北齐书·文宣帝纪》
大统七年（541）	稽胡帅	刘平伏		《周书·稽胡传》
建德六年（577）	稽胡	刘没铎	皇帝	《周书·齐炀王宪传》
宣政元年（578）	汾州稽胡帅	刘受逻千		《周书·宣帝纪》

① 《新唐书·刘黑闼传》记范愿之语云：“汉东公黑闼果敢多奇略，宽仁容众，恩结士卒。吾尝闻刘氏当王，今欲收夏王亡众，集大事，非其人莫可。”其中“吾尝闻刘氏当王”一语，《旧唐书·刘黑闼传》作“吾久常闻刘氏当有王者”，大意相同。可知范愿以“刘氏当王”作为劝说众人投靠刘黑闼的主要理由，与前述刘灵助一脉相承。

表3 隋末刘氏起事者

年份	身份	人名	官爵年号	出处
大业九年（613）	余杭人	刘元进	天子	《隋书·炀帝纪》
大业十年（614）	延安人	刘迦论	皇王	《隋书·炀帝纪》
大业十年（614）	离石胡	刘苗王	天子	《隋书·炀帝纪》
大业十三年（617）	弘化人	刘企成		《隋书·炀帝纪》
大业十三年（617）	马邑校尉	刘武周	皇帝	《隋书·炀帝纪》
武德五年（622）	窦建德旧将	刘黑闼	汉东王	《旧唐书·高祖纪》
宣政元年（578）	汾州稽胡帅	刘受逻千		《周书·宣帝纪》

3.五代时期的新一波立“汉”风潮

当隋代完成平定天下之举，唐代更建立近三百年的久续王朝，加上唐代在安史乱前的国力与疆域达于极盛，唐代遂建构起不逊于汉代的盛世象征。对唐末五代人而言，“唐”不仅拥有与“汉”相似的强盛形象，又是当时的近现代史，而“汉”已转为七百年前的古代史。然而为了对抗唐代李氏王朝及其继承者后唐、南唐等势力，五代的刘姓统治者仍试图重新打出“汉”的旗帜，借此尽量获取政治宣传效果。因此五代十国时期建立的数个“汉”政权，都将焦点集中于“刘氏=汉家”的方面，而不再考虑是否继承汉朝正朔服色。

五代十国时期曾以“汉”为国号者，包括后汉、北汉、南汉、后蜀等政权。其中后汉的建立者刘知远出身沙陀，在建国之际利用了刘姓的优势，立国号为“汉”，追尊刘邦、刘秀为先祖。[①]然而在《旧五代史》与《新五代史》中，不再提及刘知远出自汉代某位宗室之后，直云刘知远的高祖、

---

① 《新五代史·汉高祖纪》云刘知远即位后“以汉高皇帝为高祖，光武皇帝为世祖，皆不祧”，代表刘知远重新确认后汉政体中刘邦、刘秀地位的同时，未考虑将刘邦、刘秀纳入后汉常态宗庙祭祀之中。不仅如此，刘知远死后被追谥为高祖，显示两汉的高祖与后汉的高祖并未重叠。

曾祖以下世系；[①]且刘知远登基后，继续沿用后晋天福年号，次年方改元乾祐，明确标示后汉继承后晋正统，[②]与七百年前的汉朝政体无涉。在五德历运方面，后汉也继承后晋金德而为水德，无法对应汉代的火德。[③]显然对刘知远本人来说，重点是以刘姓而追溯汉代，而非证明后汉与两汉的血统与正朔传承。而北汉建立者刘崇为刘知远的从弟，后汉灭亡后继位登基，并沿用"汉"的国号与乾祐年号，史称北汉，[④]因此北汉实为后汉的延续，此不赘述。

南汉是刘䶮于岭南建立的政权。《旧五代史》与《新五代史》只云刘䶮先祖原为北方人，两代前方迁于岭南，而对刘䶮出身，甚至有彭城、上蔡等不同记载。[⑤]如前所述，南北朝以降已默认"刘氏=汉家"的历史记忆，因而刘䶮毋须强调家族渊源与汉世先祖，仍可使用"汉"的名号。

后汉、北汉、南汉的统治者皆为刘氏，名义上仍以汉朝政治遗产的继承

---

① 《旧五代史·汉书·高祖纪上》云刘知远"其先本沙陁部人也。四代祖讳湍，帝有天下，追尊为明元皇帝，庙号文祖，陵曰懿陵"，《新五代史·汉本纪》仅云刘知远"其先沙陀部人也，其后世居于太原"，完全没有提及先世。不过《五代会要》倒是在追溯刘知远四代祖刘湍时，顺带提及刘湍为"东汉显宗第八子淮扬王昞之后"，代表后汉依然试图标示汉代宗室先祖，只是记载之处已非皇帝而为宗庙。〔宋〕王溥编：《五代会要》卷一《追谥皇帝》，上海古籍出版社，1978 年，第 11 页。

② 刘知远即位之初，下诏"宜以国号为大汉，年号依旧称天福"，隔年方改元为乾祐，代表刘知远认为以"汉"为国号与沿用后晋年号，两者并不冲突。《旧五代史》卷一〇〇《汉书·高祖纪下》，中华书局，2016 年，第 1559 页。

③ 《宋史·律历志三》载大中祥符三年（1010）张君房上言云："汉家二主，共止三年，绍晋而兴，是为水德。"不同于东汉的火德。相较之下，后晋建立者石敬瑭并非出身司马氏，不过后晋所属金德，正好对应西晋的国号与五德次序，与后汉形成鲜明的对比。

④ 刘崇所立北汉，《新五代史》称东汉，后世一般仍称为北汉。关于刘崇出身与建立北汉之事，参《旧五代史》卷一三五《刘崇传》，第 2109—2110 页；《新五代史》卷七〇《东汉世家》，中华书局，2016 年，第 977—979 页。

⑤ 关于刘䶮的出身，《旧五代史·刘陟传》云"其先彭城人，祖仁安，仕唐为潮州长史，因家岭表"，《新五代史·南汉世家》则云"其祖安仁，上蔡人也，后徙闽中，商贾南海，因家焉"，二书对刘䶮先世的不同记录，并不妨碍刘䶮利用"汉"的国号。

人自居，不过五代时期也有非刘姓者使用“汉”国号之例。王建于五代初期称帝，立国号为蜀，数年后改国号为汉并改元天汉，次年又改回为蜀。[①]王建将国号改为“汉”的动机不明，只能推测是王建所据巴蜀地区与汉地渊源较深，方能沿用成汉李寿的政策。[②]而王建的汉国只维持一年，代表“汉”所带来的政治效应不足，王建遂放弃汉而改回为蜀。另一方面，王建于916年冬改国号为汉，917年末又将国号改回蜀；而刘龑于917年称帝，至918年改国号为汉。刘龑最初以越为国号，应是为了避免与王建之汉重叠，在王建放弃汉之名号后，方改国号为汉。

由此看来，后汉、北汉、南汉政权都是以统治者姓刘为由而立国号为汉，王建也因地缘关系一度改国号为汉，代表“汉”的魅力至少延续至十世纪前后。然而由诸正史看不出刘知远等人与汉朝宗室的直接血缘关系，除了史料阙载的可能性，也可能是五代十国距离汉朝灭亡已七百年左右，时人更关注的是与唐朝的联结，不需特别强调与汉王朝的联系。可以说，五代诸“汉”政权看重的是“汉”的名号象征，至于皇帝与汉朝有何血缘关系，以及如何接续汉朝正朔等课题，不在时人的考量范围之内。

三、家族出身与职官制度中的汉代记忆

1.士族与官僚对汉代先祖的追溯

汉代以刘姓为宗室，以宗正专门管理汉代宗室的名籍、官爵、亲疏等相

① 关于王建数次更改国号的过程，见《旧五代史》卷一三六《王建传》，第2119页；《新五代史》卷六三《前蜀世家》，第977—988页。

② 《旧五代史·王建传》云唐代灭亡后，“蜀人请（王）建行刘备故事，建自帝于成都，改元永平”，王建依循刘备故事于成都立国，但未沿用“汉”的国号。亦即对王建而言，“刘备”与“汉朝”可以分别对待，因而王建选择地域特性更加显著的“蜀”为国号。

关内容。宗正的职责为“掌序录王国嫡庶之次，及诸宗室亲属远近，郡国岁因计上宗室名籍”，且“岁一治诸王世谱差序秩第”[①]，显示汉代人重视刘姓宗室身份，不容任意伪冒。至汉末魏晋时期，随着“刘氏=汉家”的政治效应，以及九品中正制下士人追求先祖地位等影响，诸多刘姓士族与官僚都致力强调出于汉宗室之后，以提升家族地位。姑不深究此种追称先祖的论述为事实或伪冒，重点是刘姓士族追溯汉代先祖的血统，显然在编纂家谱、拟定乡品等方面都有所好处。[②]

由表4“魏晋南北朝刘姓官僚士族追溯汉宗室”可见，汉末三国与两晋时期的刘姓士人官僚标明出身汉代宗室后裔的频率较高，东晋末年北府集团出身的刘裕、刘穆之、刘敬宣等人也需要“汉”宗室后裔身份的加持。[③]至南北朝时期，人们默认“刘姓”与“汉家”关系的同时，随着门阀士族地位的固定化，关于刘姓传主与汉代宗室的联系，少见于正史本传与墓志，转而集中于谱牒与姓氏书等记载家族起源发展的史料之中。[④]

---

① 《续汉书·百官志三》，中华书局，1965年，第3589页。

② 杨筠如：《九品中正与六朝门阀》，上海人民出版社，2021年，第40—51页；唐长孺：《九品中正制度试释》，《魏晋南北朝史论丛》，中华书局，2011年，第81—121页；［日］宫崎市定著，韩昇、刘建英译，韩昇校：《九品官人法研究——科举前史》，中华书局，2008年，第55—72页；张旭华：《九品中正制略论稿》，中州古籍出版社，2004年。

③ 还有部分墓志未明言志主为汉宗室后裔，仍可推知其先祖出自汉室。例如《刘怀民墓志》云刘怀民为青州平原郡平原县都乡吉迁里人，未提及出自汉代宗室，铭文则云“苕苕玄绪，灼灼飞英，分光汉室，端禄宋祥”，可知刘怀民同样出自汉宗室之后。《刘怀民墓志》图版见北京图书馆金石组编：《北京图书馆藏中国历代石刻拓本汇编》（第2册），中州古籍出版社，1989年，第135页；释文参赵超：《汉魏南北朝墓志汇编》，天津古籍出版社，2008年，第22页。

④ 陈爽：《出土墓志所见中古谱牒研究》，学林出版社，2015年，第101—152页；范兆飞：《中古早期谱系、谱牒与墓志关系辩证》，《中国史研究》2021年第2期，第85—104页。

表4 魏晋南北朝刘姓官僚士族追溯汉宗室

本籍	传主	出自汉宗室	出处
淮南成德	刘晔	阜陵王延	《三国志·魏书刘晔传》
涿郡	刘放	广阳顺王某	《三国志·魏书刘放传》
江夏竟陵	刘焉	鲁恭王余	《三国志·蜀书刘二牧传》
涿郡涿县	刘备	中山靖王胜	《三国志·蜀书先主传》
东莱牟平	刘繇	齐孝王将闾	《三国志·吴书刘繇传》
平原高唐	刘寔	济北惠王寿	《晋书·刘寔传》
东莱掖	刘毅	城阳景王章	《晋书·刘毅传》
广陵	刘颂	广陵厉王胥	《晋书·刘颂传》
中山魏昌	刘琨	中山靖王胜	《晋书·刘琨传》
彭城	刘隗	楚元王交	《晋书·刘隗传》
琅邪临沂	刘超	城阳景王章	《晋书·刘超传》
东莱掖	刘胤	齐悼惠王肥	《晋书·刘胤传》
济南东平	刘兆	广川惠王越	《晋书·刘兆传》
彭城县绥舆里	刘裕	楚元王交	《宋书·武帝纪上》
东莞莒	刘穆之	齐悼惠王肥	《宋书·刘穆之传》
彭城	刘敬宣	楚元王交	《宋书·刘敬宣传》
平原	刘怀珍	胶东康王寄	《南齐书·刘怀珍传》
彭城安上里	刘悛	楚元王交	《南齐书·刘悛传》
彭城	刘芳	楚元王交	《魏书·刘芳传》
武邑灌津	刘道斌	中山靖王胜	《魏书·刘道斌传》
定州中山	刘滋	中山静（靖）王胜	《汉魏六朝碑刻校注》5-84《刘滋墓志》
景州长芦	刘睦	河间献王德	《新出魏晋南北朝墓志疏证》/《刘睦墓志》/440
中山上曲阳	刘强	中山靖王胜	《汉魏六朝碑刻校注》8-39《刘强碑志》

再考察《元和姓纂》刘氏旧望与新望的差异，亦可看出南北朝至隋唐的差异。《元和姓纂》所记刘氏二十六个旧望（校勘记云应为二十五），大抵为汉晋以来长期为宦的士族，因此各旧望的先祖皆为汉朝宗室，以标示家族出身“汉”室后裔的地位。相较之下，其余刘氏新望或出身北族的刘氏，则未必强调自身家族与汉代的联结，更多是追溯南北朝、隋代与唐初的祖先。[①]按照《元和姓纂》的新旧望区别方式，对比《新唐书·宰相世系表》与《古今姓氏书辩证》等书对刘氏的记载，也可发现类似的差异。[②]换言之，刘氏旧望重视“汉”的传统延续，新望则更强调南北朝隋唐的近世先祖，旧望与新望间的差异，充分说明两者对待“汉”名号的不同态度。

此外，北朝尚有许多关于非刘姓士族为汉朝某人之后的记载，在正史中屡见不鲜。如北魏高湖为“汉太傅裒之后”，袁式为“汉司徒滂之后”，窦瑾“自云汉司空融之后”，北齐崔暹为“汉尚书寔之后也”，西魏王罴为“汉河南尹王遵之后”等，[③]不一而足。非刘姓士族强调与汉朝先祖的关系，其目的同样也是出于希望提高家格、巩固家族地位；[④]即便是出身北族

① 〔唐〕林宝撰，岑仲勉校记，郁贤皓、陶敏整理，孙望审订：《元和姓纂（附四校记）》，中华书局，1994 年，第 662—704 页。

② 《新唐书》载刘氏七望，其中只有丹杨刘氏未提及汉宗室先祖，其余皆号称旧望或旧望的延伸；《古今姓氏书辩证》所载诸多刘氏郡望，提及汉宗室先祖与否的区别，大抵也可对应《元和姓纂》的旧望、新望。《新唐书》卷七一上《宰相世系表一上》，中华书局，1975 年，第 2244—2272 页；邓名世撰，王力平点校：《古今姓氏书辩证》，江西人民出版社，2006 年，第 253—259 页。

③ 《魏书》卷三二《高湖传》，第 837 页；《魏书》卷三八《袁式传》，第 973 页；《魏书》卷四六《窦瑾传》，第 1141 页；《北齐书》卷三〇《崔暹传》，中华书局，1972 年，第 403 页；《周书》卷一八《王罴传》，中华书局，1971 年，第 291 页。

④ 在南北朝隋唐时期，此种追溯前代先祖的情形所在多有，相关案例研究见仇鹿鸣：《制作郡望：中古南阳张氏的形成》，《历史研究》2016 年第 3 期，第 21—39、188 页；范兆飞：《中古士族谱系的虚实——以太原郭氏的祖先建构为例》，《中国史研究》2017 年第 4 期，第 77—94 页。

的侯景，在称帝之际也“以汉司徒侯霸为始祖”，[①]可看出非出身刘氏者对于“汉”的重视。

2.汉代十三州体系影响力的下降

自汉武帝设置刺史部，十三州就成为两汉地方行政制度的重要一环。[②]东汉灭亡后，魏蜀吴三国在建国之初都曾全面设置十三州，以标示自身继承汉朝正统与疆域版图。[③]其后魏蜀吴因现实需求调整州数，不再坚守十三州之数；西晋平吴时共设十六州，西晋末年扩增至二十州；南朝宋齐时期州数大致在二十二至二十三州左右，并维持至萧梁初年。[④]从汉代十三州到西晋二十州，尽管总州数增加，仍可从西晋二十州中看到汉十三州的所有州名与原本样貌，可以说两晋宋齐时期的州制与汉代一脉相承。

另一方面，十六国时期各政权在西晋二十州的基础之上陆续设置新州，至北魏孝文帝太和十年（486），北魏境内已达三十八州，尚不包括等级相近的各军镇。进入六世纪后，随着北魏的内乱与分裂，北魏州数逐步扩增至百余州；与此同时，梁武帝也广设诸州，至萧梁中期达到一百零七州之数。

---

① 侯景曾祖以上名讳与汉世先祖，都出自侯景谋臣王伟的安排，仍能反映南北朝时人重视汉朝名号的心态。《梁书》卷五六《侯景传》，第956页。

② 尽管汉代的刺史尚未具备行政职能，仅有监察之责，且西汉与东汉的十三州所指有所差异。不过汉代人一直自称设十三州，后世也一直沿用此一说法，十三州遂成为汉朝形象的一大标志。严耕望：《中国地方行政制度史——秦汉地方行政制度》，上海古籍出版社，2007年；周振鹤、李晓杰、张莉：《中国行政区划通史（秦汉卷）》，复旦大学出版社，2017年；周振鹤：《西汉政区地理》，商务印书馆，2017年；辛德勇：《两汉州制新考》，《秦汉政区与边界地理研究》，中华书局，2009年，第93—178页。

③ 王安泰：《天命有归——三国时期的地方行政体系与正统观》，《华东师范大学学报》（哲学社会科学版）2018年第4期，第50—60页。

④ 严耕望：《中国地方行政制度史——魏晋南北朝地方行政制度》，上海古籍出版社，2007年；胡阿祥、孔祥军、徐成：《中国行政区划通史（三国两晋南朝卷）》，复旦大学出版社，2014年，第38—46页。

北魏与萧梁州数的暴增，造成州级单位名称与设置的混乱，以及州、郡二级单位叠床架屋、十羊九牧的乱象。至隋文帝废郡存州，尽管仍保留“州”的名号，隋唐之州地位仅相当于汉代的郡，与汉代十三州大异其趣。[①]

由此可知，自汉代灭亡后，先是魏蜀吴三国致力“恢复”十三州，希望借此宣示继承汉代政治遗产；至4—5世纪时，各政权的州数逐步扩增，仍可见汉代十三州的影子；进入6世纪后，随着北魏、萧梁总州数纷纷破百，州遂降至与郡相近的地位，汉代十三州的理念与精神至此荡然无存。[②]综观魏晋南北朝时期，汉十三州制逐步退出地方行政体系的过程，也是各政权逐步放弃“汉”政体的另一例证。

3.汉代各类官爵的消亡

东汉灭亡后，两汉时期行之有年的各类官爵并未随之消逝，而是作为魏蜀吴三国继承汉代政治遗产的象征，继续保留在三国两晋的官制系统之中；至南北朝时期，随着各政权对“汉”政体的关注度日益下降，具有汉代特色的各类官爵也一并受到影响。以下即以三公九卿与二十等爵为例，分析汉代官爵影响力下降的过程。

首先是三公与九卿。无论是西汉前期的丞相、太尉、御史大夫，或是东汉的太尉、司徒、司空，都位于汉代官僚金字塔的顶端。[③]西晋三公扩充为八公，尽管仍包含太尉、司徒、司空在内，汉代“三公”形象依然受

---

① 顾颉刚、史念海：《中国疆域沿革史》，商务印书馆，1999年，第126—129页；施和金：《中国行政区划通史（隋代卷）》，复旦大学出版社，2009年，第6—16页。

② 周振鹤：《中国地方行政制度史》，上海人民出版社，2014年，第212—216页；胡阿祥、孔祥军、徐成：《中国行政区划通史（三国两晋南朝卷）》，第46—50页；牟发松、毋有江、魏俊杰：《中国行政区划通史（十六国北朝卷）》，复旦大学出版社，2016年，第616—635页；毋有江：《北魏政治地理研究》，科学出版社，2018年，第72—123页。

③ 安作璋、熊铁基：《秦汉官制史稿》，齐鲁书社，2007年，第5—10页；陈仲安、王素：《汉唐职官制度研究》（增订本），中西书局，2018年，第2—8页。

到影响。[1]刘渊建立汉国时，曾“以刘宣为丞相，崔游为御史大夫，刘宏为太尉”[2]，刻意透过设置西汉前期三公，作为“恢复”汉朝的象征，更凸显三公与汉代之间的联结。另一方面，汉代诸卿是仅次于三公的主要职官，至魏晋以降，尚书诸曹成为主要政策执行机构，九卿逐渐转居辅佐性质。特别是到了南北朝时期，尚书、中书、门下等机构的运作日益完备，三公与九卿的影响力更为淡薄。[3]从汉代三公九卿至唐代三省六部，不仅是官僚体系权力核心的转移，[4]也代表汉朝的官制特点逐渐消亡，融入新的政治体系中。

爵制方面也有类似的发展。汉代二十等爵大抵可分为侯爵、吏爵、民爵三大类，[5]其中侯爵包含列侯与关内侯二等，在汉代拥有较高的地位与待遇。[6]不过出于儒生士人长期对周代制度的向往，司马氏透过咸熙改制“恢

---

① 关于西晋八公的特点，参祝总斌：《两汉魏晋南北朝宰相制度研究》，北京大学出版社，2017 年，第 142—149 页。

② 由《晋书·刘聪载记》可知至刘聪时期，在保留汉代三公名号的基础上，共设置大司马等七公。西晋八公与汉国七公，都是在汉代三公的基础上扩张而来，同时也“降低”了三公的特点与影响力。

③ 关于汉代九卿的定型与排序问题，参孙正军：《汉代九卿制度的形成》，《历史研究》2019 年第 5 期，第 4—21、189 页。对魏晋南北朝九卿的分析，见刘啸：《魏晋南北朝九卿研究》，花木兰出版社，2017 年。关于唐代九卿及其与尚书省的分工，参郁贤皓、胡可先：《唐九卿考》，中国社会科学出版社，2003 年；严耕望：《论唐代尚书省之职权与地位》，《严耕望史学论文集》，上海古籍出版社，2009 年。

④ 祝总斌：《两汉魏晋南北朝宰相制度研究》，第 321—326 页。

⑤ 关于汉代二十等爵的等级划分，以及各爵级与秩级间的对应关系，可参［日］西嶋定生著，武尚清译：《中国古代帝国的形成与结构——二十等爵制研究》，中华书局，2004 年，第 84—103 页；朱绍侯：《关于汉代的吏爵与民爵问题》，《军功爵制考论》，商务印书馆，2008 年，第 368—377 页；阎步克：《从爵本位到官本位——秦汉官僚品位结构研究》，生活·读书·新知三联书店，2009 年，第 57—87 页；［日］楯身智志：《漢代二十等爵制の研究》，东京：早稲田大学出版部，2014 年，第 21—54 页；［日］鷲尾祐子：《秦漢の軍功爵と民爵》，《日本秦漢史學會會報》2007 年第 8 期。

⑥ 杨光辉：《汉唐封爵制度》，学苑出版社，2004 年，第 38—45 页；尤佳：《东汉列侯爵位制度》，云南大学出版社，2015 年。

复”儒家经典所称公侯伯子男五等爵，尽管仍保留列侯与关内侯，此两种爵位的重要性已大不如前。[①]最晚至北魏孝文帝改制时，完全排除列侯与关内侯，北朝后期至隋唐的官品体系中，也不再出现列侯、关内侯的踪影。[②]另一方面，东汉吏爵与民爵的重要性日益下降，不过从长沙走马楼吴简可知孙吴一般百姓普遍拥有民爵，[③]显示孙吴依然沿用汉代爵制。随着时间推移，东晋南北朝民爵出现频率日益下降，赐民爵之举仅有象征意义，[④]在南北朝墓志、籍帐、买地券等标示身份的出土资料中，也几乎不见任何吏爵与民爵的记录。[⑤]无论是上级侯爵或下级吏民爵，汉代二十等爵在魏晋之际已名存实亡，至南北朝连名号都消失殆尽。

上述十三州、三公九卿与二十等爵等制度，都属于“汉”政体的延伸，魏晋时期各政权致力继承汉朝正统，汉代官制自然还能拥有相应的影响力；南北朝以降只注重“汉”的名号，不再关注“汉”政体，加上历次改朝换代与改制之际出现各类新制度与新官职，汉代官制的重要性也随之下降，最终转化为隋唐新制度的一环。

---

① 王安泰：《开建五等——西晋五等爵制成立的历史考察》，花木兰出版社，2009 年，第 44—47 页。

② 杨光辉：《汉唐封爵制度》，第 45—46 页；王安泰：《再造封建——魏晋南北朝的爵制与政治秩序》，台湾大学出版中心，2013 年，第 90—109 页。

③ 如沈刚曾分析长沙走马楼吴简中关于记载公乘的文书及其与里的关系，参沈刚：《走马楼吴简所见公乘、士伍述论》，载中国魏晋南北朝史学会、武汉大学中国三至九世纪研究所编《魏晋南北朝史研究：回顾与探索——中国魏晋南北朝史学会第九届年会论文集》，湖北教育出版社，2009 年。

④ ［日］户川贵行：《魏晋南朝の民爵賜与について》，《東晋南朝における傳統の創造》，东京：汲古书院，2015 年，第 11—42 页。

⑤ 相关研究参张荣强：《〈前秦建元二十年籍〉与汉唐间籍帐制度的变化》，《汉唐籍帐制度研究》，商务印书馆，2015 年；鲁西奇：《中国古代买地券研究》，厦门大学出版社，2014 年。

小　结

以上对汉末三国以来各政权如何利用“汉”的政治遗产与政治符号为线索，考察各时期的汉代记忆及其变化过程，简单归纳如下。

曹魏、西晋在继承汉朝正统的基础上，力图建立新秩序。刘备与刘渊则利用刘姓的优势，延续汉朝正统，以对抗势力强盛的曹魏、西晋。其后西晋不仅平定天下，又改革礼法官制，证明毋须“恢复”汉代也能重建政治秩序。由此“晋”也加入正统序列之中，“汉”不再是唯一的选项。不仅东晋南朝坚持继承晋的正统，刘裕与赫连勃勃在建国之际，也未选择直接沿用“汉”的名号或正朔，而是另立新局，建立新王朝。

综观东晋十六国与南北朝时期，选择以“汉”为国号者只有刘渊、李寿与侯景。三人皆非出自汉族，李寿与侯景甚至不姓刘氏；再考虑到刘曜改“汉”为“赵”，李寿改“成”为“汉”，可以说刘渊等人利用众人对汉朝的历史记忆，试图将自身政权比附为如同汉代的强大政体。如果说刘渊还能宣称与汉代皇室有血缘关系，李寿与侯景的出发点或许更近似中世纪欧洲致力“恢复”罗马帝国荣光的理念，企图打造强盛的“新”汉帝国。亦即三国西晋时期重视继承或延续“汉代”的政体，而东晋十六国以降更在意“汉”的名号，两者之间有着本质的区别。

自北魏末年至隋末，多次爆发以刘氏为首的起事，这些刘姓起事者应是利用“刘氏=汉家”的历史记忆，以及汉代以来流传的“刘氏当王”等图谶，标榜自身即将建立新政权。然而多数刘姓起事者未直接使用“汉”的名号，反而是邢杲、沙门法庆等人使用与汉有关的称号。五代时期再次出现数个以“汉”为国号的政权，其中刘知远未特意考虑对应东汉的火德，王建、刘龑也曾更改国号，大致情形与南北朝并无二致。

上述诸事例都显示，南北朝以降刘氏出身汉代宗室后裔的历史记忆更加稳固，然而刘氏毋须“重建”汉朝，亦可建立新的政体；而其他非刘姓出身者，也可考虑利用“汉”的名号，“刘”与“汉”之间的关系同时出现强固与脱节的现象。

与此相呼应，魏晋时期致力延续汉代的十三州体系与诸项官制，刘姓士族与官僚也强调自身家族与汉代宗室的关系，显示当时朝廷与士人都十分在意“汉”作为政治实体的意义。至南北朝时期，各政权逐渐放弃“参考”或“仿照”汉朝的政治体系，力图建立全新的政治格局，汉朝遗制在中央官制、地方行政制度与爵制等方面的影响力日益降低。而随着“汉代宗室后裔”的政治效益日趋下降，刘姓士族也不再重视汉宗室先祖，而是将其保存于家传、谱牒与姓氏书等文书之中，作为追溯家族起源之用。

本文考察魏晋南北朝对汉代的历史记忆，如何从帝位延续、火德正朔、职官制度等实际政体，转变为刘姓宗室后裔、四百年王朝等抽象政治符码。此种转变并非一蹴可就之事，而是经过魏晋南北朝多次的政治、族群、地域等方面的冲突后辗转成形。至于后世所认识的汉代与罗马帝国形象对比，以及中古时期“汉”的概念在社会、经济、文化方面有何变化等课题，限于篇幅无法展开，期待日后能对相关课题再加分析。

独特之人，有别于兽

——中古早期儒家关于人与动物区别的看法

美国南卡罗来纳州堡垒学院历史系　［美］南恺时　撰

厦门大学历史与文化遗产学院　刘　卓　译

摘　要：何承天是六朝时期少有的着重论述过动物的思想家，何承天与宗炳、颜延之的书信是了解其对动物态度的重要媒介，通过这些书信可以了解何承天以及当时人对动物的看法。何承天不认为人与动物都是有情众生，并指出：人与兽有绝对区别；肉食乃人之天性；因果报应于理不通等。何承天的以上观点出于对佛教的批判，但其与许多同时代人一样，认为人类与非人动物的地位应该更加平等。

关键词：何承天；动物；儒家；佛教

早期儒家以人为中心看待世间万物：人是宇宙的化身，是仁义的体现。然而在中古早期（220—589），关于善良动物的记载与描述盛行起来，这表明，至少一些儒士对动物的态度发生了改变。何承天是六朝时期少有的着重论述过动物的儒家思想家，同时他还是著名的历史学家、天文学家、古典学家、音乐家、数学家。其有关动物的观点体现在他与文士宗炳（375—443）、颜延之（384—456）关于佛教辩论的一系列书信中。在书信交流中，何承天批判佛教思想并尝试拔高儒家地位。为此，他在论述中频繁涉及动物。本文将通过审视何承天所谈及有关动物的四个观点来确定其对动物的态度，具体有下几点：第一，他并不认为动物和人都是有情众生；第二，无论是圣人还是愚者（凡人），人与兽的区别仍然是绝对的，因为人具有与生俱来的仁义；第三，食肉符合人的天性，且儒家一直践行人道的狩猎行为；第四，他认为只要稍观察动物的世界便可明白因果报应于理不通。在文章的最后，笔者试图将他的观点与他同时代的儒家关于动物行孝的故事相调和，以确定何氏的观点在多大程度上具有时代代表性。笔者认为，何承天虽然极端批判佛教，但其与许多同时代人一样，认为人类与非人动物的地位应该更加平等。

以往关于儒家如何看待动物的研究有限。最早且最全面讨论古代中国人怎么区别人与动物的著作是胡司德《古代中国的动物与灵异》（*The Animal and the Daemon in Early China*）（阿尔巴尼：纽约州立大学出版社，2002年）。然而胡司德对儒学本身不感兴趣，且其研究停止在汉代。2006年，一部名为《关于宗教、科学与伦理中动物的主题交流》（*A Communion of Subjects: Animals in Religion, Science & Ethics*）的著作问世，罗德·泰勒（Rodney Taylor）和安乐哲（Roger Ames）均以独立论文的形式详细地论述了儒家关于人与动物区别的观点。其中，泰勒对孔子、孟子、荀子以及新儒家思想家有关人与动物关系的设想作了很好的总结，但是其讨论完全忽略了中古时期。[①]而安乐哲则基于孟子和荀子的观点指出，由于人具有创造文化的能力，因而儒家主张“人类例外论”（human exceptionalism）[②]。在2008年的一篇论文中，约翰·梅杰（John S. Major）讨论了公元前2世纪时人们对于人

---

① Rodney Taylor, “Of Animals and Humans: The Confucian Perspective,” *A Communion of Subjects: Animals in Religion, Science & Ethics*, ed. Paul Waldau et al., (New York: Columbia University Press, 2006), pp.293-310.

② Roger Ames, “Human Exceptionalism versus Cultural Elitism,” *A Communion of Subjects: Animals in Religion, Science & Ethics*, pp.311-324.

如何高于动物的观点，但是其研究并不仅仅从儒家角度出发。[1]最近戴梅可（Michael Nylan）指出，儒家认为人和动物的不同在于前者可以成为“完全的人（complete persons）”或曰“成人”，用她的话说即“通过接受他者来激发自己的潜力”[2]。但遗憾的是她没有提供足够的证据来支撑这个观点。本文主要有两方面与前人不同：第一，儒家思想不是一成不变的，所以本文并不打算通过再审视儒家经典来讨论儒家对人兽不同的推想，而是解读一位生活在最后一部儒家经典问世后五百多年的人及其观点；第二，本文希冀探究出佛教如何迫使儒家重估、反思其对动物界的看法。

一、何承天其人

何承天博学多识且身居高位，其出身名门，祖籍东海郡（今山东省东南部），五岁丧父，故早年教育的重担落在了其母亲和诸舅身上，其中包括著名的史家、儒士徐广（352—425）。何承天一生中的大部分时间都出仕于建康（今江苏省南京），但十三年间辞官三次的经历导致其早期并未能历任显职，如此频繁辞官的原因是其府主或反叛或图谋反叛，而何承天敏锐地预见了他们的失败。随着刘宋政权的建立，其官位逐渐显赫，尤其受到宋文帝的青睐和信任，但是由于其为人刚愎，不能屈意朝右，故常被贬斥，出任地方。[3]

除了在朝为官，何承天也是颇有成就的数学家和音乐家，最为出名的当属其在天文历法方面的贡献。其舅父徐广同样精通此领域，何承天似乎正是在徐广的引导下开始研究这一领域，他同样坚信浑天说，即宇宙状如鸟卵而

---

① John S. Major, “Animals and Animal Metaphors in the Huainanzi,” *Asian Major*, vol.21, no. 1 (2008), pp.133-152.

② Michael Nylan, “Humans as Animals and Things in Pre-Buddhist China,” *Religions*, vol.10, no.6 (2019), p.8.

③ 杨恩玉：《何承天传》，凤凰出版社，2018 年，第 17—24 页。

大地是其中的一块扁平的軛。[1]在他的理论中，宇宙中的一切，包括太阳、月亮和五行星，都沿着固定的路径不断运动，因此历法的制订必须要遵循天体运动规律，而把握天体运动及其变化则需要细致入微的观察。[2]经过经过四十年的努力，在443年，何承天撰成《元嘉历》。的努力，何承天撰成《元嘉历》。《元嘉历》的测量与计算非常准确，故445年宋文帝令所有官员都采用此历法。[3]诚然，《元嘉历》的实用性使其一直被沿用至南宋并传至日本。[4]何承天对数学和音乐的兴趣促使其对十二音阶（即十二律）进行了更精确的计算，并被称之为“何承天新律”。为了使音乐更优雅、更适合文学，何承天还创作了《鼓吹铙歌十五首》。[5]

何承天对人文学科也充满兴趣，和徐广一样，他也热衷于历史学的研究。公元438年，由于国子学未立，宋文帝于都城建立“四学馆”（包括儒、史、玄、文），何承天则主持史学馆，这无疑是中国历史上第一所专事历史研究的学校。何承天曾撰两部关于春秋时代的历史著作（译者注：包括《春秋前传》十卷和《春秋前杂传》九卷），除此还受命为刘宋国史草立纪传，包括《律历志》等十五篇志。[6]沈约《宋书》对何承天撰写的诸志进行了少许改编后基本全盘继承并流传至今。同时，何承天也在经学方面颇有成就，他在这一领域的重要贡献就是整理合并了诸多有关礼学的著作，进而形成《礼论》。当时存世的礼学

---

① Edward H. Schafer, *Pacing the Void: T'ang Approaches to the Stars* （Berkeley: University of California Press, 1977）, pp.35-36.

② 杨恩玉：《何承天传》，第 103 页。

③ 高新满：《何承天与何氏家族研究》，山东人民出版社，2013 年，第 22 页。Howard L. Goodman, *Xun Xu and the Politics of Precision in Third-Century AD China* (Leiden: Brill, 2010), pp.181-182.

④ ［日］远藤祐介：《六朝期における仏教受容の研究》，东京：白帝社，2014 年，第 374 页。

⑤ 高新满：《何承天与何氏家族研究》，第 66—76 页。

⑥ 杨恩玉：《何承天传》，第 44—50 页。

研究有800多卷，何承天删减合并、以类相从，合为三百卷。[①]毋庸置疑，何承天是刘宋朝中最有成就的人之一。

然而，我们从何得知其对动物的态度呢？或许可以通过他与其他两位著名的刘宋文人宗炳（375—443）和颜延之（384—456）的一系列关于佛教功德的书信中了解他的观点。宗炳是一名隐士，以书法闻名，撰写了中国第一部有关山水画理论的著作，此外，宗炳与高僧慧远交谊甚笃。[②]颜延之是刘宋时期著名的文人，精于散文和诗歌，官居显职并于朝中结识何承天。[③]何承天与宗、颜的书信非常出名，故僧祐（445—518）将其收入《弘明集》中，而《弘明集》是现存最早的佛教护法弘教的文献汇编。僧祐在其中收录了何承天与宗炳的六封信以及与颜延之的五封信、一篇文章。这些书函往来中，何承天抨击佛教思想而宗、颜二位则回信反驳。这种书信往来的丰富记录，向我们展示了儒家对佛教的批判以及佛教徒如何理解和捍卫其所信仰的外来宗教。

二、人非与兽同为“有情众生”

在之前的一篇文章中，我注意到早期儒家提出了一种以人为中心的宇宙观，在这种宇宙观中，人比所有其他生物都优越，因为他们体现了天地的最佳特征。因此，与其他动物不同，人可以施行仁义，认识五伦。[④]在批判佛教

① 高新满：《何承天与何氏家族研究》，第76—84页。

② Knechtes, David R. and Taiping Chang, eds. *Ancient and Early Medieval Chinese Literature: A Reference Guide Part Four* (Leiden: Brill, 2014), pp.2348-2350.

③ Knechtes, David R. and Taiping Chang, eds. *Ancient and Early Medieval Chinese Literature,* pp.1778-1789 and Su Jui-lung, “Yan Yanzhi (384-456)” in *Dictionary of Literary Biography Volume358: Classical Chinese Writers of the Pre-Tang Period*, ed. Curtis Dean Smith (Detroit: Gale Cengage Learning, 2011), pp.273-276.

④ Keith N. Knapp, “Noble Creatures: Filial and Righteous Animals in Early Medieval Confucian Thought,” *Animals Through Chinese History: Earliest Times to 1911*, eds. Roel Sterckx, Martina Siebert, and Dagmar Schäfer (Cambridge: Cambridge University Press, 2019), pp.65-67.

因果报应、生死轮回的过程中，何承天并不承认人和动物一样都是“有情众生”，与早期儒家思想相呼应，他反对人和动物完全平等的观念。在他的《达性论》中，何承天明确指出，人是独特的，其重要性几与天地同：

> 夫两仪既位，帝王参之，宇中莫尊焉。天以阴阳分、地以刚柔用、人以仁义立。人非天地不生、天地非人不灵，三才同体、相须而成者也。[①]

总之，人在宇宙中具有特殊地位，与天地平等，正是如此，人得以秉天地之气且具有独特智慧。若无人类，宇宙将不完整，人与天地有着共同的品质——仁义，与天之阴阳、地之柔刚相对应。虽然天地可以独立于人而存在，但只有人能给予天地繁荣，而共享天地的品质使人类得以有道德、更智慧，进而别于他物。

对于何承天而言，这种人间圣王正是天地人三才一体的化身，其《达性论》指出，圣君可通过完美统治来提升天地间的一切。

> 故能禀气清和、神明特达、情综古今、智周万物、妙思穷幽赜、制作侔造化、归仁与能，是为君长。抚养黎元、助天宣德、日月淑清、四灵来格、祥风协律、玉烛扬晖、九谷刍豢、陆产水育、酸咸百品、备其膳羞。[②]

何承天指出，万物并非因人的存在而存在，但是为了使天地万物繁荣昌盛，必须有一个贤明的统治者，只有在这样贤明的统治者治下，天地万物才能充分发挥其潜力，圣君现则吉兆出，比如神兽等降世。需要注意的是，圣君与天地共享气和神明。圣君能带来祥和，在于其效法天地。

何承天通过进一步解释圣君节俭、朴素的统治原则朴素的统治原则，更鲜明地鲜明地阐述了人优于动物的原因。圣君向其臣民宣扬节俭、朴素的思想，并给予其幸福生活。

> 夫民用俭则易足、易足则力有余、力有余则志情泰、乐治之心、于是生焉。事简则不扰，不扰则神明灵、神明灵则谋虑审、济治之务，于

---

① 〔南朝梁〕僧祐撰，李小荣校笺：《弘明集校笺》卷三，第 191 页。

② 〔南朝梁〕僧祐撰，李小荣校笺：《弘明集校笺》卷三，第 191—192 页。

是成焉。故天地以俭素训民；乾坤以易简示人。所以训示殷勤，若此之笃也。安得与夫飞沉蠉蠕、并为众生哉？①

节俭则满足，满足则精力充沛，精力充沛则心志平和，心志平和则可以调控情绪。简朴生活则和谐有序，和谐有序则心智蓬勃发展；于是，治理便可成。故人与动物的区别在于后者缺乏学习节俭、朴素这样的天地原则从而使自身达到精神完美的能力，因而动物一生伴随着困苦与不幸，他们时常要困乏，没有智慧的觉悟。动物不可与天地相提并论，因此我们不能把野蛮（brutish）、愚昧（dumb）的动物与人类等同。

三、凡人亦非“有情众生”

阅读《达性论》后，颜延之着手反驳何承天的“人非有情众生”论。颜延之认为与天地比肩的圣人自非普通的有情众生，但那些没有超人之德业，常陷于欲望泥淖中的凡人定与圣人不同。无论如何，有情众生包括有知有觉的凡人与动物。此外，动物和人都是相同的，因为两者皆是生命。②在颜延之的言论中，我们听到了玄学关于讨论圣人与凡人有何不同的回响。③颜延之还指出，真正正直仁慈的人很少，但有很多为了谋求自身利益而自诩善良的人，他们不能称之为圣人。④

在与颜延之的第二封信中，何承天表示尽管圣人地位很高，但仍与凡人

① 〔南朝梁〕僧祐撰，李小荣校笺：《弘明集校笺》卷四，第 192 页。英文原文下有中文，此处按南氏原文录入，纵有标点不合理处，不予更改。

② 〔南朝梁〕僧祐撰，李小荣校笺：《弘明集校笺》卷四，第 196 页。

③ Alan K. L. Chan, “Sage Nature and the Logic of Namelessness: Reconstructing He Yan’s Explication of the Dao,” in *Philosophy and Religion in Early Medieval China*, eds. Alan K. L. Chan and Yuet-Keung Lo (Albany: SUNY Press, 2010), pp.32-44 and Ulrike Middendorf, “The Sage without Emotion: Music, Mind, and Politics in Xi Kang” in *Philosophy and Religion in Early Medieval China*, pp.135-171.

④ 《弘明集校笺》卷四，第 202—203 页。

有许多共同之处，他认为人类体现天地之形象，具有天地之特征。

> 夫阴阳陶气、刚柔赋性、圆首方足、容貌匪殊、恻隐耻恶、悠悠皆是。但参体二仪、必举仁义为端耳。知欲限以名器、慎其所假、遂令惠人清洁士、比性于毛群、度几之贤、同气于介族。立象之意、岂其然哉？[①]

第一句话表明何承天认为人的气和形都受到天地的影响，这一点可从人的外表看出：头圆似天，脚方如地。[②]人人都有恻隐之心，不齿于恶。换言之，无论圣人还是凡人都是法天地而塑造，生而便有仁义。简言之，何承天发挥了孟子的人性观，即人性本善。因此将贤人与动物比较是荒谬的。同时，何承天也反对把圣人与许多古代的贤人割裂开来，比如孔子最喜爱的弟子颜回，颜回可能不是圣人，但他也不能被视为有情众生。这里，我们再次看到了这样的假定，即不能将贤人和动物等量齐观。

四、食肉符合自然本性，儒者之杀改为儒者杀生恪守人道

何承天和宗炳、颜延之的另一显著区别是如何看待杀生，宗、颜二者都反对人类杀生，[③]二人皆认为杀生越多，越接近野蛮。但何承天认为这种限制仅适用于野蛮的外国人，而非文明的中国人，他表示：

---

① 〔南朝梁〕僧祐撰，李小荣校笺：《弘明集校笺》卷四，第 209 页。

② 这一点可以追溯至董仲舒对人的描述，参见 Knapp, “Noble Creatures,” pp.65-66。

③ 关于中古早期佛教对素食的倡导，参见 John Kieschnick, “Buddhist Vegetarianism in China,” *Tripod and Palate: Food, Politics, and Religion in Traditional China*, ed. Roel Sterckx (New York: Palgrave Macmillan, 2005), pp.186-212, V. Lavoix, “La contribution des laïcs au végétarisme: croisades et polémiques en Chine du Sud autour de l’an 500,” *Bouddhisme et letters dans la Chine médiévale*, ed. Catherine Despeux (Paris: Centre D’Études Chinoises, 2002), pp.103-144, and Pu Chengzhong, *Ethical Treatment of Animals in Early Chinese Buddhism* (Newcastle upon Tyne: Cambridge Scholars Publishing, 2014), pp.39-100。关于中国传统中尊重生命的更普遍态度，参见 Christopher Key Chapple, *Nonviolence to Animals, Earth, and Self in Asian Traditions* (Albany: State University of New York Press, 1993), pp.33-39。

> 华戎自有不同。何者？中国之人、禀气清和、合仁抱义、故周孔明性习之教、外国之徒、受性刚强、贪欲忿戾、故释氏严五戒之科。[①]

简言之，佛教严格的杀生禁令所针对的是外国人与生俱来的难于管教与残忍，而中国人天生仁慈正直，故不需此严格的杀生禁令。佛教徒不允许食肉，原因在于倘允许杀生，他们将肆无忌惮。只有通过严格的禁令以及地狱轮回的威胁，才能遏制他们暴力的本性，而中国人虽食肉，却对所有生命抱以怜悯，网开一面。何承天继续写道：

> 来论所谓圣无常心，就物之性者也。惩暴之戒，莫苦乎地狱；诱善之劝，莫美乎天堂。将尽残害之根，非中庸之谓。周孔则不然，顺其天性，去其甚泰，淫盗著于五刑，酒辜明于周诰、春田不围泽，见生不忍死。五犯三驱、钓而不网，是以仁爱普洽，泽及豼鱼，嘉礼有常俎，老者得食肉，春耕秋收，蚕织以时，三灵格思，百神咸佚。[②]

为了防止外国人过度杀生，佛教不得不借用天堂与地狱来约束其信徒，与之相反，儒家的确会为食肉而杀生，但杀生并没有堕落成嗜血的可能，原因就在于中国人不过度狩猎，他们总会为动物留下一条生路，不危及动物代代相承，故既不杀怀孕动物亦不伤幼兽。另外，中国人也不窃其蛋，不覆其巢，虫未蛰而不燎原；且按需杀生，这就是其“三驱”（畋猎时留一面或曰网开一面）狩猎、弃网而垂钓捕鱼的原因。中国人食肉，但他们既不过度狩猎也不铺张浪费，换言之，他们坚持中庸，不走极端。其原因在于，中国人认为食肉是符合自然本性的，且肉食具有悠久的历史传统，此外还要用肉来孝敬长者，祭祀神明。值得一提的是，我们完全可以说中国人的狩猎和捕鱼方式遵循可持续发展原则，虽然成年动物被捕杀，但其繁衍序列并没有被打破。现代中国学者侯旭东指出，秦汉时期的律法对平民狩猎捕鱼也有类似的规

---

① 〔南朝梁〕僧祐撰，李小荣校笺：《弘明集校笺》卷四，第173—174页。

② 〔南朝梁〕僧祐撰，李小荣校笺：《弘明集校笺·释均善难》，第174页。英译本见 Harumi Hirano Ziegler, trans. *The Collection for the Propagation and Clarification of Buddhism*, Volume1, p.113。

定，就像饮酒一样，捕猎也要有节制。

然而，实际上儒家所倡导的网开一面，禁忌动物屠杀并非出自保护动物资源的目的，而是源于人们心中常怀之怜悯与同情，这一点可从东汉鲁恭的一则轶事看出：

> 天下蝗虫起、郡邑皆被其灾，独不入中牟之界。司徒袁安闻之，遣使往察。使者潜至中牟，因憩于桑树下，有野鸡在田，见人殊无怕惧，使者谓放牛小儿曰：何不捕之？小儿答曰：野鸡方乳，不忍伤之。使者于是叹曰：德能禳灾，一异也。鸟兽不惊，二异也。小儿有仁慈之心，三异也。乃闻奏天子，拜为司徒公。[①]

首先也最重要的是，这则轶事表明，此小儿不捕杀此野鸡的原因是他有一颗怜悯之心，不忍捕杀刚孵出幼崽的野鸡。虽小儿亦有怜悯之心，甚不寻常，简言之，此小儿克制自己并不是为确保将来有更多野鸡，而是因为道德使然。第二，动物知道在此县域，不会被人类残忍对待，故并不害怕人类。《后汉书》则记载鲁恭“化及鸟兽”[②]。胡司德认为，（儒家）这类禁杀生只是为了保持人善良的本性，而非为动物的福祉。[③]诚然，胡司德的观点是正确的，但是如果人类和动物之间的分界线像他所指出的那样脆弱，那么对动物的关注将会不亚于对人类的关注。

儒家禁止肆意杀生的道德关怀同样体现在吉兆现世，《宋书·符瑞志》指出当人们不杀胎、不殀夭，瑞兽便会现世：“麒麟者，仁兽也。牡曰麒，牝曰麟。不刳胎剖卵则至……凤凰者，仁鸟也。不刳胎剖卵则至。”[④]凤凰出、麒麟

---

① 见敦煌一无名文书中有关处罚官员的片段（P.3636 以及 P.4022）。参见王三庆：《敦煌类书》卷一，丽文文化出版社，第 264 页。此描述来自《后汉书》卷二五，中华书局，1965 年，第 874—875 页。

② 《后汉书》卷二五，第 874 页。

③ Roel Sterckx, “Attitudes towards Wildlife and the Hunting in Pre-Buddhist China,” *Wildlife in Asia: Cultural Perspectives, ed.* John Knight (London: Routledge Curzon), 2003, pp.17-18, 29.

④ 《宋书》卷二八，中华书局，1974 年，第 791—792 页。

现都与善待动物有关，史官将不杀胎、不殀夭与仁慈挂钩，这样的相互关系也可从麒麟、凤凰仁兽定义中看出。

对于何承天来说，猎杀成年动物以获取肉食是正常生产生活活动。君子无论其抱负如何，烹饪与肉食都是自然且无可厚非的。他指出：

> 以畋以渔，养兼贤鄙，三品之获，实充宾庖。①金石发华，笙籥协节，醉酒饱德，介兹万年。处者弘日新之业，仕者敷先王之教。诚者明君，泽被万物，龙章表观，鸣玉节趋，斯亦尧孔之乐地。及时不遇，考槃阿涧，以善其身，杀鸡为黍，聊寄怀抱。或负鼎割烹，扬隆名于长世；或屠羊鼓刀，陵高志于浮云，此又君子之处心也。②

在这段表述中，何承天明确指出，无论地位如何，所有文明开化的人都需要食肉。首先，为了展示主人之慷慨好客，乐舞、美酒和珍馐缺一不可，而足量的肉食更是彰显了宫廷的富丽堂皇。食肉可以让隐士不改其操，出仕的官员传播儒家知识，让统治者将教化之德传播到万事万物。肉类是如此之重要，以至于即使不在朝为官者也通过食肉来表达满足，以肉食待客以期引起府主的注意。简言之，就像人能使天地焕发生机一样，食肉会使人迈向最佳状态。③

五、动物表明因果报应之理不通

尽管何承天强调人与动物不同，但在试图批判佛教因果报应论时，他具

---

① 《公羊传》指出，三次王猎分别在春、秋、冬，其中春蒐是为了招待客人。

② 〔南朝梁〕僧祐撰，李小荣校笺：《弘明集校笺·释均善难》，第 214 页；英译本见 Harumi Hirano Ziegler, trans. *The Collection for the Propagation and Clarification of Buddhism*, Volume1, p.143。

③ Jiang Xinyan, “Why Was Mengzi Not a Vegetarianist?” *Journal of Chinese Philosophy*, vol. 32, no.1 (2005). 文章指出尽管孟子怜悯动物的痛苦，但是减轻人类的痛苦更为重要，这就是孟子“爱有差等”的一种形式。作者认为，如果有充足的食物使每个人都能饱腹，那么孟子对动物的怜悯可能会使他不赞成食肉（第 68 页）。考虑到肉类与宗教祭祀的密切关系，这种说法似乎很难令人相信。

有讽刺意味地将人与动物作比较。他对因果报应持反对态度，因而写了一篇名为《报应问》的文章，并收录在道宣的《广弘明集》中。他对因果报应论的怀疑是人如何知道这个超自然系统之存在？作为一个天文学家，何承天希望得到实物的证据。他指出："夫欲知日月之行，故假察于璇玑。将伸幽冥之信，宜取符于见事。"[①]远藤祐介指出，何承天主要批判佛教依赖那些隐藏、模糊的真理，换言之，就是那些肉眼看不到的事物。[②]也就是说，没有客观的方法来确定死后会发生什么。

何承天还指出因果报应论中的缺陷，因为其与常识不符，尤其是关于杀生的罪恶性。为此，他采用了鹅和燕子的例子：

> 夫鹅之为禽，浮清池咀春草，众生蠢动，弗之犯也。而庖人执焉，鲜有得免刀俎者。燕翻翔求食，唯飞虫是甘，而人皆爱之，虽巢幕而不惧。非直鹅燕也，群生万有，往往如之。是知杀生者无恶报，为福者无善应。所以为训者如彼，所以示世者如此。余甚惑之。[③]

当身为科学家的何承天选择唯一例子来证明其观点时，他依据对动物世界的观察举出一个例子：鹅是食草动物，据佛教的观点，是无罪的；然而它们往往在烹锅中结束生命。燕子除了捕食昆虫无所事事，所以从佛教角度看，它们应当无休止地积累恶果。然而人们很喜欢这些鸟，从不伤害它们。从这一案例中，何承天推测，杀死其他动物并不会承受超自然惩罚（因果报应），不杀生亦无益处。因此，佛教杀生得恶果的说法是不合逻辑的。何承天预见了他人会以他例反驳自己的结论，所以他指出，人类也如其他动物一样，自然倾向于杀生以取肉。

> 若谓燕非虫不甘，故罪所不及。民食刍豢，奚独婴辜？若谓禽豕无

---

① 《弘明集·广弘明集》卷三〇，上海古籍出版社，1991年，第231页。

② ［日］远藤祐介：《六朝期における仏教受容の研究》，东京：白帝社，2014年，第353—401页。

③ Walter Liebenthal, "The Immortality of the Soul in Chinese Thought," *Monumenta Nipponica*, vol.8, no.1-2 (1952), p.375.

知而人识经教，斯则未有经教之时，畋渔网罟亦无罪也。无故以科法入中国，乃所以为民陷阱也。彼仁人者岂其然哉！故余谓佛经但是假设权教，劝人为善耳，无关实叙。是以圣人作制，推德翳物，我将我享，实膺天祜。田获三品，宾庖豫焉。若乃见生不忍死，闻声不食肉，固君子之所务也。①

在这一段中，何承天并不认为一些动物对其他动物有害，因为它们不知道杀戮的罪恶本质。他指出，在佛教传入以前，狩猎捕鱼从未被视作恶行，只有佛教如此（丑化了这项传统生产生活活动）。通过传播这种理念，佛教徒正在伤害许多人，因为他们过去所认为的自然行为现在却被批判谴责。与之相比，圣人建立世界是为了让百姓无论肉体还是精神都健康、繁荣，即便贤者不忍看到动物被捕杀，但他知道狩猎动物能给他的同胞带来益处。

何承天所举的例子以及其论证很有启发性，有趣的是在鹅与燕的例子中，何承天将动物与人进行比较。如果动物捕杀其他生物而不受惩罚，人类为什么会（因捕猎）被惩罚？如果因果轮回在动物身上不适用，为何仅用来约束人类（为何仅对人类有效力）？尽管他坚持认为人与动物不同，但在此情况下，人和动物应该没有不同。只有当何承天将人与动物视作平等时，他的这种说法才有意义。如果人比动物高等，那么人不应该被约束以更高的标准吗？毕竟，只有人类才能被形容以仁慈、正义。尽管如此，何承天认为此例最有说服力，因此其文章中仅举此一例来反驳因果轮回论。在这里，何承天的观点自相矛盾了。一方面，他坚持认为人类和动物是完全不同的，但另一方面，当他试图批判因果轮回时，却认为佛教规则应当同时适用于人类和动物，尽管在其言辞中并未予以承认，但这一矛盾似乎表明他相信人与动物在许多方面是相似的。

正如我在之前的文章中的描述，在中古早期，儒家学者创作并传播的一

① Walter Liebenthal, “The Immortality of the Soul in Chinese Thought,” *Monumenta Nipponica*, vol.8, no.1-2 (1952), p.375.

些叙事文章，强调人类可以从动物身上学习很多东西。这是因为受过教育的精英阶层相信一些动物，诸如乌鸦、狗、猿，通常会体现出孝、忠以及正义的品德。[①]但是当何承天与这些佛教徒辩论时，他又会怎样对待那些流传在精英中的有关孝、义动物的儒家故事？他会不会仅把这些故事当作说教的工具？在我之前提到的文章中，我认为这些故事的形成可能是源自作者对自然的悉心观察。[②]何承天敏锐地注意到了高悬的天空，无疑也认真审视了自然界，因此他很有可能相信动物和人有很多相似之处。然而，为了在与佛教辩者辩论中占得上风，他更愿意坚持过去的立场。不过他巧妙的言辞并不能抹去五世纪时受教育者知道人与动物有密切关系这样的事实。同时，胡司德已经指出，根据孟子、荀子等儒者的说法，动物和人之间的界限很容易跨越，缺乏仁、义、礼等儒家美德的人，与动物没有区别。[③]此外，圣人和圣君的影响可以使动物开化。[④]

由于在儒家思想中，动物和人之间有太多重合，所以何承天努力剥离二者就显得不足为奇。我们在这一时期的其他儒家文献中也可以看到这一点。京都保存的《孝子传》手稿的作者在介绍其文章时也无意间犯了这个错误，序言的第一行写道："盖闻天生万物，人最为尊。"接下来的一段，作者又指出："父母之恩，非身可报。如其孝养，岂得替乎？乌知反哺，雁识衔餐。禽鸟尚尔，况于人哉！"[⑤]因此，尽管人类为万物之尊，但我们仍要从鸟类身上学习孝道。如果这些相较于人类来说的低等动物能做到这一点，我们当然也

① Knapp, "Noble Creatures," pp.81-82.

② Knapp, "Noble Creatures," pp.67-75 and 81-82.

③ Sterckx, "Attitudes towards Wildlife and the Hunting in Pre-Buddhist China," pp.17-18, and his *The Animal and the Daemon in Early China* (Albany: State University of New York Press, 2002), pp.88-91.

④ Sterckx, "Attitudes towards Wildlife and the Hunting in Pre-Buddhist China," pp.20-21, and his *The Animal and the Daemon in Early China*, pp.123-164.

⑤ ［日］幼学会编：《孝子伝注解》，东京：汲古书院，2006年，第17—18页。

能轻松做到。故正如何承天一样，《孝子传》的作者也自相矛盾，人并不是都具美德，而动物也不是都无德。事实上，最高级的动物可以向稍次级的动物学习，因为人是复杂的道德存在，有许多与动物相同的本能和欲望。由于某些动物具有与生俱来的美德，所以说它们是人类的道德榜样。

结　语

本文所表明的是，何承天为了批判佛教因果和轮回观的合法性，故重申儒家传统的人类例外论。人与天地一同构成宇宙，没有人类，天地虽存而失其风采——它们只能通过圣君来发挥其全部潜力。换言之，人类是宇宙繁荣的必要条件，这是因为通过仁义，人类可以拥有气和神。由于他们恪守中庸之道，因而得以取用其他所有生物，因此他们食肉。然而，他们采用人道的、可持续的方式狩猎、捕鱼：不杀胎、不殀夭，用疏网捕鱼。对于文明的中国人来说，食肉是完全自然的，因为他们有节制地生活。因此，在某一层面上，何承天显然认为人与动物有巨大的不同，且人高于动物。然而，何承天在对因果报应论的批判中（不自觉、无意识地）把人与动物等同，由此便可知，其对动物的态度并不完全异于当时其他儒家。这是因为何承天通过动物捕杀其他动物以生存且并未受到不良影响来为（人类）捕猎辩护，所以在这里，他指出同样的规则适用于动物和人，由此来证明行为的正当性。换言之，人与动物没有太大的不同，许多涉及动物行为展现儒家美德的故事都持同样的观点：动物与人相似，在行为上也能体现儒家美德。

至于何承天所强调的人类例外论，不过是一种修辞技巧。何承天对佛教有情众生、轮回观、因果报应的批驳似乎激发了他对动物的极端态度。为了抨击人类死亡后可能重生为动物的观点，何承天不得不否认人和动物是完全一样的。为了批判因果报应，他不得不辩称如果动物捕食其他动物不是罪孽，人类也不应当因此获咎。换言之，正是他要区分儒释，才使得其极端地否认亲眼所见。

“礼崩乐坏”
——中外音乐文化交流的物质前提

美国肯恩大学历史系　［美］孔旭荣　撰

中国社会科学院大学历史学院　章泽玮　译

摘　要：孔子多次表述过对雅乐缺失的担忧，他提出的“礼崩乐坏”很早就用来指向动荡的社会和受到冲击的文化。本文从孔子的担忧入手，解析雅乐在物质上如何受到冲击，从而阐释孔子的担忧对我们理解古代音乐交流的重要性。雅乐以钟磬为主，这样的大型乐器对保存和演奏有特殊需求，需要足够大的空间存放，足够多的技术人员维修，足够好的音乐家演奏，以及足够优秀的大师协调乐器、乐人和音乐。在兵荒马乱之时，这些需求都会面临挑战，比如艺人散去、乐器破坏，进而导致音乐无法维系。这时乐器、乐人、实践和理论都会发生变化，并产生了与其他地区其他文化交流的可能，故雅乐也有可能被取代。

关键词：礼崩乐坏；雅乐；德；编钟；编磬；琴

孔子提出的“礼崩乐坏”已经是一个被广泛接受的概念，用来指代政治动荡的时期，如每个王朝的统治末年。许多学者从政治和文化等角度对“礼崩乐坏”这一话题进行了探讨，本文拟从物质层面上来分析“崩坏”，聚焦于自然和人文资源，如铜的储备和精湛音乐家的数量。笔者将首先考察“乐”的含义，分析儒家所提倡的“乐”与政治权力之间的联系，进而通过比较“乐”与“非乐”在自然和人文资源方面的差异，来阐释“乐”的不可持续性，最后考察一个历史事件，以加强我们对礼乐崩坏命运的理解。本文的观点是：物质上的挑战导致“乐”的崩坏，先秦主导的打击乐器（如编钟和编磬）转变为汉代以后的弦乐器（如琵琶），中原与其他文化的音乐交流也随之而来。

一、“乐”与“声”“音”

“乐”和“声”“音”都是现代音乐的概念，但在古代，尤其是孔子时代，它们有其自身的意义和局限。在《说文》中，“乐”的甲骨文写作“”或“”，拟音是ŋɔk。[①]《说文解字》记载，“乐，五声八音总名。象鼓鞞。木，虡也”[②]。“五声”指的是五个音符：宫（do）、商（re）、角（mi）、徵（sol）、羽（la）。[③]“八音”指的是八种主要材料制成的八种乐器：金（如钟、镈等平底的金属）、石（如磬）、土（如埙，一种类似陶笛的垂直吹奏乐器）、革（如鼓和鼗，鼗即拨浪鼓）、丝（如琴，一种无品的七弦琴；瑟，一种比琴略宽的有品的二十五弦琴）、木（如柷、敔，演奏开始和结束时分别使用的打击乐器）、匏（如笙，由垂直笙管组成的簧气鸣乐器）、竹（如管，竖吹长笛；箫，多管长笛，竹管下端以蜜蜡塞之，依蜡的分量多少而定

---

① Schuessler, Axel, *ABC Etymological Dictionary of Old Chinese* (Honolulu: University of Hawai'i Press, 2007), p.596.

② 〔汉〕许慎撰，〔清〕段玉裁注：《说文解字注》，上海古籍出版社，1981 年，第 265 页。

③ “五声”以及这五个音符都见于《乐记》和《礼记》。见〔清〕朱彬撰，饶钦农点校：《礼记训纂》，中华书局，1996 年，第 561、590 页。《乐记》成书于汉初，由一位不知名的儒家学者撰写，记录了先秦时期的音乐实践和理论及其与社会、政治和教育的关系。见刘再生：《中国古代音乐史简述》，人民音乐出版社，1991 年，第 111—113 页。

音高；[①]这两种乐器都是管乐器）[②]。

段玉裁（1735—1815）注《说文解字》：“鼓大而居中，鞞小而居外。”这说明现场表演中有大量的鼓乐器，都悬挂在木架上，演出时间是春天，因为鼓声模拟的是春分之音，如《周易》豫卦：

> 《象》曰：雷出地奋，豫。先王以作乐崇德，殷荐之上帝，以配祖考。[③]

这里，“乐”联系着自然和上帝，联系着统治者和祖先。它之所以可以为四者建立连接，是因为它使用的是上帝的语言，即自然的声音。从根本上说，音乐是用来取悦上帝、获得恩惠的。大多数学者将“德”视为美德，因为这段话是儒家所写，反映了儒家对“豫”的理解。然而，如果我们把“德”作为一个具有双重含义的多义词来理解就更有意义了：对统治者来说，它是美德；对上帝来说，它是恩惠。“德”展示了统治者如何通过行善来寻求上帝的恩惠。先贤们受大自然的启发，模仿颤抖的雷声创作出音乐，在祭祀神灵和祖先的仪式上，以自然的声音（上帝的语言）为基础，运用音乐来祈求神

---

① 相关解释参见［日］田边尚雄著，陈清泉译：《中国音乐史》，上海书店，1937年，第105—106页。

② “八音”见于《周礼·春官宗伯》，郑玄在注释中为每一“音”都提供了代表性的乐器，见《周礼注疏》，北京大学出版社，2000年，第714—715页。班固（32—92）的《白虎通论·礼乐》也有相似的观点：“土曰埙，竹曰管，皮曰鼓，匏曰笙，丝曰弦，石曰磬，金曰钟，木曰柷敔。”见〔汉〕班固撰集，〔清〕陈力疏证，吴则虞点校：《白虎通疏证》，中华书局，1994年，第121页。一些学者认为这样命名容易混淆，因为制作乐器的材料会有重叠，难以区分，见杨荫浏：《中国音乐史纲》，万叶书店，1953年，第49页。一些学者认为五音、八调、十二律的概念是汉代早期哲学家出于对命理学的兴趣而提出的，并不是对当时管弦乐队基本乐器的描述，见 Kenneth DeWoskin, *A Song for One or Two: Music and the Concept of Art in Early China* (Ann Arbor, MI: University of Michigan Press, 1982), p.52。

③〔清〕李道平撰，潘雨廷点校：《周易集解纂疏》，中华书局，1994年，第203—204页。

灵和祖先的恩惠和祝福。[①]在段玉裁的理解里，“乐”的真正意图是寻求神灵的青睐。[②]

段玉裁清晰地区分开了“声”“音”和“乐”这三个概念：前两者是自然形成的，后者是圣贤为礼仪创造的。这一概念可以追溯到先秦时代，如《礼记·乐记》云：

> 凡音之起，由人心生也。人心之动，物使之然也。感于物而动，故形于声。声相应，故生变，变成方，谓之音。比音而乐之，及干戚羽旄，谓之乐。[③]

从“声”到“音”到“乐”的顺序表明，“乐”包括一切，自然的人造的，粗糙的精巧的，好的坏的，远的近的，中国的非中国的，因为它高于一切。最后一句是理解“乐”的关键：“干”是指盾，“戚”是指斧，它们用于武舞；“羽”是指雉的羽毛，“旄”是指牛尾制成的三角旗，它们用于乐舞。“音”和“声”必须加上舞蹈和礼仪器具，它们才可能被认为或称为“乐”或“礼乐”。

孔子的弟子子夏也为我们解释了“音”与“乐”的不同。魏文侯（卒于前396）问子夏，为什么他在听古乐时感到困倦，而在听郑卫之音时从不困倦。子夏答曰：

> 夫古者天地顺而四时当，民有德而五谷昌，疾疢不作而无妖祥，此

① 将“德”视为恩惠，见依力亚·艾尔肯：《〈周易〉之“德”的伦理学诠释》，《社科纵横》2022年第1期，第149页。更详细的研究，见〔清〕李道平撰，潘雨廷点校：《周易集解纂疏》，第203—205页。

② 〔汉〕许慎撰，〔清〕段玉裁注：《说文解字注》，第265页。

③ 〔清〕朱彬撰，饶钦农点校：《礼记训纂》，第559页。英译本有改动，见 Cook, Scott, "'Yue Ji'—Record of Music: Introduction, Translation, Notes, and Commentary," *Asian Music*, vol.26, no.2（Spring-Summer, 1995）, pp.25-26。笔者还把“音”改译成“tone”。翻译“声”“音”和“乐”是非常困难的，因为它们都有双重含义：“声”即声音或音调；“音”即音调或木材；“乐”即音乐，且是礼仪音乐，见 Cook, "'Yueji'-Record of Music." pp.19-23。为了保持一致，本文将用“声”表示声音，“音”表示音调，“乐”表示音乐，如果可以翻译成不同的意思，则会进一步解释。

之谓大当。然后圣人作为父子君臣以为纪纲，纪纲既正，天下大定。天下大定，然后正六律，和五声，弦歌《诗》、《颂》，此之谓德音，德音之谓乐。[1]

子夏认为，只有当“音”具有道德价值时才能被认定为“乐”。在子夏生活的时代，“德”即美德，指向文明社会和有序关系。这时，儒家已经将“德”作为君子的标准或要求。礼乐最初是为了祭祀而模仿自然，现在通过道德价值观与听众的行为紧密联系在一起。它不再以上帝的语言为中心，而是以知识分子共享的知识为基础。如果说先贤时代的音乐是为了取悦神灵，那么现在儒家的音乐则是为了约束或制约统治者，使其变得自律并且可控，这种控制不是直接由儒家或知识分子完成的，而是通过音乐和“德”实现的。如果“德”不被遵循或尊重，我们将看到儒家所叙述的后果，即天下大乱。通过对音乐及其功能的阐释，以及对“德”的强调，儒家能够将他们的观点和主张融入理想的政治体系中。

子夏指出魏文侯喜欢的是“新乐”和“溺音”，他使用了“音”和“乐”，也就是说这二者是相通的，是可以相互转换的。但是，当新乐变得放纵，有害于美德，不能用以建设文明和有序的社会时，它们就不能用于祭祀，所以就不能成为或被称为“乐”。[2]

了解了这三个术语的意义和用法后，我们可以提出以下定义：“声”，声音；“音”，音调。“声”和“音”都有可能变成“乐”，这取决于物质和文化基础，比如表演场合（礼仪或宴会）、它们的功能（取悦神灵或使人放纵）、听众（统治者是否明智）、道德价值观等。换言之，如果它们能够被接受并运用于道德和礼仪上，它们就是“乐”。“乐”，通常意味着礼仪，带有道德色彩，并伴有舞蹈和礼器。

① 〔清〕朱彬撰，饶钦农点校：《礼记训纂》，第 588 页。英译本有改动，见 Cook, “‘Yueji’-Record of Music.” p.62.

② 〔清〕朱彬撰，饶钦农点校：《礼记训纂》，第 589、591 页。

二、礼崩乐坏

本节将审视“礼崩乐坏”一词，描绘孔子时代音乐实践的地理空间，并探究孔子将音乐败坏与政治衰落联系在一起的真正原因。

“礼崩乐坏”一词最早见于应劭（约140—约204）《风俗通义·声音》：

> 其后，周室陵迟，礼崩乐坏，诸侯恣行，竞悦所习，桑间、濮上，郑、卫、宋、赵之声，弥以放远，滔湮心耳，乃忘和平，乱政伤民，致疾损寿。重遭暴秦，遂以阙忘。汉兴，制氏世掌大乐，颇能纪其铿锵，而不能说其义。武帝始定郊祀，巡省告封，乐官多所增饰，然非雅正，故继其条畅曰《声音》也。①

这里，礼崩乐坏指向春秋末期，反映了孔子对乱世的关心。但是这一篇的标题叫“声音”，结合了声音和音调，而不叫“乐”，作者解释道：这些声音和音调既不优雅，也不恰当（不合乎礼）。这为我们理解这三个术语在音乐上的应用提供了一个清晰的案例。这段话也有助于我们从地理传统和历史角度分析“乐”，也是理解“乐”文化概念不可或缺的一部分，因为它通过定义“非乐”来解释“乐”。这里列出的“非乐”有六种，比《礼记·乐记》多两种：

> 郑、卫之音，乱世之音也，比于慢矣。桑间、濮上之音，亡国之音也，其政散，其民流，诬上行私而不可止也。②

郑、卫、赵、宋在《礼记》《论语》等先秦、秦汉文献中饱受批评，可见他们的音乐代表了孔子所反对的东西。要了解其原因和评判标准，我们必须从

① 〔汉〕应劭撰，王利器校注：《风俗通义校注》卷六，中华书局，1981年，第267—273页；〔汉〕应劭撰，孙雪霞、陈桐生译注：《风俗通义》卷六，中华书局，2021年，第243—244页。

② 〔清〕朱彬撰，饶钦农点校：《礼记训纂》，第561—562页。英译本有改动，见Cook, "'Yueji': Record of Music," p.32.

它们的地理位置和地方传统开始，因为它们都是以其所在的位置命名的。[①]

郑国建都于今天的河南新郑，在周朝早期是周厉王子友的封地。其地包括今郑州的大部分地区、开封的西部、平顶山的北部、许昌的大部分地区，以及周口市的西北部，与晋、楚、许、蔡、陈、宋、燕国接壤。[②]

卫国由周文王（前1099—前1056在位）的儿子康叔的后代继承，公元前629年都于帝丘（今河南濮阳），其地包括今河南新乡、安阳、鹤壁、濮阳的部分地区，以及山东聊城、菏泽的部分地区。三条河流流经卫国：河水、濮水、济水。[③]

宋国由帝乙（卒于约前1076）的长子、商朝末代君主纣王（卒于前1046）的长兄微子启继承，都于商丘（今河南商丘），其地包括今河南商丘、周口，山东菏泽，江苏徐州，安徽淮北的部分地区，与郑、卫、鲁、蔡国接壤。[④]

赵国被周穆王（约前956—前918在位）分封给善于御戎的造父。赵国初都晋阳（今山西太原），后迁赵城（今山西赵城），再迁邯郸（今河北邯郸）。其地包括今河南南部、山西中部和陕西东北部，与卫国相邻。[⑤]

这些诸侯国都位于中原，其都城大多分布在商朝的都城附近，如嚣（今河南郑州西北部）、亳（今山东曹县）、曲阜、相（今河南内黄）、殷（今河

---

① 关于这些古迹的位置，见李峰著，徐峰译，汤惠生校：《西周的灭亡：中国早期国家的地理和政治危机》，上海古籍出版社，2007年；黄鸣：《春秋列国地理图志》，文物出版社，2018年；谭其骧：《中国历史地图集》，中国地图出版社，1982年。

② 黄鸣：《春秋列国地理图志》，第125—149页；谭其骧：《中国历史地图集》（第1册），第24—25页。

③ 黄鸣：《春秋列国地理图志》，第150—165页；谭其骧：《中国历史地图集》（第1册），第24—25页。

④ 黄鸣：《春秋列国地理图志》，第212—224页；谭其骧：《中国历史地图集》（第1册），第24—25页。

⑤ 钱穆：《史记地名考》，联经出版事业公司，1998年，第742—745页；谭其骧：《中国历史地图集》（第1册），第37—38页。

南安阳）。[①]这些地区至少在商朝建立时就是文化中心，西周建立后许多商遗民继续居住在这里，文化的连续性保证了这些地区音乐活动的繁荣和发展。[②]这些地区的音乐经过几代人的发展，具有自己的独特优势和魅力，在技术上有能力挑战并威胁礼仪音乐。它们的存在根植于当地的历史和传统，不一定与儒家的道德理想一致，所以在道德上也有可能挑战并威胁礼仪音乐。比如，这些音乐专注于取悦人类，而不是建立有序的社会。其中一些起源于早期的地方习俗，如在仪式上展示男女交欢，这被儒家视为不文明的活动。

桑间来自两种典故。首先，它出于《诗经》第四十八篇《桑中》，根据《毛诗》的注解，它旨在反对卫国的淫祀。[③]有学者认为桑间、桑中是指桑林。桑林可指古代商民为拜土或祈雨而建立的祭坛。《墨子》有云：

> 期年，燕将驰祖，燕之有祖，当齐之社稷，宋之有桑林，楚之有云梦也，此男女之所属而观也。[④]

这些礼仪场所都是重大的祭祀场所。《淮南子》记载，商王朝（前1600—前1050）的开国君主商汤曾前往桑林祈雨，并认为这是一个神圣的地方，因此后来把这个地方分封给他的后代来保护商。[⑤]一些学者认为，这些祭坛是为了

---

① 瞿同祖：《中国封建社会》，上海人民出版社，2005年，第18页；谭其骧：《中国历史地图集》（第1册），第13—14页。

② 刘再生：《中国古代音乐史简述》，第52—53页。

③〔清〕王先谦撰，吴格点校：《诗三家义集疏》，中华书局，1987年，第230—231页。对“桑间”和“濮上”的更多讨论，参见王祎：《〈礼记·乐记〉“郑卫之音、桑间濮上之音”疑义翼证》，《南阳师范学院学报》2017年第11期；江林昌：《“桑林”意象的源起及其在〈诗经〉中的反映》，《文史哲》2013年第5期；刘怀荣：《“采桑”主题的文化渊源与历史演变》，《文史哲》1995年第2期。

④ 吴毓江撰，孙启治点校：《墨子校注·明鬼下》，中华书局，1993年，第338页注解49。英译本见 *The Mozi: A Complete Translation*. Trans and anno. Ian Johnson (New York: Columbia University Press, 2010), p.285.

⑤ 何宁：《淮南子集释》，中华书局，1998年，第620页。

祭祀土地，与男女交欢有关。[①]

桑林也可以指商汤的宫廷音乐，在《左传》和《庄子》中都有提及：

（襄公十年）宋公享晋侯于楚丘，请以《桑林》，荀罃辞。荀偃、士匄曰："诸侯宋、鲁于是观礼。鲁有禘乐，宾祭用之。宋以《桑林》享君，不亦可乎？"舞，师题以旌夏。晋侯惧而退入于房。去旌，卒享而还。及著雍，疾。卜，桑林见。荀偃、士匄欲奔请祷焉，荀罃不可，曰："我辞礼矣，彼则以之。犹有鬼神，于彼加之。"晋侯有间，以偪阳子归，献于武宫，谓之夷俘。偪阳，妘姓也。使周内史选其族嗣，纳诸霍人，礼也。师归，孟献子以秦堇父为右。生秦丕兹，事仲尼。[②]

奏刀騞然，莫不中音。合于桑林之舞，乃中经首之会。[③]

在第一个故事中，晋侯害怕桑林的音乐和舞蹈，因为桑林的音乐和舞蹈是用来祭祀土地的，是国家大事，不适合个人欣赏。在第二个故事中，庖丁依据《桑林》的节奏而动，受到了赞扬，这意味着他的动作符合正确、完美的节奏。在这两种情况下，桑林都没有任何负面含义。作者应劭将桑间与其他被评价为负面的音乐并列在一起，前提是礼仪音乐应该在正确的地方为正确的人演奏。

濮水贯穿魏国，魏国最后的国都位于帝丘。《韩非子・十过》记载了这样一个故事，[④]《史记・乐书》同样保存了这个故事：[⑤]

---

① Bodde, Derk, "The Supreme Intermediary," *Festivals in Classical China: New Year and Other Observances during the Han Dynasty 206 B.C.-A.D. 220* (Princeton and Hong Kong: Princeton University and The Chinese University of Hong Kong, 1975), pp.243-261；李纯一：《先秦音乐史》，人民音乐出版社，2003 年，第 39—40 页；江林昌：《"桑林"意象的源起及其在〈诗经〉中的反映》，《文史哲》2013 年第 5 期；刘怀荣：《"采桑"主题的文化渊源与历史演变》，《文史哲》1995 年第 2 期。

② 〔清〕洪亮吉撰，李解民点校：《春秋左传诂》，中华书局，1987 年，第 517 页。

③ 〔清〕郭庆藩撰，王孝鱼点校：《庄子集释》，中华书局，1961 年，第 118 页。

④ 〔清〕王先慎撰，钟哲点校：《韩非子集解》，中华书局，1998 年，第 62—66 页。

⑤ 《史记》卷二四，中华书局，1982 年，第 1235—1236 页。

在去晋国的路上，卫灵公（约前534—前493）曾在濮水（今山东菏泽西北部）[①]的岸边扎营。午夜时分，他听到了一些奇怪的声音，但周围没有人听到。于是他命令自己的乐师涓去聆听并记录它。师涓用了一夜获取音调，又用了一夜在自己的古琴上练习。到了晋国，在与晋平公（约前557—前532）宴饮后，卫灵公提出要将这首新声献给晋平公。还没等到师涓演奏完，就被晋国的音乐大师旷叫停了，说这是亡国之音，并解释道：

> 此师延之所作，与纣为靡靡之乐也。及武王伐纣，师延东走，至于濮水而自投，故闻此声者必于濮水之上。先闻此声者其国必削，不可遂。

但晋平公并未就此叫停，反而不停地催促师旷演奏其他更加悲伤的声音，他说："寡人所好者音也。"师旷警告晋平公，说这些悲伤的调子是给有道德的统治者听的，晋平公不配听，如果听了，将会发生大不幸的事情。就在师旷用清角演奏完最后一章时，"坐者散走。平公恐惧，伏于廊室之间"。不幸还在继续，"晋国大旱，赤地三年。平公之身遂癃病"。这个故事中的关键的信息是：濮水的声音与商朝的最后一位国君有关。从听众的反应来看，这似乎是一首非常出色的乐曲，感人而悲伤。但因为是献给亡国之君的，这首曲子也就成了其他统治者的禁忌。对我们来说，另一个重要的信息是，濮水音乐是用古琴演奏的，与主要依靠编钟和编磬的礼仪音乐有所不同。

了解了"非乐"所在的地理位置和音乐传统后，西周音乐的版图变得清晰起来：当用于祭祀或其他礼仪的音乐逐渐被道德和公式束缚，它开始面临挑战，这挑战来自发展迅速、历史悠久且极具多元化的地方音乐。

"礼废乐崩"是"礼崩乐坏"的同义词，在《史记·儒林列传》和《史记·太史公自序》中曾两度出现。在《儒林列传》中，这个词是西汉哲学家、政治家公孙弘（前200—前121）在谈到当时的混乱局面时使用的。[②]在《太史

---

① 钱穆：《史记地名考》，第333页。

② 《史记》卷一二一，第3119页。

公自序》中，这个词与孔子有关：

> 周室既衰，诸侯恣行。仲尼悼礼废乐崩，追修经术，以达王道，匡乱世反之于正，见其文辞，为天下制仪法，垂《六艺》之统纪于后世。作《孔子世家》第十七。[①]

“礼崩乐坏”的另一个同义词“礼废乐坏”，在《史记·乐书》中又一次指向了孔子。[②]

孔子使用的是“礼乐不兴”：

> 子路曰：“卫君待子而为政，子将奚先？”子曰：“必也正名乎！”子路曰：“有是哉，子之迂也！奚其正？”子曰：“野哉由也！君子于其所不知，盖阙如也。名不正，则言不顺；言不顺，则事不成；事不成，则礼乐不兴；礼乐不兴，则刑罚不中；刑罚不中，则民无所措手足。故君子名之必可言也，言之必可行也。君子于其言，无所苟而已矣。”[③]

“礼乐”在这里是合成词，有两种解释：一是孔子通过编订《五经》开创和确立了礼与乐的关系；二是孔子的观点是对当时既有传统和实践的总结和反映。不论哪种解释都不影响一个事实：孔子是最先将礼乐败坏与混乱政局联系在一起的人。在他看来，一旦礼乐不能正确地应用和实践，法律和规则就难以正确地执行，人民就无所遵循或服从，从而引起社会的无序和混乱。因此，礼乐的合理运用是治国的一部分。

据《论语》记载，孔子曾多次表达对音乐的关注：

> 1.“礼乐不兴，则刑罚不中”（《论语》13.3）
>
> 2.“三年不为乐，乐必崩”（17.21）
>
> 3.“放郑声，远佞人。郑声淫，佞人殆”（15.11）
>
> 4.“恶郑声之乱雅乐也”（17.18）

---

① 《史记》卷一三〇，第3310页。

② 《史记》卷二三，第1159页。

③ 《论语》十三章第三节，简称“13.3”，以下同。

真正让孔子担心的是雅乐的延续，雅乐就是“乐”或“礼乐”。雅乐的主要威胁是郑声或流行音乐，以及其他来自商朝的地方音乐。孔子对郑声的批评是“淫”，大多数学者解释为放肆和无原则，但《说文解字》的解释是久雨为淫，[①]这为我们提供了另一种解释：“淫”可以是“多余”的元素。流行音乐很容易加入更多的装饰物，包括不同的节奏、节拍和韵律等动态变化，从而产生快节奏的曲调和旋律，给听众带来比礼仪音乐更直观的感受。此外，如前所述，流行音乐具有便携性，因而有更广泛的覆盖面和影响力。正因流行音乐令人兴奋且充满意趣，所以人们为之着迷，而礼仪音乐则不具有这样的吸引力。综合考虑这些特点，郑声对孔子来说的确是可怕的，因为它吸引人们关注几乎不费力的流行音乐，从而怠慢，甚至荒废需要消耗大量资源的礼仪音乐。

儒家将“乐”与政治功能、道德价值结合起来，创造了音乐与政权衰败之间的联系。这种联系反映了他们真正担心的是“非乐”的力量和危险，而他们的担心有助于我们理解当时真实的音乐活动。

三、无法维持的“乐”

在曾侯乙（约卒于前433）大墓的考古发现中，共有8种乐器125件，其中的主要乐器是64件青铜编钟和32件石制编磬。此外还有19件钮钟、45件甬钟、1件镈钟，它们的总重量为2569千克（5563磅），若再加上一个青铜和木支架以及195件青铜配件，则总重量为4421千克（9746磅）。[②]整套钟的重量相当于两辆SUV，一辆SUV的平均重量为4799磅。编磬与编钟相比并不重，但它的数量多达128件：32个石磬和32套青铜配件（每套3件，共96

---

① 〔汉〕许慎撰，〔清〕段玉裁注：《说文解字注》，第551页。

② 王子初、王芸：《文物与音乐》，东方出版社，2000年，第80页；湖北省博物馆编：《曾侯乙墓》，文物出版社，1989年，第194页。

件）。[1]石磬由石灰石制成，有的是蓝灰色的石灰石（带蓝灰色，故称青石），有的是白色的石灰石或大理石（中国古代称为玉石），重22.1千克（48磅）。悬挂石磬的架子由青铜制成，像两只野兽的形状，重49.8千克（110磅）。[2]

这些拥有庞大数量（387件）和重量（近10000磅）的贵重金石需要大量的自然和人力资源，如原材料、高效的运输、熟练的铸造工匠，以及演奏家和音乐家。一件典型的青铜是由83%的铜和17%的锡制成的，正如《周礼·考工记》中提到的，青铜和锡的比例为六比一。曾侯乙墓编钟的铜含量为77.54%—85.08%，锡含量为12.49%—14.46%。[3]铜是当时的主要自然资源（就像现在的汽油一样珍贵、重要），但是可能早在孔子时代就发生了资源危机。先秦时期，今河南、湖北、山西和陕西都有铜矿床，但这些矿床在汉代都消失了。[4]这一变化是逐渐发生的，说明获取制造青铜的原材料变得越来越困难和不便。为了跟上音乐技术和实践的发展，需要更多的自然资源，而对更多自然资源的需求可能直接与领土扩张有关。随着领土扩张，与其他地区的贸易往来和文化交流自然而然地就增多了，这为进一步的音乐交流铺平了道路。

曾侯乙墓出土的编钟编磬也许并不代表战国时期的通常实践，因为其数量超过了其他考古发现，也远多于文献记载，但它们清楚地展示了以编钟和编磬为中心的礼仪音乐的一个极端情况。这64件编钟可以发出现代钢琴所能发出的所有声音，但需要大量的自然和人力资源才能实现它的音乐演奏。这意味着当复杂的乐器能满足人们的听觉以及人们对音乐的需求时，它就变得不切实际和不可持续，因为维护它所需要的自然和人力资源已经超出了支持

① 湖北省博物馆编：《曾侯乙墓》，第143页。

② 冯光生、徐雪仙：《战国曾侯乙编磬的复原及相关问题的研究》，《文物》1984年第5期，第60页；湖北省博物馆编：《曾侯乙墓》，第138—141页。

③ 《周礼注疏》，第1285页；湖北省博物馆编：《曾侯乙墓》，第106页。

④ 王鸿生：《中国历史中的技术与科学：从远古到今天》，中国人民大学出版社，1997年，第32—33、46—47页。有趣的是，还有更多新开辟的前线地区，如今四川、新疆和云南，都蕴藏着丰富的铜矿。一个帝国的扩张是由寻求更多的新资源驱动的。

它的社会或政权的承受能力。

礼仪音乐需要技艺精湛的音乐家来演奏。更重要的是，这些音乐家需要大师或其他音乐家的培训。此外，礼仪音乐还需要许多音乐家和工人来照顾这些乐器，例如在存储场所和演出场所之间运输它们，维护它们的音乐功能，妥善地保管它们。根据武汉大学复原的编钟表演，编钟需要5名乐师演奏，编磬需要1名乐师演奏。[①]《周礼·春官》在描述古代音乐活动时，提到了与编钟有关的382人：

表1 《周礼·春官》记载的编钟分工[②]

分工	大司乐	乐师	大胥	小胥	大师	眡瞭	典同	磬师	钟师	典庸器
数量/（人）	2	28	4	8	2	300	2	12	12	4

当时需要数百名熟练的工人来储存、演奏和整理编钟。

另一方面，郑声或流行音乐是简单、轻巧、灵活的，只需较少的人力资源。根据前文所述的濮水的故事，晋平公和卫灵公喜欢用古琴演奏的“非乐”。我们可以参考同一考古遗址，即曾侯乙墓，了解更多关于古琴的质地和大小。该墓出土的古琴有五弦和十弦两种。五弦琴长115厘米（45英寸），主体宽7厘米（2.7英寸），高4厘米（1.6英寸），末端宽5.5厘米（2.1英寸），高1.4厘米（0.5英寸）。十弦琴长67厘米（26.3英寸），高11.4厘米（4.5英寸），宽19厘米（7.5英寸）。[③]考古报告没有提到它们的重量，只说它们是用木头制作的。根据斫琴的悠久传统，大多数琴都是用梓木或桐木制成的，这可以在《诗经》第五十篇《定之方中》中看到：［当卫文公（卒于前635）在楚国建造宫殿时］“树之榛

① 据1985年中央电视台春节联欢晚会上曾侯乙墓出土的编钟表演，https://www.bilibili.com/video/BV1bx411i7G8/?spm_id_from=333.788.recommend_more_video.9，访问日期：2022年12月17日。

② 《周礼注疏》，第674—746页；顾婷婷：《西周学校音乐教育考》，《铜陵学院学报》2014年第1期，第126页。

③ 湖北省博物馆编：《曾侯乙墓》，第164、166页。

栗，椅桐梓漆，爰伐琴瑟”[①]。一张典型的桐琴重量约为5千克（11磅）。[②]

根据同一则故事，“非乐”是由纣的音乐大师延创造的，五百年后它仍然存在，并由卫国音乐大师涓和晋国音乐大师旷轻松演绎。他们三个人都单独地演奏古琴。古琴多用于伴奏，但重要的是，它大多数时候可以单独使用。它便于携带和演奏，易于学习和传承。我们在现代也经历了类似的趋势：流行音乐轻松灵活，单独或团队表演均可，于是受到越来越多的年轻人喜爱。相比之下，古典音乐，尤其是管弦乐队，往往需要一群乐器和音乐家来实现其理想的音乐效果，场面恢宏，但观众日益减少。[③]

礼仪音乐的效果，如音色或音响，也使自己处于不利的地位。曾侯乙墓出土的编钟可以发出现代钢琴所能发出的所有声音，但钟有64件之多，正如前文指出的，储存和演奏如此之多的乐器是非常困难的。[④]近代学者王子初对编钟的发展总结如下：在早期，钟并不是用来演奏一个完整作品的，而是用来提供关键曲调和丰富气氛的，从商代到周初，大多数钟都是3枚一组。在周朝中后期，钟成为旋律乐器，因此增加了更多的钟，如山西闻喜的一套钟有9枚。[⑤]随着钟的增加，音阶和音域等简单的音乐问题可以得到解决，但余音、混响等深层问题仍然存在。大多数编钟还面临着另一个艰难的情况，即慢节奏，因为每个钟只能发出两个声音，[⑥]一钟双音，一音一字。[⑦]当以五声音阶为礼仪音

---

① 〔清〕王先谦撰，吴格点校：《诗三家义集疏》，第239页。

② 基于与中央音乐学院毕业的古琴演奏家艾鹏飞的私人谈话，记录于2022年11月30日。

③ 现代古典音乐的衰落就像孔子时代的礼乐一样，如果孔子认为古典音乐的衰落是政治权力消失的标志，那么我们所看到的则是资本权力的消失。与古代晚期艺术史学家斯通伯格（Jackie Stoneburg）博士的对话，记录于2022年12月4日。

④ DeWoskin解释了类似的担忧，认为使用大量编钟是不可维系的，见Kenneth DeWoskin, *A Song for One or Two : Music and the Concept of Art in Early China* (Ann Arbor, MI : University of Michigan Press, 1982) , pp.49-50.

⑤ 王子初：《中国音乐考古学》，福建教育出版社，2002年，第575页。

⑥ 王子初：《中国音乐考古学》，第575页。

⑦ 夏野：《唐代风雅十二诗谱的节奏问题》，《音乐研究》1987年第4期，第11—12页。

乐的主要模式时，编钟和编磬很难产生或表达变化，因此礼仪音乐缺乏动态变化。也许这正是精神世界或严肃场合需要的，但它们并不吸引人，也不容易维持。

流行音乐以个人演奏为特征，能够适应新情况，学习新的旋律节奏，运用多个音节表示一个词或不表示词，[①]易于理解，因此更有吸引力，[②]对人的影响是强大的：师旷一演奏，晋平公就生病了，甚至国家都出现了干旱。

在和平时期，尽管编钟和编磬耗费巨大，但仍然可以维持。而在战争时期，保护这些复杂沉重的乐器就变得相当困难，制造这些乐器也变得困难重重，因为有限的宝贵资源不会用在乐器上，而是用在武器上。事实上，在秦汉以后，大型铜钟的制作几乎消失了。[③]除了乐器，保留音乐和音乐家对于一个衰落的国家来说也是一项沉重的负担。另一方面，流行音乐主要使用个性化的乐器，如古琴，或后来的琵琶和古筝，可以很容易地单独演奏，携带自由，易于维护。

汉代早期，礼乐得以保留，但随着时间的推移而日益衰落。到了隋唐时期，礼乐只是宫廷音乐的一种，只有3件编钟和2件编磬。[④]

儒家提出了“乐”与“非乐”的区别，制造了俗乐对雅乐的威胁，这是他们推广道德学说的策略。当他们为理想社会奋斗和著述时，现实却飞向了人类环境所允许的音乐实践，如与本土音乐的互动和与外国音乐的交流。儒

① 许之衡提出了两种主要的协音方式：拖音法，延长一个音 / 字，受到礼乐的青睐；转腔法，用多个音节表示一个词或不表示词，在流行音乐中很受欢迎。见许之衡：《中国音乐小史》，商务印书馆，1933 年，第 16—17 页。

② 音乐艺术博士研究生、古典钢琴演奏家杜瑾博士表示，流行音乐的歌词使用通俗语言，听众可以理解歌词，进而接受音乐，所以听众几乎不需要准备就可以接受音乐的影响或冲击，而理解或欣赏古典音乐则需要一定的学习时间。据私人谈话，记录于 2022 年 12 月 13 日。

③ 王子初、王芸：《文物与音乐》，第 31 页。

④ ［日］岸边成雄著，梁在平、黄志炯译：《唐代音乐史的研究》，中华书局，1973 年，第 27 页。但根据《旧唐书》卷二九的记载，则有 24 件编钟（中华书局，1975 年，第 1038 页）。历史文献可能是根据古代音乐理论列出了这个数字，岸边提出的数字可能更接近于音乐实践。

家对音乐的诠释和应用给后世的音乐家、学者、历史学家和知识分子带来了巨大的困惑，因为他们人为地在“乐”与“非乐”之间、音乐理论与实践之间制造了隔阂。然而，透过他们制造的威胁和隔阂，我们可以看到音乐互动和交流的真实情况。

四、余论：西晋的困惑

下面的故事生动地展示了3世纪时雅乐与郑声之间的紧张关系。建国之初的西晋幸运地继承了曹魏的宫廷乐器和音乐家，但如何调音的问题仍然存在。荀勖（卒于289）是西晋雅乐的主要创建者，他主张复古，致力于恢复周代的雅乐。他创造了十二笛律，可是音乐实践家阮咸（210—263）却批评这一体系，声称这些笛律的声音太低，像哀悼的声音。荀勖听了大为恼火，便将阮咸贬为地方官。后来，一位农民在田间发现了一把玉制的周尺。荀勖用这把尺子测试，发现他的调音尺都长了“一米”（小于今天的1毫米）。于是，荀勖恢复了阮咸的职位。①

这是一个有争议的故事：一个农民发现了一把与荀勖多年来研究的东西完全相反的尺子，时间怎会如此巧合？人们何以肯定这是周朝的？有的学者认为出土的尺子可能是后汉或曹魏时期的，长于周尺，因此荀勖的尺子更能代表周朝的标准。②

无论如何，这个有争议的故事揭示了毫无争议的事实：保存周朝雅乐与实际演奏之间存在不可调和的紧张关系。如果周代雅乐可以传承，这种紧张

---

① 《晋书》卷二二，第693页。《晋书·律历志》还记载了更多有关荀勖和他的调音尺的细节，见《晋书》卷一六，第480—483页。这一段是占星家李淳风在编纂《晋书》时从《宋书·乐志》和《宋书·律历志》中抄录的，见《宋书》卷一九，第540页；《宋书》卷一一，第212—215页。

② Howard L. Goodman, *Xun Xu and the Politics of Precision in Third-Century AD China*, pp. 197-203. 杨荫浏：《中国音乐史纲》，第166—171页。

就不会存在。雅乐消失了，因为它对自然和人力资源的需求是巨大的，因此是不可维系的。礼仪音乐可能是恢弘的，但随着它的保护者的政治权力消失，它也不得不消失。荀勖是位出色的音乐理论家，他可以恢复调音尺，却无法恢复包括乐器、乐师、乐曲在内的整个音乐生态系统。事实上，荀勖的复古并不为现实所接受，也不为与他同时代的音乐实践家阮咸等人所接受。[①]在中国音乐史上，与荀勖有关的这一调音尺事件也标志着音乐实践与理论的分离。[②]

当朝廷支持的雅乐开始衰落，当恢复雅乐变得困难重重，当继承雅乐变得举步维艰，礼崩乐坏就不可避免，与其他文化交流的大门就随之打开。笔者将仔细阅读中古早期关于外来乐器的文学作品，以古人对外国音乐文化的接受和转化为切入点，分析汉唐之间乐器演奏由编钟到琵琶的变化，这是我音乐交流课题的下一步。

附记：本文的撰写和修改得到了阿部幸信、渡边信一郎、佐川英治、池田雄一、小林聡、戴卫红、万光治、余作胜、朱志荣、方耿美、杨刚、侯琳等学者的支持和帮助。他们提供了珍贵的资料和宝贵的意见，谨致谢忱。

---

① 《宋书》卷一一，第212—215页。荀勖与列和的讨论是关于竹制调音尺的实践问题。英译本见 Howard L. Goodman, *Xun Xu and the Politics of Precision in Third-Century AD China*, pp.232-256。关于音乐实践与理论分离的学术讨论，见 Howard L. Goodman, *Xun Xu and the Politics of Precision in Third-Century AD China,* pp.197-203；杨荫浏：《中国音乐史纲》，第166—171页。

② 与渡边信一郎先生的对话，记录于2022年6月21日。

方术名僧与佛教中国化

——中古正史方术类传所见僧人考论

武汉大学历史学院　姜望来

摘　要：中古正史方术类传所见僧人传记以及佛教僧传相关记载，体现出方术与佛教关系及演变之大势：方术对佛教自汉代传入中土以来之立足与传播深具影响，但随着时代推移和佛教发展，方术神异之地位渐趋低落；汉魏十六国时代佛教方术化色彩浓厚，东晋南北朝时代佛教去方术化趋势明显。东晋十六国时代是佛教与方术关系发生转折之重要时期，较早有意疏离方术神异、从而开辟佛教发展新局面之僧人，为十六国时代著名方术神异僧佛图澄之弟子道安。总之，早期佛教方术化系佛教初传中国时立足适世所需，东晋以后去方术化则是佛教于华夏扎根弘大之径，貌似相反，实则相成，皆属佛教中国化之必经阶段。

关键词：中古；方术类传；佛图澄；道安

中国古代，方术作为传统文化之重要组成部分和颇具神秘色彩之知识体系，其理论和实践在社会生活各个层面发生复杂而深刻之影响，庞大而活跃的方术之士群体则是方术的具体传承者和体现者，受到上自统治阶层下至普通民众的广泛重视，因而逐渐进入正史设立专传之范畴。自西晋陈寿撰《三国志》始设《方技传》之后，后世史家多有效仿，并在东汉魏晋南北朝时代相关正史中尤为流行与突出:《后汉书》有《方术传》,《三国志》有《方技传》,《晋书》有《艺术传》,《魏书》有《术艺传》,《北齐书》有《方伎传》,《周书》《隋书》《北史》有《艺术传》。当然，南朝五史（即《宋书》《南齐书》《梁书》《陈书》《南史》）均无方术传，此种明显的南北差异亦值得重视。尽管诸种方术类传之名称稍有不同，所涉方术之范围和种类亦不完全一致，但大体上不出偏于迷信神异之数术与偏于工巧日用之方技两大类。[①]如所周知，方术大行其道之中古时代（本文主要指东汉至南北朝），此两类知识或者说能力，在道教徒和佛教徒群体中相当普遍与突出，故在中古正史方术类传中，道教徒和佛教徒及与之密切相关者占据了相当比例和重要位置。可以说，中古方术之历史，某种程度上亦是中古道教与佛教发展史之一重要侧面，学界对之亦有一定的关注与讨论。但由于问题的复杂性和资料的零散、缺略与晦涩，仍有不少疑难之处有待进一步廓清，如佛教与方术之交涉、方术神异与方术技艺之区别。因此，本文拟在学界已

① 李零：“方术，于《汉志》六类，本来是属于它的后三类。它的前三类是六艺、诸子、诗赋，属于人文，后三类是兵书、数术、方技，属于技术。方术就是数术、方技的统称。”（《中国方术正考》，中华书局，2006 年，“新版前言”第 2 页）又谓：“‘方术’涉及两大问题，一大问题是宇宙，一大问题是生命……古人关心宇宙，乃有‘数术’之学；关心生命，乃有‘方技’之学。我们这里说的‘方术’，也就是‘数术’和‘方技’的统称。”（《中国方术续考》，中华书局，2006 年，第 3 页）古代方术门类颇多，历代名目略有差异、变化，李零先生将“数术”主要归为三类（占卜、相术、厌劾祠禳），并谓“占卜始终是主体性的东西”；“方技”主要也归为三类：医药和服食；行气、导引、房中；祝由。（《中国方术续考》，第 3—5 页）本文关于方术范围与分类之界定，主要依据中古诸正史方术类传所确定之大致框架及参考李零先生之观点。又汉唐间术数文献之分类及变化，可参赵益：《古典术数文献述论稿》，中华书局，2005 年。

有相关研究之基础上，[①]聚焦于中古正史方术类传中之僧人传记与佛教事迹及僧传、正史等相关记载，主要从方术名僧之弘教、早期佛教方术化与东晋十六国以后佛教去方术化等方面着手，考察名僧与方术、方术与佛教之关系及其演变与背景，进而归纳方术名僧在中古佛教中国化进程中之影响与地位。

一、汉魏晋诸正史方术类传所见僧人与佛教方术化

佛教初传中国，一般以为在西汉哀帝时，至东汉已具一定影响，其后历

① 其一，有关方术类传的代表性研究，如日本学者坂出祥伸《方术传的立传及其性质》（载辛冠洁等编《日本学者论中国哲学史》，中华书局，1986 年）通过方术类传内容的考证，指出正史在编修《方术传》时带有将术数者限于礼的秩序之中的意图；许道勋《唐代方伎之士与科学文化——读〈旧唐书·方伎传〉》［《复旦学报》（社会科学版）1986 年第 2 期］大致梳理过正史中方术类传收录人群和类传名称的变化；孙鸿博《〈三国志·方技传〉研究》（复旦大学硕士学位论文，2009 年）从《方技传》的类传身份、成因、史学地位等方面对《三国志·方技传》进行了讨论；谢九生《中国古代“艺术列传”研究》（东南大学博士学位论文，2019 年）主要从艺术学（书法、绘画、音乐等）角度分析了中国古代“艺术列传”在艺术史和艺术理论上的特点和价值。大致上，这一方面研究数量不多，对中古正史方术类传整体的考察较为缺乏。其二，有关方术与佛教的代表性研究，如汤用彤《汉魏两晋南北朝佛教史》（中华书局，1983 年）对早期佛教与方术之关系有重要揭示与概括；任继愈主编《中国佛教史》（中国社会科学出版社，2009 年）有关章节就佛教对方术的利用与批判亦有概述；孙英刚《神文时代：谶纬、术数与中古政治研究》（上海古籍出版社，2014 年）对方术、谶纬与佛教之关系有独特关注；严耀中《魏晋南北朝时期占卜谶言与佛教》（《史林》2000 年第 4 期）和《论占卜与隋唐佛教的结合》（《世界宗教研究》2002 年第 4 期）则对作为道术一种之占卜在佛教中之作用加以讨论，认为这是佛教中国化标志之一；尚永琪《西域幻术与鸠摩罗什之传教》［《山西大学学报》（哲学社会科学版）2012 年第 5 期］指出西域幻术有助于佛教在中国的传播。大致上，这一方面研究较为零散，对中古正史方术类传有关记载之分析与利用不够深入，对此时期方术与佛教关系之演变未予清晰揭示。此外，还有一些与本文某些具体问题探讨相关之论著，将随文提及，不在此一一列出。

魏晋南北朝各代，逐渐发展兴盛。上自帝王，中及士大夫，下至普通民众，多受其影响，其弘教手段固出多端，但方术在其中起到重要作用则无疑义。尤其早期中土佛教经典寡少、教理未弘、影响微弱之时，往往依凭奇诡难测之种种方术，以取信于帝王，以炫耀于俗士，以夸胜于道教。故中古正史诸方术类传多数涉及佛教人士，或立本传，或随他人他事而述，并随佛教之发展、时代之变迁及史臣之倾向等而呈现各具特色之不同面貌，总体上汉魏晋诸正史与北朝诸正史又有所区别。下面以朝代为序，结合佛教内外典籍，试加以论列。[①]

《后汉书·方术传》实有两卷（卷八二上、下），篇幅与内容相当丰富，本传及附传四十余人，多为神通变化、修道求仙之奇人异士，极富道教色彩，如东郭延年、冷寿光、蓟子训、左慈、刘根、费长房、鲁女生、甘始、封君达诸人，又载于道教著名仙传《神仙传》，[②]很大程度上几可视为道教之方术传。其原因，既与道教和方术向来纠缠不清有关，更如陈寅恪先生所言

---

① 需要指出的是，设立方术传之中古诸正史，其成书先后并非与朝代顺序完全一致：《三国志》，西晋陈寿撰；《后汉书》，刘宋范晔撰；《魏书》，北齐魏收撰；李百药《北齐书》、令狐德棻《周书》、魏征《隋书》、房玄龄《晋书》，皆唐太宗贞观年间官方组织修撰；《北史》，李延寿于唐高宗显庆年间撰成。尽管修撰者之立场和所处时代对于是否和如何叙述佛道事迹有着不可忽视之影响，但一则后世修史皆前有所承而非凭空独撰，二则中国古代史学发达，各种史料构成一个立体、多维的系统而可以互相补充、质证，进而共同呈现过往时代面貌之丰富性和复杂性，故我们认为，研究者所能利用之史料总体上可信，关键在于怎样审慎细致地加以辨析和利用，而不应矫枉过正、鲁莽粗率地指斥某种史书为“当代史”并或多或少地否定其客观性。本文在处理中古正史方术类传之佛道记载时，主要即遵循前述理念，以朝代先后为纲，结合其他相关材料，进行系统梳理，当然，对史书修撰之时代性亦会加以适当注意。

② 参《神仙传》卷七“东郭延”条（东郭延即东郭延年）、“灵寿光”条（灵寿光即冷寿光）、“蓟子训”条，卷八“左慈”条、“刘根”条，卷九“壶公”条（中叙费长房事），卷十“鲁女生”条、“甘始”条、“封君达”条。〔晋〕葛洪撰，胡守为校释：《神仙传校释》，中华书局，2010 年。

与《后汉书》作者范晔之天师道背景有关。[①]东汉时代，佛教在社会当中已有一定影响，皇室上层亦有所知有所信，且往往与道教并列被视为方术之一种，故屡屡有所谓黄老、浮屠并祀之现象。[②]但与《后汉书·方术传》特重道教形成鲜明对比的是，此传中毫无佛教之痕迹，令人惊奇。如南齐王俭所谓“汉魏佛法未兴，不见其记传”[③]，早期有关东汉三国之史传中较少述及佛教，更不见为僧人立传，《后汉书》如此处理，似无问题；但考虑到东汉时代道教亦甚微弱，则可见其中仍别有原因。笔者认为，这个局面主要与范晔有关。一方面，如前所指出，范晔与天师道关系密切；另一方面，范晔秉持儒家正统观念，对夷夏之辨甚为看重，故对佛教取否定、贬抑之态度。[④]尽管《后汉

---

① 陈寅恪：“蔚宗之著《后汉书》，体大思精，信称良史，独《方术》一传附载不经之谈，竟与《搜神记》、《列仙传》无别，故在全书中最为不类。遂来刘子玄之讥评（见《史通》五《采撰篇》及一七《杂说篇中》‘诸晋史’条），亦有疑其非范氏原文，而为后人附益者（见王先谦《后汉集解》八二下黄山校补）。其实读史者苟明乎蔚宗与天师道之关系，则知此传全文本出蔚宗之手，不必致疑也。”（《天师道与滨海地域之关系》，《金明馆丛稿初编》，生活·读书·新知三联书店，2001 年，第 28 页）

② 《后汉书》卷四二《光武十王·楚王英传》：“英少时好游侠，交通宾客，晚节更喜黄老，学为浮屠斋戒祭祀……（明帝）诏报曰：‘楚王诵黄老之微言，尚浮屠之仁祠……。’”（中华书局，1965 年，第 1428 页）同书卷三〇下《襄楷传》载楷于桓帝时上书云：“又闻宫中立黄老、浮屠之祠。”（第 1082 页）

③ 《高僧传》卷一三《兴福·齐上定林寺释法献传》，中华书局，1992 年，第 489 页。任继愈先生对王俭此语作出解释云：“王俭是当时博学的学者，他这里说的不见其记传是正史上没有专文记载，并不是所有文献都没有记载这回事。”（《汉唐时期佛教哲学思想在中国的传播与发展》，《汉唐佛教思想论集》，人民出版社，1998 年，第 14 页）

④ 范晔于《后汉书》卷八八《西域传》叙及佛教大概，又于卷末论云：“详其清心释累之训，空有兼遣之宗，道书之流也……然好大不经，奇谲无已……又精灵起灭，因报相寻，若晓而昧者，故通人多惑焉。”（第 2932 页）及赞云：“逖矣西胡，天之外区。土物琛丽，人性淫虚。不率华礼，莫有典书。若微神道，何恤何拘。”（第 2934 页）夷夏之防、贬抑之情，跃然纸上。范晔与佛教之关系及反佛之立场，可参［日］福井重雅撰，曹虹译：《范晔与佛教》，载南京大学古典文献研究所编《古典文献研究》（总第 7 辑），凤凰出版社，2004 年。又拙撰《名僧入史与佛教中国化：〈宋书·夷蛮传〉所附四僧传考论》（《佛学研究》2022 年第 1 期），亦论及刘宋元嘉年间裴松之注《三国志》、范晔撰《后汉书》、何承天撰《宋书·夷蛮传》，不约而同皆将佛教事迹系于外国传，反映出晋宋时期与佛教相关之夷夏之辨的激烈及坚持以佛教为夷教之正统史学观念。

书·方术传》缺乏有关佛教之记载，但事实上，正如学界所普遍认为的那样，东汉时代僧人弘教相当借重于方术。[①]如后汉时代事迹最为突出之著名僧人安世高，《出三藏记集》卷六吴康僧会《安般守意经序》云：

> 有菩萨名安清字世高……其为人也，博学多识，贯综神模，七正盈缩；风气吉凶，山崩地动；针脉诸术，睹色知病；鸟兽鸣啼，无音不照。怀二仪之弘仁，愍黎庶之顽暗，先挑其耳，却启其目，欲之视明听聪也。徐乃陈演正真之六度，译安般之秘奥。[②]

此应为安世高擅种种方术之最早记载（三国吴时），所谓“先挑其耳，却启其目”大概即指先以方术吸引、折服人心，而后方及教法。又同书卷一三《安世高传》云：

> 七曜五行之象，风角云物之占，推步盈缩，悉穷其变。兼洞晓医术，妙善针脉，睹色知病，投药必济。乃至鸟兽鸣呼，闻声知心。……世高穷理尽性，自识宿缘，多有神迹，世莫能量。[③]

可见僧祐基本沿袭了康僧会之说法，并补充有关安世高之更多具体神异事

---

① 如梁启超：“此期（按，指东汉至西晋时期）之佛教，其借助于咒法神通者不少……质言之，则此期之佛法只有宗教的意味，绝无学术的意味。”（《中国佛法兴衰沿革说略》，《中国佛学研究史》，吉林出版集团股份有限公司，2017年，第3页）汤用彤：“按佛教在汉代纯为一种祭祀。其特殊学说为鬼神报应。王充所谓‘不著篇籍，世间淫祀，非鬼之祭’，佛教或其一也。祭祀既为方术，则佛徒与方士最初当常并行也……浮屠之教既为斋戒祭祀，因附庸于鬼神方术……楚王英之信方术，在光武诸王中并非突出。而明帝诏书中称‘仁祠’，言‘与神为誓’，可证佛教当时只为祠祀之一种。楚王英交通方士，造作图谶，则佛教祠祀亦仅为方术之一。盖在当时国中人士，对于释教无甚深之了解，而羼以神仙道术之言……浮屠方士，本为一气……由此言之，则最初佛教势力之推广，不能不谓因其为一种祭祀方术，而恰投一时风尚也。”（《汉魏两晋南北朝佛教史》，第37—39页）日本学者藤堂恭俊、盐入良道：“（东汉时自西域入华商队的成分）除了佛教徒并间有佛教僧侣，他们在旅途中充当咒术师，保护行者避凶趋吉……佛教适时地以老庄思想及神仙方术为媒介……毫不费力地传入中国社会。”（《中国佛教史》，华宇出版社，1986年，第26—28页）

② 《出三藏记集》卷六，中华书局，1995年，第244页。

③ 《出三藏记集》，第508页。后叙其前世宿债、游江南度化蟒蛇庙神等诸多神异，从略。

迹，使其擅方术之形象进一步丰满，再稍后梁慧皎《高僧传》为安世高立传亦大略相同，不具录。又如《广弘明集》卷一《汉显宗开佛化法本内传》（即《汉法本内传》），叙述汉明帝时五岳诸山道士褚善信等夸炫“方术无所不能”，而与高僧摄摩腾、竺法兰以神通斗法，最终道士惨败之事。[①]当然，《汉法本内传》及此佛道斗法故事出于后世（6世纪左右的南北朝后期）僧徒虚构，[②]人所熟知，无需赘述；但编造背后，也隐含对汉代佛教徒擅方术神通之普遍认知，此种认知，当然离不开一定的历史基础。

《三国志》在中古诸正史中最早创设方术类传（《魏书·方技传》），[③]其内容相对简单，主要为“华佗之医诊，杜夔之声乐，朱建平之相术，周宣之相梦，管辂之术筮，诚皆玄妙之殊巧，非常之绝技矣”[④]，即医、卜、相、声律寥寥数项，传主皆为世俗人士，不及宗教徒，叙事风格平实，殊少奇诡神异之文，故道士、佛徒皆无记载。[⑤]但事实上，方术神通是此时期僧人弘教重要的，甚至是最有效的手段，此从其时最有名之两位高僧康僧会和支谦事迹

---

① 《大正藏》（第52册），新文丰出版公司，1983年，第98页下—99页中。

② 较早指出此点如法国学者马伯乐：“《汉法内传》为记述释道辩论之书，今佚，然其残篇尚散见于7世纪诸纂集之中……疑为伪书……此书之撰辑应在6世纪时矣。”（［法］马伯乐著，伭晓笛、盛丰等译：《汉明帝感梦遣使求经事考证》，《马伯乐汉学论著选译》，中华书局，2014年，第298—299页）又如梁启超：“《汉法本内传》者……勘其事状及文体，盖出于元魏高齐释道交哄最烈时，其述此事，盖极荒诞……作伪至此，叹观止矣！”（《佛教之初输入》，《中国佛学研究史》，第23—24页）

③ 关于方术传之成立和演变，可参［日］坂出祥伸：《方术传的立传及其性质》，载辛冠洁等编《日本学者论中国哲学史》；姜望来、石青：《中古正史方术类传的成立与演变》，载中国中古史集刊编委会编《中国中古史集刊》（第4辑），商务印书馆，2017年。

④ 《三国志》卷二九《方技传》，中华书局，1959年，第829—830页。

⑤ 孙鸿博认为，陈寿书本无类传，为方术之士独辟一传的原因有以下几种：动乱的社会环境使得人们追求长寿，试图预测未来，方术之士的出现与此有关；曹操唯才是举的政策，将方士利用并控制起来，使他们有机会进入史传；陈寿对方术的理解淡薄，无法将他们作出更细致的划分；陈寿个人的学术背景。见《〈三国志·方技传〉研究》，复旦大学硕士学位论文，2009年。

典型地体现出来。《出三藏记集》卷一三《康僧会传》(《高僧传》卷一《译经上·魏吴建业建初寺康僧会传》略同):

> 康僧会，其先康居人，世居天竺。其父因商贾，移于交阯……明练三藏，博览六典，天文图纬，多所贯涉……会在吴朝，亟说正法，以皓性凶粗，不及妙义，唯叙报应近验，以开讽其心。[①]

康僧会“天文图纬，多所贯涉”，尤其对吴主孙皓说法时“唯叙报应近验，以开讽其心”，所谓“报应近验”传中未有进一步描述，参考百余年后佛图澄取信于后赵皇帝石勒、石虎之种种非常之举，大概可以推知亦应为方术神通之类。又同书同卷《支谦传》(《高僧传》卷一《译经上·魏吴建业建初寺康僧会附支谦传》略同):

> 支谦，字恭明，一名越，大月氏人也。祖父法度，以汉灵帝世，率国人数百归化……博览经籍，莫不究练，世间艺术，多所综习。[②]

支谦之所以“世间艺术，多所综习”，当然也是为了弘教需要。大体上，与东汉类似，三国时代名僧多善方术，佛教方术化色彩仍然非常浓厚。需要指出的是，如前举种种材料所见，汉魏时期擅长方术(尤其方术神异)之名僧，多数是来华弘教的外国僧人，汉地僧人极为少见。

今本《晋书》系唐初贞观年间官修，在此之前已有多家《晋书》流传，唐修《晋书》主要以臧荣绪《晋书》为蓝本，并参考诸家旧《晋书》。唐以后，诸家旧《晋书》悉数散佚。今观诸家旧《晋书》辑本，疑王隐《晋书》中应有方术类传，而唐人修史保留此传目再加以扩充。[③]与《后汉书·方术传》类似，《晋书·艺术传》神异色彩非常突出；但与《后汉书·方术传》叙道士不载僧人不同，《晋书·艺术传》兼涉佛道，方术名僧在其中占有相当篇幅和重要地位，为立传者有佛图澄、麻襦、单道开、僧涉、鸠摩罗什、昙霍六

① 《出三藏记集》，第512—515页。

② 《出三藏记集》，第516页。

③〔清〕汤球辑:《九家旧晋书辑本》，《二十五史别史》，齐鲁书社，2000年。

僧。其中佛图澄、单道开在《高僧传·神异上》有传，僧涉、昙霍在《高僧传·神异下》有传，麻襦事迹则插叙于佛图澄传。

而僧传与史传之文大同小异，以下试以佛图澄之传记略加说明。《晋书》卷九五《艺术·佛图澄传》：

> 佛图澄，**天竺人也**。本姓帛氏。**少学道，妙通玄术**。永嘉四年，来适洛阳，自云百有余岁，常服气自养，能积日不食。善诵神咒，能役使鬼神。**腹旁有一孔，常以絮塞之，每夜读书，则拔絮，孔中出光，照于一室。又尝斋时，平旦至流水侧，从腹旁孔中引出五藏六府洗之，讫，还内腹中**。又能听铃音以言吉凶，莫不悬验……**勒召澄，试以道术**。澄即取钵盛水，烧香咒之，须臾钵中生青莲花，光色曜日，勒由此信之……襄国城堑水源在城西北五里，其水源暴竭，勒问澄何以致水。澄曰："今当敕龙取水。"乃与弟子法首等数人至故泉源上，坐绳床，烧安息香，咒愿数百言。如此三日，水泫然微流，有一小龙长五六寸许，随水而来，诸道士竞往视之。有顷，水大至，隍堑皆满……**及曜自攻洛阳，勒将救之，其群下咸谏以为不可。勒以访澄……（澄）又令一童子洁斋七日，取麻油合胭脂，躬自研于掌中，举手示童子，粲然有辉。童子惊曰："有军马甚众，见一人长大白晳，以朱丝缚其肘。"澄曰："此即曜也。"勒甚悦，遂赴洛距曜，生擒之**……勒爱子斌暴病死，将殡……澄取杨枝沾水，洒而咒之，就执斌手曰："可起矣。"因此遂苏，有顷，平复……谓弟子法祚曰："戊申岁祸乱渐萌，己酉石氏当灭。吾及其未乱，先从化矣。"卒于邺宫寺。**后有沙门从雍州来，称见澄西入关，季龙掘而视之，惟有一石而无尸。季龙恶之曰："石者，朕也，葬我而去，吾将死矣。"因而遇疾。明年，季龙死，遂大乱**。①

《高僧传》卷九《神异上·晋邺中竺佛图澄传》：

> 竺佛图澄者，**西域人也**，本姓帛氏……**西域咸称得道**（按，当谓已证

---

①《晋书》，中华书局，1974年，第2485—2490页。

> 果）。以晋怀帝永嘉四年来适洛阳……善诵神咒，能役使鬼物，***以麻油杂胭脂涂掌，千里外事，皆彻见掌中，如对面焉，亦能令洁斋者见。***又听铃音以言事，无不劾验……（石勒）召澄问曰：“佛道有何灵验？”***澄知勒不达深理，正可以道术为征，***因而言曰：“至道虽远，亦可以近事为证。”即取应器盛水，烧香咒之。须臾生青莲花，光色曜目，勒由此信服……***时有痼疾世莫能治者，澄为医疗，应时疗损***……襄国城堑水源在城西北五里团丸祀下，其水暴竭，勒问澄何以致水，澄曰：“今当敕龙。”……乃与弟子法首等数人至泉源上……澄坐绳床，烧安息香，咒愿数百言，如此三日，水泫然微流。有一小龙长五六寸许，随水来出。诸道士见竞往视之……有顷，水大至，隍堑皆满……***至光初十一年，曜自率兵攻洛阳，勒欲自往拒曜，内外僚佐，无不必谏。勒以访澄……勒乃留长子石弘，共澄以镇襄国，自率中军步骑，直指洛城。两阵才交，曜军大溃。曜马没水中，石堪生擒之送勒。澄时以物涂掌观之，见有大众，众中缚一人，朱丝约项，其时因以告弘。当尔之时，正生擒曜也***……石虎有子名斌，后勒爱之甚重，忽暴病而亡……澄乃取杨枝咒之，须臾能起，有顷平复……还房谓弟子法祚曰：“戊申岁祸乱渐萌，己酉石氏当灭，吾及其未乱，先从化矣。”……至十二月八日卒于邺宫寺，是岁晋穆帝永和四年也……***澄左乳傍先有一孔，围四五寸，通彻腹内。有时肠从中出，或以絮塞孔。夜欲读书，辄拔絮，则一室洞明。又斋日辄至水边，引肠洗之，还复内中……初虎殓澄，以生时锡杖及钵内棺中。后冉闵篡位，开棺唯得钵杖，不复见尸。或言澄死之月，有人见在流沙，虎疑不死，开棺不见尸。***[1]

按，《晋书·佛图澄传》与《高僧传·佛图澄传》，皆主要记载佛图澄基本放弃义理阐扬，特重以方术神异取信、诱导帝王，以弘扬佛教之事。上两段引文斜体加粗处皆为两传叙事大致接近而细节稍有差异或顺序前后不同者，

---

① 《高僧传》，第345—356页。

《晋书·佛图澄传》当主要本之《高僧传·佛图澄传》，内容大体相似而稍有简略，并对一些神异叙事情节混乱、割裂处加以调整而更具条理。从偶有互异处亦可知，《晋书·佛图澄传》很可能还参考了《名僧传》《佛图澄别传》之类今已佚散之文献。[1]正是从《晋书》的加工处理，可见佛图澄神异传说之丰富与复杂，亦可想知其人其徒为弘法取信而有种种诡隐、渲染与造作，而真伪自无足深论。但其以方术神异弘教，如《高僧传·佛图澄传》所谓“澄知勒不达深理，正可以道术为征”之鲜明特色显露无遗，此种倾向在《晋书》《高僧传》之麻襦、单道开、僧涉、昙霍事迹中亦同样存在。[2]《晋书》卷九五《艺术·麻襦传》：

> 麻襦者，不知何许人也，莫得其姓名。石季龙时，在魏县市中乞丐，恒着麻襦布裳，故时人谓之麻襦。言语卓越，状如狂者，乞得米谷不食，辄散置大路，云饴天马。赵兴太守籍状收送诣季龙。先是，佛图

---

① 《名僧传》卷四《神通弘教外国法师》有《竺佛图澄传》，且一人单独为一卷，可以想见记其神通事迹相当详细，可惜传文今不存；宝唱于天监十三年（514）撰成《名僧传》三十卷，早已在中国失传，惟日本保存有沙门宗性所抄集之《名僧传抄》一卷并附有完整的《名僧传目录》。［藏经书院版《卍续藏经》（第134册），新文丰出版公司，1994年］《世说新语》卷上之上《言语第二》“佛图澄与诸石游”条刘孝标注引《澄别传》：“道人佛图澄，不知何许人，出于敦煌，好佛道，出家为沙门。永嘉中，至洛阳，值京师有难，潜遁草泽间。石勒雄异好杀害，因勒大将军郭默略见勒。以麻油涂掌，占见吉凶。数百里外听浮图铃声，逆知祸福。勒甚敬信之。虎即位，亦师澄，号大和尚。自知终日。开棺无尸，唯袈裟法服在焉。”（《世说新语笺疏》，上海古籍出版社，1993年，第106页）《太平御览》卷六四《地部·河北诸水·滏水》引《佛图澄别传》：“石虎时，自正月不雨，澄诣滏口祠，稽首曝露，即日二白龙降于祠下，于是雨遍千里也。”（《太平御览》，中华书局，1960年，第305页上）《艺文类聚》卷七三《杂器物部·钵》引《浮图澄传》：“澄以钵盛水，烧香咒之，须臾，钵中生青莲华。”（《艺文类聚》，上海古籍出版社，1999年，第1254页）《澄别传》《佛图澄别传》《浮图澄传》应即同一书，残存数条多为佛图澄神异叙事，并能与《晋书》《高僧传》佛图澄传记相印证，亦可推见其主要内容与特色倾向。

② 《晋书》麻襦、单道开、僧涉、昙霍诸传，与佛图澄传情形类似，当亦主要本之《高僧传》，为免烦琐，故不再具引《高僧传》相关传文。

澄谓季龙曰："国东二百里某月日当送一非常人，勿杀之也。"如期果至。季龙与共语，了无异言，惟道"陛下当终一柱殿下"。季龙不解，送以诣澄。……[1]其所言人莫能晓。季龙遣驿马送还本县，既出城，请步，云："我当有所过，君至合口桥见待。"使人如言而驰，至桥，麻襦已先至。后慕容儁投季龙尸于漳水，倚桥柱不流，时人以为"一柱殿下"即谓此也。及元帝嗣位江左，亦以为"天马"之应云。[2]

同书同卷《艺术·单道开传》：

单道开，敦煌人也。常衣粗褐，或赠以缯服，皆不着，不畏寒暑，昼夜不卧。恒服细石子，一吞数枚，日一服，或多或少。好山居，而山树诸神见异形试之，初无惧色。石季龙时，从西平来，一日行七百里，其一沙弥年十四，行亦及之。至秦州，表送到邺，季龙令佛图澄与语，不能屈也。初止邺城西沙门法綝祠中，后徙临漳昭德寺。于房内造重阁，高八九尺，于上编菅为禅室，常坐其中……人或来咨问者，道开都不答。日服镇守药数丸，大如梧子，药有松蜜姜桂伏苓之气，时复饮茶苏一二升而已。自云能疗目疾，就疗者颇验。视其行动，状若有神。佛图澄曰："此道士观国兴衰，若去者，当有大乱。"及季龙末，道开南渡许昌，寻而邺中大乱。升平三年至京师，后至南海，入罗浮山，独处茅茨，萧然物外。年百余岁，卒于山舍，敕弟子以尸置石穴中，弟子乃移入石室。陈郡袁宏为南海太守，与弟颖叔及沙门支法防共登罗浮山，至石室口，见道开形骸如生，香火瓦器犹存。宏曰："法师业行殊群，正当如蝉蜕耳。"乃为之赞云。[3]

同书同卷《艺术·僧涉传》：

僧涉者，西域人也，不知何姓。少为沙门，苻坚时入长安。虚静服

---

① 中叙麻襦与佛图澄以隐语言对，从略。

② 《晋书》，第2491页。

③ 《晋书》，第2491—2492页。

气，不食五谷，日能行五百里，言未然之事，验若指掌。能以秘祝下神龙，每旱，坚常使之咒龙请雨。俄而龙下钵中，天辄大雨，坚及群臣亲就钵观之。卒于长安。后大旱移时，苻坚叹曰：“涉公若在，岂忧此乎。”[①]

同书同卷《艺术·昙霍传》：

沙门昙霍者，不知何许人也。秃发傉檀时从河南来，持一锡杖，令人跪曰：“此是般若眼，奉之可以得道。”时人咸异之。或遗以衣服，受而投之于河，后日以还其本主，衣无所污。行步如风云，言人死生贵贱无毫厘之差。人或藏其锡杖，昙霍大哭数声，闭目须臾，起而取之，咸奇其神异，莫能测也。每谓傉檀曰：“若能安坐无为，则天下可定，祚胤克昌。如其穷兵好杀，祸将及己。”傉檀不能从。傉檀女病甚，请救疗，昙霍曰：“人之生死自有定期，圣人亦不能转祸为福，昙霍安能延命邪！正可知早晚耳。”傉檀固请之。时后宫门闭，昙霍曰：“急开后门，及开门则生，不及则死。”傉檀命开之，不及而死。后兵乱，不知所在也。[②]

可见，佛图澄、麻襦、单道开、僧涉与昙霍，在《晋书·艺术传》与《高僧传·神异篇》中之事迹与形象基本一致。至于鸠摩罗什，情形则有些不同。《晋书》卷九五《艺术·鸠摩罗什传》：

鸠摩罗什，天竺人也……博览五明诸论及阴阳星算，莫不必尽，妙达吉凶，言若符契。为性率达，不拘小检，修行者颇共疑之。然罗什自得于心，未尝介意，专以大乘为化……中书监张资病，光博营救疗。有外国道人罗叉，云能差资病。光喜，给赐甚重。罗什知叉诳诈，告资曰：“叉不能为益，徒烦费耳。冥运虽隐，可以事试也。”乃以五色丝作绳结之，烧为灰末，投水中，灰若出水还成绳者，病不可愈。须臾，灰聚浮出，复为绳，叉疗果无效，少日资亡。……罗什雅好大乘，志在敷

① 《晋书》，第 2497 页。

② 《晋书》，第 2502—2503 页。

演，常叹曰："吾若著笔作大乘阿毗昙，非迦旃子比也。今深识者既寡，将何所论。"……兴尝谓罗什曰："大师聪明超悟，天下莫二，何可使法种少嗣。"遂以伎女十人，逼令受之。尔后不住僧坊，别立解舍，诸僧多效之。什乃聚针盈钵，引诸僧谓之曰："若能见效食此者，乃可畜室耳。"因举匕进针，与常食不别，诸僧愧服乃止。①

《出三藏记集》卷一四《鸠摩罗什传》：

> 博览《四韦陀》、五明诸论，外道经书，阴阳星算，莫不究晓。妙达吉凶，言若符契。性率达，不砺小检，修行者颇非之，什自得于心，未常介意。②

《高僧传》卷二《译经中·晋长安鸠摩罗什传》：

> 什以说法之暇，乃寻访外道经书，善学《围陀舍多论》，多明文辞制作问答等事，又博览《四围陀》典及五明诸论。阴阳星算，莫不必尽，妙达吉凶，言若符契。为性率达，不厉小检，修行者颇共疑之，然什自得于心，未尝介意……什未终日，少觉四大不愈，乃口出三番神咒，令外国弟子诵之以自救，未及致力，转觉危殆。③

鸠摩罗什在《出三藏记集》收录译经名僧传记之"述列传"部分与《高僧传·译经篇》皆有传，盖其为佛教传入汉地以来最杰出和著名之译经僧，故不入《高僧传·神异篇》，但此两僧传在主要叙述鸠摩罗什译经经历与贡献之同时，也简略记载其通晓外道经书、五明诸论、阴阳星算及神咒之类，隐约表明其亦善方术，至于具体的神异事迹则无闻。到《晋书·艺术·鸠摩罗什传》，则详述其善方术及种种神异，且相关故事及细节多有超出僧传之处，而于译经则一笔带过。

《晋书·艺术传》为之立传之六位方术名僧，其中五位（佛图澄、麻襦、

① 《晋书》，第2499—2502页。

② 《出三藏记集》，第531页。

③ 《高僧传》，第47—54页。

单道开、僧涉与昙霍）又见于《高僧传·神异篇》，唯鸠摩罗什虽不载入《高僧传·神异篇》而见于《高僧传·译经篇》，但《晋书》叙其事迹，仍以神异为主。因此，就佛教僧人而言，《晋书》所谓之“艺术（方术）”，基本相当于《高僧传》所谓之“神异”，而此时期方术名僧之显著特色为首重以方术神异取信帝王，进而以此为弘传佛教之重要契机。六僧中，佛图澄为天竺人（此据《晋书》，《高僧传》则谓“西域人”），僧涉为西域人，鸠摩罗什为天竺人，单道开为敦煌人而颇具外域背景之嫌疑，[①]麻襦与昙霍则不详由来。又此六僧，除单道开晚年曾南下入东晋，其余五人始终活动于北方十六国诸政权，即使单道开的事迹亦主要集中在后赵石氏时代，入晋后则湮没难闻。可见，《晋书》有传之方术六名僧，主要来自异域或具异域背景，并几乎都活跃于北方诸胡族政权而基本与南方东晋政权无涉。进而可以说，这些十六国时代大弘佛教于北方之名僧之所以普遍重视方术神异，与相关胡族君主初接触佛教、对高深之佛教义理并无多少了解亦无多少兴趣有关，类似于汉魏时代早期佛教倚重方术之翻版。其能在北方大行其道，则应与这些方术名僧多出自异域外族，佛教传统上被视为外国之教，胡僧胡教更易于为胡族统治者所接受与亲近有关。[②]

① 单道开，《晋书》只云：“敦煌人也。”（第2491页）《高僧传》卷九《神异上·晋罗浮山单道开传》则谓：“姓孟，敦煌人。”（第361页）盖其本姓孟，大概出家后依佛教随师姓之例而改姓单。单姓多为胡姓，又敦煌为内地与西域交通之最前沿与关节点，邻接汉代西域古国鄯善国、西晋鄯善郡境，故此单姓亦可能与鄯善有关，由鄯善同音转换而来。也就是说，单道开很可能从师于某西域胡僧。

② 典型例子如石虎，《晋书》卷九五《艺术·佛图澄传》：“著作郎王度奏曰：‘佛，外国之神，非诸华所应祠奉。汉代初传其道，惟听西域人得立寺都邑，以奉其神，汉人皆不出家。魏承汉制，亦循前轨。今可断赵人悉不听诣寺烧香礼拜，以遵典礼，其百辟卿士下逮众隶，例皆禁之，其有犯者，与淫祀同罪。其赵人为沙门者，还服百姓。’朝士多同度所奏。季龙以澄故，下书曰：‘朕出自边戎，忝君诸夏，至于飨祀，应从本俗。佛是戎神，所应兼奉，其夷赵百姓有乐事佛者，特听之。’”（第2487—2488页）

二、北朝诸正史方术类传所见僧人与佛教去方术化

《魏书·术艺传》《北齐书·方伎传》《周书·艺术传》及《隋书·艺术传》，与《后汉书·方术传》及《晋书·艺术传》所载人物有明显不同。其特点表现在总体而言方士的诡怪事迹有明显淡化而专业色彩增强，更接近于“巫医百工之人”，与偏于工巧日用之方术联系紧密，而与偏于迷信神异之方术联系较疏远。[①]相应地，以神异见长的方术名僧在方术类传中也严重地失去其位置，来华外国僧人更不见踪影。

北朝四史方术传为佛教徒立传极罕见，仅《周书》有一例。[②]《周书》卷四七《艺术·强练传》(《北史》卷八九《艺术上·强练传》略同)：

> 时有强练，不知何许人，亦不知其名字。魏时有李顺兴者，语默不恒，好言未然之事，当时号为李练。世人以强类练，故亦呼为练焉。容貌长壮，有异于人。神精惝恍，莫之能测。意欲有所论说，逢人辄言。

---

① 当然，尽管整体上北朝四史方术类传之神异色彩趋于淡薄，但在程度上仍有所差别，其中《北齐书·方伎传》在四史中神异色彩最为浓厚，一方面可能与其收录方士多数具宗教（尤其是道教）色彩有关（参拙撰《谣谶与北朝政治研究》，天津古籍出版社，2011年），另一方面可能与《北齐书·方伎传》缺佚严重并非原文有关（参前揭姜望来、石青《中古正史方术类传的成立与演变》）。

② 《北齐书》卷四九《方伎·宋景业附荆次德传》：“有术数，预知尔朱荣成败，又言代魏者齐。葛荣闻之，故自号齐王，待次德以殊礼，问其天人之事。对曰：‘齐当兴，东海出天子，今王据渤海，是齐地。又太白与月并，宜速用兵，迟则不吉。’荣不从也。”（中华书局，1972年，第676页）按，荆次德即沙门灵远，《北史》卷八九《艺术传上》有传，但据《北史·艺术传序》所云：“在齐，则有由吾道荣、王春、信都芳、宋景业、许遵、吴遵世、赵辅和、皇甫玉、解法选、魏宁、綦母怀文、张子信、马嗣明为《方伎传》……又检得沙门灵远、李顺兴、檀特师、颜恶头，并以陆法和、徐之才、何稠附此篇，以备《艺术传》。”（中华书局，第2922—2923页）显然《北齐书·方伎传》本无荆次德事迹；又今本《北齐书》此传文字错乱，很可能系删节《北史·艺术上·刘灵助附沙门灵远传》而来，参《北齐书》卷四九校勘记五。因此，尽管今本《北齐书·方伎传》有荆次德（即沙门灵远）传记，但应为后世据《北史》妄补窜入，并非本有其传。

若值其不欲言，纵苦加祈请，亦不相酬答。初闻其言，略不可解。事过之后，往往有验。恒寄住诸佛寺，好游行民家，兼历造王公邸第。所至之处，人皆敬而信之……建德中，每夜上街衢边树，大哭释迦牟尼佛，或至申旦，如此者累日，声甚哀怜。俄而废佛、道二教……后亦莫知其所终。[①]

强练行事诡怪难测，颇有前代方术神异僧之风，故得以列入《周书·艺术传》。其人“不知何许人”“不知其名字”“莫知其所终”“恒寄住诸佛寺”，明显是游离于主流佛教圈之外，极为边缘、下层、不受重视之游方僧人或修行者，以致与道士李顺兴混为一类，并因李顺兴号“李练”而名之为“强练”。事实上，强练事迹正是东晋中期以后至南北朝时代方术神异僧逐渐被愈益注重义理的正统佛教排斥之缩影。

东晋立国于江左以来，南方思想与宗教界兴起一明显之潮流，即佛玄合流，佛教中国化向纵深推进，佛教义理不断丰富与发展，[②]此人所熟知无需赘言。与十六国北朝佛教总体上偏于宗教行为更重实践不同，东晋南朝佛教可谓总体上偏于宗教哲学更重义理，因之汉魏时代早期佛教义理较疏、方术色彩浓厚之倾向在南方难以为继，方术神异在南方佛教与南方社会皆普遍受到轻视，此在僧传与正史中皆有所体现。如《名僧传》有《神通弘教外国法师》一卷（卷四）专纪后赵佛图澄，有《神力篇》一卷（卷二一）为两晋僧人立传八，其中晋洛阳满水寺耆域、晋洛阳般鵄山犍陀勒、晋南海罗浮山单道开、晋洛阳常山竺佛调、晋樊阳楼至山诃罗竭五人，皆始终或主要活动于北方。晋襄阳羊叔子寺竺法慧本关中人，后至嵩山再至襄阳。仅晋永兴龙山大寺纳

① 《周书》，中华书局，1971 年，第 850—851 页。

② 余敦康：“东晋时期，玄学家从佛教的般若学中发现了一个新的理论天地，产生了极大的兴趣，佛教学者也以般若的思想形式讨论玄学的问题，由此形成了一股以‘六家七宗’为代表的佛玄合流思潮……名僧与名士相互契合，佛学与玄学相映生辉。”（《魏晋玄学史》，北京大学出版社，2016 年，第 480—481 页）

衣、晋南海罗浮山沙门二人为南方僧人。[1]《高僧传》有《神异篇》两卷（卷九、卷十），为两晋僧人立正传十一，其中晋邺中竺佛图澄、晋罗浮山单道开、晋常山竺佛调、晋洛阳耆域、晋洛阳般鵄山犍陀勒、晋洛阳娄至山诃罗竭、晋襄阳竺法慧、晋上虞龙山史宗八人同《名僧传》，所增传之晋洛阳大市安慧则、晋长安涉公、晋西平释昙霍九人皆活动于北方。从《名僧传》《高僧传》为神异（神通、神力）僧立传来看，此类神异僧主要活跃于北方，相形之下在南方则相当沉寂并显然可见不受重视。至于东晋南朝正史，《晋书》如前所论虽立《艺术传》纪方术神异僧人，但几乎全属北方十六国政权之名僧；南朝诸史（《宋书》《南齐书》《梁书》《陈书》及《南史》）则无方术传，方术神异僧更无从表现。当然，需要指出的是，南方名僧在南朝诸史亦有立传者，但主要是义解出众与隐逸知名两类，[2]这也恰恰可以反证佛教方术神异在南方之边缘化。

如前所论，十六国诸政权下方术神异僧相当活跃，某种程度上可谓此期北方佛教弘传主要系以佛图澄为代表之神异僧所推动。但是，随着时代推移和佛教发展，方术神异亦逐渐被重新审视和受到批判而地位渐趋于低落，并终将向东晋南朝佛教早已显著之贬抑方术神异之倾向接近与合流。较早有意

① 《名僧传抄》卷首之《名僧传目录》，《卍续藏经》（第134册），第2页上、第6页下—第7页上。纳衣传文《名僧传抄》有抄录，其人即《高僧传》卷九《神异上》有传之晋上虞龙山史宗；其余佛图澄等八僧，《名僧传抄》未抄其传，但除不知其详之晋南海罗浮山沙门，其余佛图澄等七僧皆在《高僧传》卷九、卷十《神异篇》有传，事迹可知。

② 南朝名僧以义解入传，典型代表如《宋书·夷蛮传》所附道生、慧琳、慧严、慧议四僧传，相关讨论可参拙撰《名僧入史与佛教中国化：〈宋书·夷蛮传〉所附四僧传考论》，《佛学研究》2022年第1期。南朝名僧以隐逸入传，主要在隐逸类传，《宋书》《南齐书》《梁书》及《南史》皆有隐逸类传，多叙佛徒与道士，尤其以精通儒学兼崇释教而未出家之佛教所谓居士为多，较为特殊者有梁代异僧宝志，其在《梁书》无传，而在《南史》卷七六《隐逸下》有传，亦即《高僧传》卷十《神异下》有传之梁京师释保志；《魏书》有《逸士传》而极简（仅传四人），《隋书》《北史》亦有《隐逸传》，北朝诸史隐逸类传多叙道徒，佛教居士仅冯亮一人，亦由南入北者。关于南北正史诸隐逸类传与佛教、道教关系问题，颇为有趣而复杂，拟另文探讨。

疏离方术神异之名僧，为中古佛教史上具有划时代意义之大师道安。道安，常山人，生于西晋永嘉六年（312），受具戒后（二十受具戒，即332年后）入邺师事佛图澄（佛图澄卒于348年），约在石赵末年内乱后于东晋永和十年（354）南下避难至襄阳。东晋太元四年（379）苻坚破襄阳，道安随迁往长安，太元十年（385）卒于长安。[①]道安师从佛图澄十余年，耳濡目染，自然对其特重以方术神异弘教之作风极为熟稔。然而道安风格迥然不同，数十年勤勉致力于经典研讨、寻访、整理与传译，[②]于教法、教理、教规等孜孜以求，所谓“文理会通，经义克明，自安始也……众经有据，实由其功……笃志经典，务在宣法”[③]，于方术神异则略无所顾。《出三藏记集》卷一五《道安法师传》(《高僧传》卷五《义解二·晋长安五级寺释道安传》略同)：

> （习）凿齿与谢安书云：“来此见释道安，故是远胜，非常道士。师徒数百，斋讲不倦。无变化伎术可以惑常人之耳目，无重威大势可以整群小之参差，而师徒肃肃，自相尊敬，洋洋济济，乃是吾由来所未见。其人理怀简衷，多所博涉，内外群书，略皆遍观，阴阳算数，亦皆能通。佛经故最是所长（后略）。”[④]

习凿齿于襄阳见道安后，盛誉道安“故是远胜，非常道士……由来所未

---

① 道安事迹主要见《出三藏记集》及《高僧传》本传。关于道安最重要之综合性研究，当属汤用彤《汉魏两晋南北朝佛教史》第八章《释道安》、第九章《释道安时代之般若学》，本文所述道安生平，主要依据汤先生所论。唯道安南投襄阳之时间，自汤先生推定为东晋兴宁三年（365）后几为学界通论，但并不可靠。朱雷先生对此进一步考订，认为应在永和八年（352）稍后，很可能是永和十年（354），朱先生考论严密，事证炳然，堪为定论，故本文从其说，参朱雷：《释道安南投襄阳疑年考》，载武汉大学历史系魏晋南北朝隋唐史研究室编《魏晋南北朝隋唐史资料》（第11辑），武汉大学出版社，1991年。

② 石青：《道安佛籍整理的困境与方法——兼论道安学术方法对僧祐的若干影响》，载武汉大学中国三至九世纪研究所编《魏晋南北朝隋唐史资料》（第46辑），上海古籍出版社，2022年。

③ 《出三藏记集》卷一五《道安法师传》，第561—565页。

④ 《出三藏记集》，第562—563页。

见”，并特别指出道安一方面“阴阳算数，亦皆能通”，另一方面又“无变化伎术可以惑常人之耳目”。显然，道安并非不通不涉方术，[①]只是摒弃了炫人耳目之变化伎术之类方术神通，而注重以经典、义理凝聚教团、宣扬教法，从所谓“斋讲不倦”“佛经故最是所长”可见一斑。道安居襄阳时，习凿齿所见道安及其教团之特色，自然可能受到南方佛教重义理玄谈之一定影响，但道安早在佛图澄门下以义学著称，经典、义理探求常年不辍，可谓由来已久一以贯之，不待南下后才骤然转变。

道安稍后，北方佛学大师首推鸠摩罗什，罗什译经弘法独步一时，于方术之道亦有所表现，故《晋书》以之入《艺术传》叙其神异，《高僧传》则重其译经，其间差异已见前述，亦显示出从佛教之角度对于方术与经典兼擅之名僧固以前者为轻后者为重。又罗什数近女色，甚且娶妻生子别立廨舍，虽僧传为其讳而前后皆云被逼所致，[②]实际上当时已引起其他僧人不满，如《晋书》即云：“诸僧多效之。什乃聚针盈钵，引诸僧谓之曰：‘若能见效食此者，乃可畜室耳。’因举匕进针，与常食不别，诸僧愧服乃止。”[③]其抑制纠纷之手段则借助于“举匕进针，与常食不别”之类方术。且罗什仍颇受影响，其自云“什累业障深，故不受师敬”[④]即因此而发，可见方术神异已难以服众及罗什对以方术神异掩饰戒行有亏之自愧。

北魏拓跋政权较为特殊，其本为十六国时代北方诸胡族政权之一，经多

① 《续高僧传》卷二七《感通中·隋东岳沙门释道辩传》：“经史洞达，偏解数术……告人云：‘吾昔于裕法师所学观七曜，告余云：“晋朝道安妙于此术，人虽化往，遗文在焉。其所注《素女》之经，最为要举。”恨失其本，如何得之？’时有一僧偶然获本，请为披决……辩曰：‘安目“弥天”，诚非虚称，学统弥纶，数术穷尽。此虽四纸，文综无遗，要约包富，灵台所尽。’”（〔唐〕道宣撰，郭绍林点校：《续高僧传》，中华书局，2014 年，第 1069—1070 页）

② 事见《出三藏记集》卷一四《鸠摩罗什传》、《高僧传》卷二《译经中·晋长安鸠摩罗什传》。

③ 《晋书》卷九五《艺术·鸠摩罗什传》，第 2502 页。

④ 《出三藏记集》卷一四《鸠摩罗什传》，第 535 页。

年争夺征伐而逐渐统一北方，由此开启北朝之历史。又拓跋氏接触佛教在与中原交通之后，初对佛法绝无多少深入了解，故拓跋早期君主亦如汉魏诸帝王及后赵石勒、石虎，基本以方术视佛教，佛、道不甚分别，直到太祖道武帝时仍是“帝好黄老，颇览佛经”[①]，因此北魏前期佛教颇具方术神异色彩。[②]《魏书》卷四下《世祖太武帝纪》：

> （太平真君五年正月）戊申，诏曰：“愚民无识，信惑妖邪，私养师巫，挟藏谶记、阴阳、图纬、方伎之书。又沙门之徒，假西戎虚诞，生致妖孽。非所以一齐政化，布淳德于天下也。自王公已下至于庶人，有私养沙门、师巫及金银工巧之人在其家者，皆遣诣官曹，不得容匿。限今年二月十五日，过期不出，师巫、沙门身死，主人门诛。明相宣告，咸使闻知。”[③]

太平真君五年正月戊申诏乃真君七年（446）灭佛之先声[④]，此诏指斥沙门“生致妖孽”，将师巫与谶记方伎之书视为“妖邪”，又将沙门、师巫牵连叙述一诏同禁，或暗示其时僧人挟方术致妖孽之类较为常见。太武灭佛之原因固然复杂多端，但沙门重方术炫神异而致疑忌很可能亦是其中因素之一。

北魏太武灭佛之后，北方佛教旋于高宗文成帝时得以恢复并迅速发展，

---

① 《魏书》卷一一四《释老志》，中华书局，1974 年，第 3030 页。

② 如《魏书》卷一一四《释老志》载太宗明元帝时赠赵郡沙门法果、广宗沙门昙证“老寿将军”之号，《高僧传》卷二《译经中·晋河西昙无谶传》、《魏书》卷三六《李顺传》及《释老志》载世祖太武帝时闻昙无谶有道术而遣使征请，《高僧传》卷十《神异下·宋伪魏长安释昙始传》及《释老志》载太武帝时昙始神异事迹，《高僧传》卷一一《习禅·宋伪魏平城释玄高传》载西秦、北凉及北魏太武帝时玄高道术神异事迹，皆是其例。

③ 《魏书》，第 97 页。

④ 《魏书》卷一一四《释老志》则将此真君五年正月戊申诏叙在真君七年灭佛之时，虽然混淆了时间先后，却也可见此诏与灭佛深有关系。参日本学者塚本善隆《魏书释老志研究》之“释老志译注”部分之“北魏太武帝的废佛（一）”条之注释 5，［日］塚本善隆著，林保尧译：《魏书释老志研究》，觉风佛教艺术文化基金会，2008 年，第 121 页。

除北周武帝建德年间短暂禁断佛教，迄于隋代始终兴盛。承东晋十六国以来南北皆有之佛教去方术化潮流，经太武灭佛对方术与佛教之打击，随经典整理、传译与义学阐扬、积累之发展，北方佛教复兴之后亦体现出去方术化之趋势，僧徒对方术神异之轻视或批判屡屡见于记载。如《续高僧传》卷六《义解二·魏西河石壁谷玄中寺释昙鸾传》：

承江南陶隐居者，方术所归，广博弘赡，海内宗重，遂往从之。既达梁朝，时大通中也……鸾寻致书通问……及届山所，接对欣然，便以仙经十卷，酬远意……辞还魏境，欲往名山，依方修治。行至洛下，逢中国三藏菩提留支。鸾往启曰："佛法中颇有长生不死法，胜此土仙经者乎？"留支唾地曰："是何言欤！非相比也。此方何处有长生法，纵得长年少时不死，终更轮回三有耳。"即以《观经》授之曰："此大仙方，依之修行，当得解脱生死。"鸾寻顶受，所赍仙方，并火焚之。[①]

昙鸾南下江南从著名道士陶弘景学方术、受仙经，还至洛阳遇菩提留支，留支对其学方术求长生之行为加以痛斥，而授之以依经修行可解脱生死之《观经》（当即刘宋畺良耶舍所译《观无量寿经》，主要阐述往生西方净土之法），昙鸾即幡然醒悟，并焚毁从陶弘景所受仙经。菩提留支即菩提流支，北魏宣武帝与孝明帝时著名译经与义学僧，其对方术之贬抑态度，在《续高僧传》卷一《译经一·元魏南台洛下永宁寺北天竺沙门菩提流支传》中亦有体现：

洞善方言，兼工咒术……尝坐井口，澡罐内空，弟子未来，无人汲水。流支乃操柳枝，聊扮井中，密加诵咒，才始数遍，泉水上涌，平及井栏，即以钵酌，用之盥洗。傍僧具见，莫测其神，咸共嘉叹："大圣人也。"流支曰："勿妄褒赏，斯乃术法。"外国共行，此方不习，谓为圣耳。惧惑世网，遂秘不宣。[②]

---

① 《续高僧传》，第188—189页。

② 《续高僧传》，第15—16页。

约与菩提流支同时之另一名僧勒那漫提，其对方术之态度一如菩提流支。《续高僧传》卷二六《感通上·魏洛京永宁寺天竺僧勒那漫提传》：

善五明，工道术……提每见洛下人远向嵩高少室取薪者，自云："百姓如许地担负辛苦，我欲暂牵取二山枕洛水头，待人伐足乃还放去，不以为难。此但数术耳，但无知者诬我为圣，所以不敢。"……寝疾闭户而卧，弟子窃于门隙视之，见提身不著床，在虚仰卧。[①]

此二位天竺来华之名僧，皆通方术而以为方术炫惑世人，故隐秘不宣。[②]又《续高僧传》卷二四《护法上·齐逸沙门释昙显传》：

释昙显，不知何许人。元魏季序，游止邺中，栖泊僧寺，的无定所。每有法会，必涉其尘，皆通咨了义隐文，自余长唱散说，便舍而就余讲。及后解至密理，显便辄已在听，时以此奇之。而睹其仪服猥滥，名相非洁，颇复轻削，故初并不顾录。惟上统法师深知其远识也……天保年中，释李二门交竞优劣……帝惑之也，乃出敕召诸沙门与道士对校道术。尔时道士咒诸沙门衣钵或举或转。或咒诸方梁横竖于地者。沙门曾不学方术，默无一对……上（按，指沙门统法上）曰："方术小伎，俗儒耻之，况出世也。虽然，天命相拒，岂得无言。可令最下座僧对之。"时显位居末席，酒醉酣盛扶举登座……显曰："向咒诸衣物飞举者，试卿术耳。"命取稠禅师衣钵咒之，皆无动摇。帝敕十人举之，不动如故，乃以衣置诸

① 《续高僧传》，第977—978页。

② 事实上，北魏政权确实在一定程度上保持对方术之警惕，如《魏书》卷二二《清河王怿传》："时有沙门惠怜者，自云咒水饮人，能差诸病。病人就之者，日有千数。灵太后诏给衣食，事力优重，使于城西之南，治疗百姓病。怿表谏曰：'闻律深惑众之科，礼绝妖淫之禁，皆所以大明居正，防遏奸邪。昔在汉末，有张角者，亦以此术荧惑当时。论其所行，与今不异，遂能诳诱生人，致黄巾之祸，天下涂炭数十年间，角之由也。昔新垣奸，不登于明堂。五利侥，终婴于显戮。'"（第591—592页）及《北史》卷二七《李先附李义徽传》："灵太后临朝，属有沙门惠怜以咒水饮人，云能愈疾，百姓奔凑，日以千数。义徽白怿，称其妖妄。因令义徽草奏以谏，太后纳其言。"（中华书局，1974年，第979页）菩提流支与勒那漫提惧方术惑世，可能也因官方对方术之态度有关。

梁木，帖然无验……显竟以放达流俗，潜遁人世，不知所之。[①]

东魏北齐之世，沙门不学方术，身为最高僧官沙门统之佛门领袖法上所言“方术小伎，俗儒耻之，况出世也”正显示佛教对方术之轻视，以致天保年间佛道斗方术时，僧人“默无一对”，最后异僧昙显出场方扭转形势。此善方术之昙显，乃“不知何许人”，是“栖泊僧寺，的无定所”、为时人所“颇复轻削”之“最下座僧”，在佛教中地位明显极为卑微、边缘，其事迹和境遇与《周书·艺术传》有传之方术神异僧强练如出一辙，同样强烈体现出正统佛教对方术之排斥。又《广弘明集》卷八载北周道安《二教论·道仙优劣第六》云：

若乃练服金丹，餐霞饵玉，灵升羽蜕，尸解形化，斯皆尤乖老庄立言本理。其致流渐，非道之俦，虽记奇者有之，而言道者莫取。昔汉武好方技，遂有栾大之妖；光武信谶书，致有桓谭之议。书为方技，不入坟流；人为方士，何关雅正。[②]

同书卷九载北周甄鸾《笑道论》云：

道有符书厌诅之方，佛禁怪力背哀之术，彼此相形，致使世人疑其邪正……又道家方术，以升仙为神，因而诳惑，偷润目下。昔徐福欺妄，分国于夷丹；文成五利，妖伪于汉世；三张诡惑于西梁；孙恩搔扰于东越。此之巨蠹，自古称诬。以之匡政，政多邪僻；以之导民，民多诡惑。[③]

隋代智顗说《妙法莲花经玄义》卷八上云：

世间妖幻道术，亦称为实，多是鬼神魅法。此法入心，迷醉狂乱，自炫善好，谓胜真实，立异动众，示奇特相……世又方术服药长生，练形易色，飞仙隐形者，称此药方秘要真实，此亦爱论钝使摄耳。[④]

---

① 《续高僧传》，第903—905页。

② 《大正藏》（第52册），第139页上—中。

③ 《大正藏》（第52册），第143页下—144页上。

④ 《大正藏》（第33册），第780页中。

北周道安与甄鸾以护教闻名，隋代智颛一代宗师，皆对方术，尤其是道教方术作出严厉批判，当然一定程度上亦能代表当时佛教对方术之普遍看法。

梳理《魏》《齐》《周》《隋》四史方术类传为僧人立传之情况及其背景之后，再稍考察综合性之《北史》。《北史》系李延寿于唐初高宗显庆年间撰成，广泛参考、综合之前已成书之北朝四史，亦有所调整与补充，总体上可以说四史之内容基本决定了《北史》之面貌，方术类传即是如此。《北史》卷八九《艺术传·序》云：

> 自魏至隋，年移四代，至于游心艺术，亦为多矣。在魏，则叙晁崇、张深、殷绍、王早、耿玄、刘灵助、江式、周澹、李修、徐謇、王显、崔彧、蒋少游，以为《术艺传》。在齐，则有由吾道荣、王春、信都芳、宋景业、许遵、吴遵世、赵辅和、皇甫玉、解法选、魏宁、綦母怀文、张子信、马嗣明为《方伎传》。在周，则有冀俊、蒋昇、姚僧垣、黎景熙、赵文深、褚该、强练，以为《艺术传》。在隋，则有庾季才、卢太翼、耿询、韦鼎、来和、萧吉、张胄玄、许智藏、万宝常为《艺术传》。今检江式、崔彧、冀俊、黎景熙、赵文深各编别传。又检得沙门灵远、李顺兴、檀特师、颜恶头，并以陆法和、徐之才、何稠附此篇，以备《艺术传》。前代著述，皆混而书之。但道苟不同，则其流异，今各因其事，以类区分。先载天文数术，次载医方伎巧云。[1]

此段序文，罗列《魏》《齐》《周》《隋》四史方术传立传具体情形，并说明《北史·艺术传》在前史方术传基础上新增立传及由他传移入之数人。《北史·艺术传》为佛教僧人或居士立传者，强练与《周书》略同，不论；新增立传有沙门灵远、檀特师[2]；他传移入有陆法和（《北齐书》本有传，略同）。灵远，主要活动于北魏末东魏时，后罢道还俗不知所终；檀特师，

---

① 《北史》，第 2922—2923 页。

② 檀特师，《宋高僧传》亦有传，事迹全同《北史》，显然抄自《北史》。参〔宋〕赞宁撰，范祥雍点校：《宋高僧传》卷一八《感通篇·后魏西凉府檀特师传》，中华书局，1987 年。

主要活动于西魏时；陆法和，本佛教居士，梁末乱局中因缘际会崛起，西魏破江陵后入北齐，官至太尉。是三人年代约略相近。三人之方术表现，皆主要以预言逆料之神异为主，而非本文所谓偏于工巧日用之方术技艺。三人之出身，皆“不知何许人也”，当然也明显不具异域背景。[①]总之，灵远、檀特师、陆法和三人事迹，与北周方术神异僧强练极相似，亦应与强练一样因擅方术而为正统佛教所不齿、不容。[②]至此可以概括，北朝五史之方术类传，为僧人立传极少，有传之寥寥数人皆偏于方术神异之类，皆为不知出处、宗教地位低微之佛教边缘本土人物，较之汉魏西晋十六国佛教方术化时代主要来自异域或具异域背景之方术神异僧，如康僧会、佛图澄等，普遍地位崇高、声望卓著且于佛教及皇权皆有相当影响之境况，迥然有别，整体上既符合亦反映北魏太武灭佛以后北方佛教去方术化之趋势。[③]

余 论

中古时代，方术流行而影响深远，颇受社会重视，故自东汉至南北朝各代之正史中，多数设立方术类传，以纪方术之士，其中也包括佛教僧人。僧

① 《北史》卷八九《艺术上·沙门灵远传》、《北史》卷八九《艺术上·檀特师传》、《北史》卷八九《艺术上·陆法和传》。

② 如《北史·方术传序》所言，李延寿将方士区分为两类（天文数术与医方伎巧），前者为卷上（卷八九），后者为卷下（卷九〇），与本文将中古方术略分为方术神异和方术技艺基本吻合，而强练、灵远、檀特师及陆法和皆入卷上即天文数术之类，也从侧面印证强练等四人所擅方术偏于神异，故尤为正统佛教所排斥。

③ 另外需略提及的是，北朝四史方术传其他方士传记中述及佛教事迹之处，虽不算太多，但亦有所体现。如《魏书》卷九一《术艺·殷绍传》记殷绍从沙门昙影学算及阴阳等方术，《术艺·李修传》记李修从沙门僧坦学医术，《术艺·崔彧传》记崔彧从隐逸沙门学医术；《北史》卷八九《艺术上·赵琼传》记沙门学相法事，卷九〇《艺术下·王显传》记沙门相王显事。这些事例基本不涉神异情节，似乎表明在北朝佛教去方术化之大背景下，佛教对于方术神异与方术技艺态度有所区分，即对前者更严苛而对后者相对宽容，因此僧人擅长或习学医、算、相、阴阳等方术技艺者仍有不少。

人在中古诸正史方术类传立传者及另外一些不入正史之相关方术僧，既有个体差异亦有时代共性，既以方术弘扬佛教又受佛教发展之影响，其间关涉多端，前后风貌不一，而总体上与佛教中国化之进程密切相关。

东汉三国时代之佛教，方术化色彩明显，但发展尚在初步阶段，势力相对较小，加以撰史者个人倾向或选择标准等因素之影响，故《后汉书·方术传》与《三国志·方技传》皆无僧人传记。此时期擅长方术之名僧，多数是来华弘教外国僧人，汉地僧人极为少见。《晋书·艺术传》有传之佛图澄等方术名僧，主要来自异域或具异域背景，并几乎都活跃于十六国诸胡族政权，注重以方术神异弘教，类似于汉魏时代早期佛教倚重方术之翻版。可以说，十六国时代北方佛教弘传主要系以佛图澄为代表之神异僧所推动。

自东晋佛玄合流思潮兴起以来，南方佛教明显表现出去方术化之倾向，南朝诸正史皆无方术类传与此种倾向应有一定关联。十六国诸胡族政权各自相对独立，北方重复出现类似于汉魏时代早期佛教方术化之现象，加以南北差异、胡汉有别等因素，北方佛教去方术化较之南方更为复杂与特殊。北朝诸正史方术类传为僧人立传之情形，大致反映出十六国后期以来，尤其北魏太武灭佛以后北方佛教去方术化之趋势。

考察中古正史方术类传所见僧人传记以及僧传中神异僧传记等相关文献，总体上可见方术与佛教关系及演变之基本轮廓：方术对于佛教自汉代传入中土以来之立足与传播深具影响，但随着时代推移和佛教发展，方术神异之地位渐趋于低落，佛教去方术化难以避免；汉魏十六国时代佛教方术化色彩浓厚，东晋南北朝时代佛教去方术化趋势明显。

东晋十六国时代是佛教与方术关系发生转折之重要时期。较早有意疏离方术神异、从而开辟佛教发展新局面之僧人，为十六国时代最著名方术神异僧佛图澄之弟子道安。汤用彤先生谓："东晋之初，能使佛教有独立之建设，艰苦卓绝，真能发挥佛陀之精神，而不全借清谈之浮华者，实在弥天释道安法师。”[1]汤先生之语公允精确，为不易之论。所欲补充者，则道安不仅矫南方佛教清谈之浮华，更兼去北方佛教方术之神异，其于中国佛教贡献可谓空前，影响可谓无穷。从倚重方术到勤求经典，从神异弘教到义理宣法，佛图澄与释道安这一对中古佛教史上极为著名与杰出之师徒，集中而鲜明地展示出中古佛教从汉魏时代方术化色彩浓厚到东晋十六国以后义学为本之转变，这既是佛教旧时代之结束，也是佛教新时代之开始。当然，新旧之变不可能骤然而成，新旧之间亦非截然两分，其间承袭、纠缠、重合，甚至反复自属难免，但自天竺传入中土之佛教正是在如此复杂情势下艰难而坚定地发展壮大，盖早期佛教方术化系佛教初传中国时立足适世所需，东晋以后去方术化则是佛教于华夏扎根弘大之径，貌似相反，实则相成，皆属佛教中国化之必经阶段。

---

① 汤用彤：《汉魏两晋南北朝佛教史》，第 133 页。

中古碑志的地域社会史研究

清华大学人文学院历史系　孙正军

摘　要：地域社会史是中古碑志研究的重要课题。自20世纪中叶学者尝试从碑志出发探究中古地域社会以来，迄今为止基于碑志的中古地域社会史研究主要围绕以下四个主题展开：其一，社会结构研究，关注特定地域内的族群分布、人群构成、移民及地方家族；其二，宗教信仰研究，包括侧重信仰题材分布、信仰兴衰演变、神圣空间形成与变迁、僧尼道士传布信仰活动等的宗教信仰自身研究，以及注重观察信仰周边人群和社会的研究；其三，地方政治研究，包括瞩目权力的地方统治研究与聚焦治理的地方治理研究；其四，其他研究，探讨地域观念文化、地区开发、经济生产、风俗民情、战争灾难等。中古碑志的地域社会史研究已取得极其丰硕的成果，未来或可进一步拓展和充实社会经济、民众生活等薄弱议题，并在特定地域利用石刻文献群建立地域社会的整体史。

关键词：中古；地域社会；碑；墓志；造像记

在2021年发表的《近十年来中古碑志研究的新动向》中，笔者曾经总结最近十余年间以石碑、墓志为中心，兼及造像记的中古石刻研究的三个研究热点：碑志所记祖先谱系的发现及建构过程的探讨，碑志“异刻”与历史书写研究，以及碑志的政治景观研究。这之后，随着研读深入，笔者意识到近年来的中古碑志研究中还存在另外三个引人瞩目的课题，分别是碑志的地域社会史研究、个体生命史研究及历史记忆研究。三个课题，有的在20世纪下半叶已有渊源，至21世纪以来蔚为大观，有的则纯为最近十年中的新事物。无论如何，它们都在近年来的中古碑志研究中赚足目光，吸引了众多学者关注，并产生诸多成果。在另文中，笔者已对中古碑志的个体生命史研究与历史记忆研究进行了梳理。[①]本文将把目光投向中古碑志的地域社会史研究，在尽可能呈现学界已有成果的基础上，分析其贡献得失。通过这一梳理，笔者期待能凝聚共识，从而将中古碑志的地域社会史研究向前推进。[②]

与传世文献相比，碑志因具有实体物质存在，必须安置在特定的地理空间，加之碑文、志文多记一人一族之事，题名也多显示一地之人群构成或权力结构，因此，某种意义上碑志天然地具有地域属性，是地域史研究的绝佳资料。然而在传统金石学中，碑志的地域属性并未得到重视，宋代以降旨在证经补史的金石学著述中，绝少见到对碑志所见地域状况的集中梳理。及至现代史学进入碑志研究之后，碑志的地域属性逐渐得到学者关注，上起汉唐、下迄明清，均不乏学者尝试基于碑志探讨特定地域的历史图景。以中古史为例，马长寿（1907—1971）、矢野主税（1910—1999）、唐长孺（1911—1994）、谷川道雄（1925—2013）、唐耕耦（1927—2017）、李健超（1933—2024）、施舟人（Kristofer Schipper，1934—2021）、吉川忠夫（1937—）、船越泰次（1939—）、周伟洲（1940—）、佐藤智水（1942—）、爱宕元（1943—2012）、气贺泽保规（1943—）、东晋次（1944—2021）等前辈学者，都曾以碑志为据，围绕地域社会的某一面向展开讨论。这些早期探索不仅表明中古碑志的地域社会史研

① 拙稿《中古碑志研究的新动向（续）》，待刊稿。

② 本文所谓“中古”，并非严格的历史分期概念，只是宽泛指称魏晋南北朝隋唐时期，偶或及于汉、宋。

究渊源甚早，且在问题意识及研究取径上发凡起例，影响深远。

21世纪以降，基于地域社会视角对中古碑志的探讨益成显学，相关成果极其丰硕。按照论述主题，迄今为止中古碑志的地域社会史研究大致可分为以下几个方面：其一，社会结构研究；其二，宗教信仰研究；其三，地方政治研究；其四，其他研究。需要说明的是，上述区分只是大致言之，未必精确，不少论文所涉实际不止一个方面，这里为叙述方便，暂将其归入其中一类进行回顾。

一、社会结构研究

关于社会结构，中古碑志研究中又可见四个主题：族群分布、人群构成、移民及地方家族。所谓族群分布，即特定地域内存在哪些族属的人群。关于此，马长寿《碑铭所见前秦至隋初的关中部族》[①]允为经典之作。在这部篇幅不大的著述中，马氏以前秦《邓太尉祠碑》和《广武将军□产碑》碑文及题名为线索，结合北朝至隋代造像记，详细阐述了十六国北朝时期关中地区族群分布和演变情况。其中立于前秦建元三年（367）的《邓太尉祠碑》详细记载前秦冯翊护军所统，包括“和宁戎、鄜城、洛川、定阳五部”及“屠各，上郡夫施黑羌、白羌，高凉西羌，卢水、白虏，支胡，粟特、苦水，杂胡七千，夷类十二种”，马氏通过逐一检讨屠各等“夷类十二种”所指，指出位于关中的前秦冯翊护军统领众多非华夏族群。进而，马氏又通过分析次年竖立的《广武将军□产碑》，对此进一步予以确认。《广武将军□产碑》记载碑主□产（马氏推测身份为护军兼冯翊郡太守）领有各种明显出自部族系统的大人、部大、酋大等，不过由于碑文残阙，无法获取这些部族的直接信息。马氏另辟蹊径，转而从部族大人、部大、酋大的姓氏入手，统计以部大等为

① 马长寿：《碑铭所见前秦至隋初的关中部族》，撰于1965年，中华书局，1985年。

头衔的少数部族姓氏凡十六个，指出这十六个少数部族姓氏分别出自羌、氐、龟兹、屠各等。这样，以上述分析为基础，马氏不仅明确了十六国时期关中地区多有非华夏族群，还对这些非华夏族群集中居住的地区进行了梳理。

在上述两种研究取径中，详细记载某地存在哪些族群的碑志“可遇不可求”，而明确标记姓氏的文字则因碑志和造像题名的存在而颇为常见，这就使得基于姓氏探求族群的研究取径大有用武之地。循此，马氏充分利用各种造像题名，进一步分析北朝前期、后期关中地区的族群分布情况：通过李润羌王遇太和十二年（488）立《宕昌公晖福寺碑》等，认为关中在北魏时期造像者主要是汉人和羌人；通过北周武成二年（560）立《合方邑子百数十人造像记》等，提出在北魏分裂为东西魏前后，以北方鲜卑为主的北族大量涌入关中，散居汉人或羌人村落，甚或集中居住；通过北周时期立《郭羌四面造像铭》等，指出北周至隋代关中渭北地区羌族与汉族、北方诸族通婚融合；通过关中羌姓从唐代起逐渐改变为汉式单姓，指出羌人日益汉化；等等。这样，以前秦至隋关中地区所见二十五种碑志文献为基础，马氏系统梳理了前秦至隋初关中部族的构成及历时性演变，不仅得出了翔实可信的结论，同时在研究方法上也卓有建树，尤其是基于姓氏探求族群的分析方法，无论在学术旨趣还是研究取径上，都具有范式意义。

自马长寿创造性地利用题名所见姓氏探求某地族群分布状况以来，这一研究取径便为学者所借鉴，用以分析不同地域、不同时期的族群分布状况，尤其是马氏曾经考察过的关中及周边地区，丰富的石刻遗存以及多族群广泛分布的历史状况，使得当地成为该研究取径的绝佳试验场。譬如对秦陇交界地区，周伟洲《甘肃正宁出土的北周造像题名考释》①即在乃师马长寿的基础上，以甘肃正宁出土北周保定元年（561）造像题名为个案，探讨北周时期当地的族群构成情况。暨远志也发表系列论文，依据碑志或造像题名所见姓氏，

① 周伟洲：《甘肃正宁出土的北周造像题名考释》，《西北民族史研究》，中州古籍出版社，1994年，第450—459页。

进一步确认其地在十六国北朝为多族群杂居分布。[①]位置更西的陇东地区，黄会奇《从石刻文献看北朝陇东地区的民族分布及融合》、王怀宥《甘肃华亭县出土北朝佛教石刻造像供养人族属考》、李贺文《碑铭视野下北朝时期陇东地区的少数民族考述》也殊途同归，列举更多传世或新出石刻文献论证其地在北朝时期广泛分布着各个族群。[②]此外，姚宗宇《北朝造像记所见关中部族研究》[③]也如篇题所见，立足造像题名论及北朝时期关中部族的迁入及分布状况。至于关中以外地区，张正田《"中原"边缘——唐代昭义军研究》书中一节《从史料所在姓氏看泽潞地区的民族》，通过泽潞地区不同时期的三份造像题名——北齐河清二年（563）立《阳阿故县造像记》、隋开皇十三年（593）立《张村造像记》、唐宝历二年（826）立《纪弥勒菩萨上生变赞并序》，并结合一百六十五方唐代墓志，指出北朝隋唐泽潞地区存在大量族属不一的胡人，且这些胡人或成为强宗势族，列入郡姓。[④]此外，一些讨论地域社会其他问题的研究也或涉及，由于非重点论述，兹不赘述。总体而言，基于题名所见姓氏探求人群族属的方法，确可在一定程度上展示某一地域内族群分布状况，但考虑到姓氏与族属并非完全对应，一个姓氏可能见于多个族群，加之彼时冒姓攀附之风盛行，姓氏改变亦非罕见，因此不得不说这种取径或也存在局限。

---

① 暨远志、宋文玉：《北朝豳宁地区部族石窟的分期与思考》，载云冈石窟研究院编《2005年云冈国际学术研讨会论文集·研究卷》，文物出版社，2006年，第78—109页；暨远志：《北朝杏城——鄜州地区部族石窟的分期与思考》，载中山大学艺术史研究中心编《艺术史研究》（第8辑），中山大学出版社，2006年，第366—380页；暨远志：《秦陇地区部族佛教造像的分期与思考》，待刊稿；暨远志、吴荭：《庆阳楼底村1窟为部族石窟辨》，待刊稿。

② 黄会奇：《从石刻文献看北朝陇东地区的民族分布及融合》，《陇东学院学报》2015年第6期；王怀宥：《甘肃华亭县出土北朝佛教石刻造像供养人族属考》，《敦煌学辑刊》2016年第2期；李贺文：《碑铭视野下北朝时期陇东地区的少数民族考述》，《天水师范学院学报》2020年第4期。

③ 姚宗宇：《北朝造像记所见关中部族研究》，西北大学硕士学位论文，2022年。

④ 张正田：《"中原"边缘——唐代昭义军研究》，稻乡出版社，2007年，第117—137页。

关于人群构成，即某地人群在姓氏分布、阶层结构、社会身份等的结构性表现，爱宕元《唐代前半期の華北村落の一類型—河南修武県周村の場合—》[①]为较早利用碑志致力于此的研究。在这篇文章中，作者通过爬梳《金石续编》收录的唐麟德元年（664）周村十八家造像塔记，利用统计分析的方法，分别讨论了河南修武县周村的姓氏构成、家族结构、村落规模和官僚化人口等问题，指出该村是以周姓为主的同族聚居村落，周姓占据人群一半以上，家庭人数以六、七、八口为主，总人口约在280人。作者并据题名中出现若干低级地方官和折冲府卫官、表明官僚化人口较高的现象，判断周村为当时在政治、经济、社会层面颇具实力的村落。侯旭东《北朝并州乐平郡石艾县安鹿交村的个案研究》[②]瞩目开河寺石窟所见五件造像题名，考察安鹿交村村民的来源及构成，指出该村是一个土著与移民混居的村落，多姓聚居，其中以卫、张、王、郭四姓为主，占总人口的四分之三以上；村内主要组织是家庭，一般为四五口之家，未见宗族痕迹；在社会身份上，村民很少任官，基本属于庶民聚居的普通村落。胡耀飞《姓望与家庭：瓷墓志所见上林湖地区中下层社会（802—998）》[③]利用浙东上林湖地区出土的九十多件晚唐五代瓷墓志，探讨晚唐宋初上林湖地区中下层社会的状况，指出从姓氏和郡望来看，高频姓氏占比较小，从家庭和社会来看，家庭结构多为一夫一妻，子女数量

① ［日］爱宕元：《唐代前半期の華北村落の一類型—河南修武県周村の場合—》，载京都大学教养部编《人文》第25号，1979年，后收入氏著《唐代地域社会史研究》，京都：同朋舍，1997年，第247—278页。

② 侯旭东：《北朝并州乐平郡石艾县安鹿交村的个案研究》，《史林》2005年第1期，后收入氏著《北朝村民的生活世界——朝廷、州县与村里》（增订版），2022年，第204—234页。

③ 胡耀飞：《姓望与家庭：瓷墓志所见上林湖地区中下层社会（802—998）》，原题《姓望与家庭：瓷墓志所见晚唐至宋初上林湖地区中下层社会研究》，载武汉大学历史学院主编《珞珈史苑》（2014年卷），武汉大学出版社，2015年，后收入氏著《晚期中古史存稿》，中国社会科学出版社，2019年，第77—107页。

每家平均有三男二女。[1]孙齐《〈光业寺碑〉及其周边》[2]则聚焦立于赵州唐祖陵陵寺光业寺之《光业寺碑》，梳理其上所记周边五十余村一千六百余人的题名，认为这是关于唐代村落最细致的材料之一。通过还原碑面布局及分析碑阴题名，作者不仅推算出唐代河北地区普通县域所辖村的数量，还详细统计了一千六百余人的姓氏构成、社会身份，并结合其他石刻资料对其中若干村落的居民结构进行了复原。要之，这类基于数据统计、分析展开的人群构成研究，虽然涉及的只是庞大基层社会之极小部分，但就像解剖麻雀一样，对于若干个案的清理，未尝不是在一定程度上透露出中古基层社会的总体人群特征。

至于移民，本质上亦属影响一地人群构成乃至族群分布的重要因素，因相关研究较为集中，这里将其单独列出。中古，尤其是魏晋南北朝时期，动乱频仍，民众被迫四散逃亡，移民问题也很早就为学者所关注，其中多有基于碑志的探讨。山西长治地区（约当唐代潞州）曾集中出土大量唐代墓志，其中多记载当地民众系自外地徙入，这为观察当地外来移民提供了线索。张葳《因宦徙居：唐代墓志所见潞州人口迁入情况的个案考察》[3]即讨论了唐代潞州地区的移民情况，指出唐代潞州出土墓志中频繁可见的"因宦徙居"乃是一种叙述模式，其出现源自社会上对士族郡望的崇尚及攀附心态的流行，"因宦"固不可信，但"徙居"可能实有其事。以此为基础，作者进而分析不同时期徙居潞州的情况，判断墓志所记隋唐之前徙居潞州的信息真伪参半。其中关于徙居时间的几种说法，作者推测声称西晋徙居或带有标明、强调汉族身份的意图，而一部分胡姓自述北魏徙居，则与其胡族身份有关。在作者

① 张宇佳也曾论及该地区的社会阶层，参张宇佳：《越窑瓷墓志所见九至十世纪的浙东慈溪地方社会》，首都师范大学硕士学位论文，2020 年，第 43—53 页。

② 孙齐：《〈光业寺碑〉及其周边》，载武汉大学中国三至九世纪研究所编《魏晋南北朝隋唐史资料》（第 48 辑），上海古籍出版社，2023 年，第 48—69 页。

③ 张葳：《因宦徙居：唐代墓志所见潞州人口迁入情况的个案考察》，载武汉大学中国三至九世纪研究所编《魏晋南北朝隋唐史资料》（第 35 辑），2017 年，第 184—212 页。

看来，墓志所记隋唐时期的徙居潞州趋于真实的历史描述，据此可观察隋唐徙居潞州的时代差异，其中安史之乱前后因避乱或从事藩镇迁入者，对当地社会影响尤巨，参与塑造了昭义镇以军事与军人为显著特征的藩镇性格。尔后，张葳又以隋唐潞州申屠氏为例，立足七十四方申屠氏或申氏墓志，通过对墓志所见申屠氏源出金城的追索，推测申屠氏先定居河西、徙至代京，后又从唐河东道北部向南迁移并扩散，潞州亦在此过程中成为河东地区最为重要的聚居地。[①]不过，对于唐代潞州地区墓志“因宦徙居”的叙述模式，仇鹿鸣表现出更大的怀疑，认为这种叙述模式系依据“书仪式”文本拼接而成，具有明显的地域特征，不应视为移民史史料；基于此，作者判定中古时期潞州地区虽不无人口出入，但没有发生大规模的人口移入或更替。[②]考虑到类似祖先迁徙的记录在碑志乃至谱牒中比比皆是，则利用这类文字时，当更为谨慎。

上述移民大抵为今中国范围内人群的移动，中古时期还有大量原本生活在中国边缘甚至中国以外的民众以集体迁徙或个人、家族移居的方式进入中国，其中以两大族群为重心：其一是原居中亚阿姆河与锡尔河之间、以撒马尔罕为中心的粟特，其二是主要活跃于中国东北及朝鲜半岛上的高句丽、新罗、百济等。关于粟特，至迟从20世纪30年代以来，遍布中古中国各地的入华粟特人即受到学者瞩目，[③]其中亦不乏以碑志为中心对粟特分布的探讨，譬

① 张葳：《由隋唐潞州申屠氏所见中古的移民与聚落变迁》，载武汉大学中国三至九世纪研究所编《魏晋南北朝隋唐史资料》（第43辑），2021年，第174—194页。

② 仇鹿鸣：《唐代潞州地区墓志的书写格套及演变——兼谈作为移民史史料的误区》，《北京大学学报》（哲学社会科学版）2024年第2期。

③ 相关学术史参程越：《国内粟特研究综述》，《中国史研究动态》1995年第9期；荣新江：《二十世纪唐研究》，中国社会科学出版社，2002年，第265—269页；［日］森安孝夫撰，徐婉玲译：《日本研究丝绸之路的粟特人的成就之回顾和近况》，载朱玉麒主编《西域文史》（第3辑），科学出版社，2008年，第325—353页；车娟娟：《2000年以来国内粟特研究综述》，《中国史研究动态》2012年第1期；孙晓雪：《日本学者近二十年粟特领域未译研究成果综述》，《黑河学院学报》2023年第10期；等等。

如荣新江《中古中国与外来文明》《中古中国与粟特文明》二书[①]，即结合传统文献与包括碑志在内的出土文献全面梳理入华粟特人的迁徙分布与聚落内部形态。[②]而粟特人较为集中的长安、洛阳两京及河西、陇右、关中、山西、河北等地，其地粟特移民的生存状况更是在碑志支撑下获得充分探讨。即以长安、洛阳两京为例，20世纪80、90年代，李健超、刘铭庶、卢兆荫即搜检当时所见两京出土墓志、龙门石窟造像记等，确认中古时期长安、洛阳城内多有粟特人居住。[③]21世纪以来，韩香、毕波先后利用西安地区出土的唐代墓志，结合其他文献，对长安城内粟特人的居住、入仕、信仰、社会网络等展开全景描摹；[④]毛阳光也发表多篇文章，基于墓志、造像记、经幢等石刻史料，对隋唐洛阳城内粟特人的居住、生计、婚姻、信仰及文化面貌等进行了探讨。[⑤]2006年，一件唐代

---

① 荣新江：《中古中国与外来文明》，生活·读书·新知三联书店，2001年；《中古中国与粟特文明》，生活·读书·新知三联书店，2014年。

② 森部丰也曾系统梳理粟特人在中国的分布及活动状况，见《ソグド人の東方活動と東ユーラシア世界の歴史的展開》，吹田：关西大学出版部，2010年。

③ 李健超：《汉唐时期长安、洛阳的西域人》，载西北大学西北历史研究室编《西北历史研究》1988年号，三秦出版社，1990年，后收入氏著《汉唐两京及丝绸之路历史地理论集》，三秦出版社，2006年，第440—479页；刘铭恕：《洛阳出土的西域人墓志》，《洛阳——丝绸之路的起点》，中州古籍出版社，1992年，第204—213页；卢兆荫：《唐代洛阳西域与昭武诸国》，《河洛春秋》1993年第3期，后收入氏著《稽顾文存：卢兆荫汉唐考古文集》，中国社会科学出版社，2018年，第526—536页。

④ 韩香：《隋唐长安与中亚文明》，中国社会科学出版社，2006年，第75—152页；毕波：《中古中国的粟特胡人——以长安为中心》，中国人民大学出版社，2011年。

⑤ 毛阳光：《两方唐代史姓墓志考略》，《文博》2006年第2期；《洛阳新出土唐代粟特人墓志考释》，《考古与文物》2009年第5期；《新见四方唐代洛阳粟特人墓志考》，《中原文物》2009年第4期；《洛阳新出土隋〈安备墓志考释〉》，《考古与文物》2011年第5期；《洛阳龙门康法藏家族坟茔题记质疑》，《中国国家博物馆馆刊》2012年第2期；《唐代洛阳粟特人研究——以出土墓志等石刻史料为中心》，《郑州大学学报》（哲学社会科学版）2015年第4期；《洛阳新出土唐代景教徒花献及其妻安氏墓志初探》，《西域研究》2014年第2期；《唐代洛阳粟特裔居民的佛教信仰》，载荣新江、罗丰主编，宁夏文物考古研究所、北京大学中国古代史研究中心编《粟特人在中国——考古发现与出土文献的新印证》，科学出版社，2016年，第314—320页；《唐代洛阳胡村与胡坊村——以〈宋彻墓志〉〈田玄敏夫人李氏墓志〉为中心》，《中国典籍与文化》2019年第4期。

景教经幢于洛阳出土，张乃翥、罗炤、葛承雍等曾据此考察唐代洛阳粟特人的信仰及聚落问题。[①]日本学者福岛惠亦立足墓志，对包括北周长安、唐代长安与洛阳的粟特人聚落进行了分析。[②]其他地区的粟特移民，学者也有许多考论，兹不赘述。[③]要之，得益于以墓志为中心，包括造像记和经幢等在内的石刻文献的大量出土，粟特移民在中国内地的分布及生活已成为中古史研究的热门课题，诞生了极为丰富的成果。[④]

---

① 张乃翥：《跋洛阳新出土的一件唐代景教石刻》，《西域研究》2007 年第 1 期，后收入葛承雍主编《景教遗珍——洛阳新出唐代景教经幢研究》，文物出版社，2009 年，第 5—33 页；《洛阳景教经幢与唐东都“感德乡”的胡人聚落》，《中原文物》2009 年第 2 期；罗炤：《洛阳新出土〈大秦景教宣元至本经及幢记〉石幢的几个问题》，《文物》2007 年第 6 期，后收入葛承雍主编《景教遗珍——洛阳新出唐代景教经幢研究》，第 34—59 页；葛承雍：《西安、洛阳唐两京出土景教石刻比较研究》，《文史哲》2009 年第 2 期，后收入葛承雍主编《景教遗珍——洛阳新出唐代景教经幢研究》，第 122—133 页。

② ［日］福岛惠：《東部ユーラシアのソグド人—ソグド人漢文墓誌の研究—》第二部第一章《長安・洛陽のソグド人》，东京：汲古书院，2017 年，第 107—126 页。

③ 譬如山西的粟特人，参［日］森部丰：《河東における沙陀の興起とソグド系突厥》，原题《唐末五代の代北におけるソグド系突厥と沙陀》，《東洋史研究》第 62 卷第 4 号，2004 年，第 60—93 页，后收入氏著《ソグド人の東方活動と東ユーラシア世界の歴史的展開》，第 183—209 页；［日］山下将司：《唐の太原挙兵と山西ソグド軍府—「唐・曹怡墓誌」を手がかりに—》，《東洋学報》2012 年第 93 卷，第 31—59 页；贾发义：《中古时期粟特人移入河东的原因及分布初探》，《中华文史论丛》2015 年第 1 期；张庆捷：《唐代〈曹怡墓志〉有关入华胡人的几个问题》，载荣新江、罗丰主编，宁夏文物考古研究所、北京大学中国古代史研究中心编《粟特人在中国——考古发现与出土文献的新印证》，第 644—652 页；《〈大晋故鸡田府部落长史何公墓志铭〉发微》，载《纪念岑仲勉先生诞辰 130 周年国际学术研讨会论文集》编委会编《纪念岑仲勉先生诞辰 130 周年国际学术研讨会论文集》，中山大学出版社，2019 年，第 558—565 页；毛阳光：《墓志所见唐代潞州地区的粟特人》，载夏炎主编《中古中国的知识与社会：南开中古社会史工作坊系列文集（二）》，中西书局，2020 年，第 78—102 页。

④ 关于石刻文献对于粟特研究的意义，除了文中所举具体研究，另可参荣新江：《中古时期来华胡人墓志研究的新进展》，《北京大学中国古文献研究中心集刊》（第 11 辑）“中国典籍与文化国际学术研讨会专辑”，北京大学出版社，2012 年，后收入氏著《三升斋续笔》，浙江古籍出版社，2021 年，第 281—290 页。

同样得益于碑志等石刻文献持续不断涌现，中古时期来自中国东北及朝鲜半岛的移民也得到学者充分关注。[①]尽管这些研究较多系围绕志主个人或家族展开，但其中亦不乏旨在考察特定地域内朝鲜半岛移民的文字。李健超《西安附近新发现的高句丽人、新罗人遗迹》[②]通过辨识西安附近造像碑、墓志及文物古迹中高句丽、新罗人遗迹，展示他们的分布状况；《唐两京及畿内的高丽、百济人》[③]则利用数十方高句丽、百济人墓志，结合传世文献，确认他们在唐代两京及畿内的踪迹。王连龙《十六国时期高句丽移民族群研究——以出土资料为中心》[④]立足墓葬、墓志、造像碑等出土资料等，探讨了不同时期高句丽移民的迁徙路线、地理分布及政策管理、民族交往等问题；后续《唐代〈高英淑墓志〉考释——兼论辽西地区高句丽移民问题》《北魏平城时代高句丽移民史事考略——以〈申洪之墓志〉为线索》《北朝时期关中地区高句丽移民宗教信仰与族群融合研究——以佛教造像记为中心》[⑤]同样以墓志和

---

① 相关学术史回顾参苗威：《高句丽移民研究·绪论》，吉林大学出版社，2011年，第6—14页；拜根兴：《唐代高丽百济遗民研究——以西安洛阳出土墓志为中心》，中国社会科学出版社，2012年，第33—49、83—104页；《入唐高句丽移民研究的现状及其问题》，《社会科学战线》2019年第8期；拜根兴、严可：《魏晋南北朝时期高句丽移民研究的现状与展望》，载陕西历史博物馆编《陕西历史博物馆论丛》（第30辑），三秦出版社，2023年，第1—17页。

② 李健超：《西安附近新发现的高句丽人、新罗人遗迹》，《考古与文物》1999年第6期，后收入氏著《汉唐两京及丝绸之路历史地理论集》，三秦出版社，2007年，第251—274页。

③ 李健超：《唐两京及畿内的高丽、百济人》，《汉唐两京及丝绸之路历史地理论集》，第480—494页。

④ 王连龙：《十六国时期高句丽移民族群研究——以出土资料为中心》，原题《十六国时期高句丽移民族群研究》，《唐代史研究》第21号，2018年，后收入氏著《王若曰：出土文献论集》，凤凰出版社，2021年，第217—255页。

⑤ 王连龙、丛思飞：《唐代〈高英淑墓志〉考释——兼论辽西地区高句丽移民问题》，《古典文献研究》2018年第2期；王连龙、丛思飞：《北魏平城时代高句丽移民史事考略——以〈申洪之墓志〉为线索》，《考古与文物》2021年第5期；《北朝时期关中地区高句丽移民宗教信仰与族群融合研究——以佛教造像记为中心》，《宗教学研究》2024年第1期。

造像记为线索，讨论了唐代辽西、北魏平城及北朝关中地区高句丽移民的生存状况、组织形式、宗教信仰、族群融合等问题。经过这些讨论，中古时期特定地域内高句丽等来自中国东北及朝鲜半岛移民的生存状况得到进一步澄清。

最后关于地方家族，无待赘言，拥有一定政治、经济实力的家族是地方社会的重要构成，这在中古时期尤其显著，与地方家族密切相关或即自前者衍化而来的豪族、士族、贵族等，不仅在地域社会中举足轻重，还在王朝政治、社会中也居有显要位置。职是之故，家族在中古史研究中向为学者所关注，[①]基于碑志的地域社会史研究也常常将地方家族纳入视野，或聚焦单个大族在地方的演变，或瞩目特定地域内大族群体的动向。

对于汉晋时期的地方家族，学者不约而同地瞄准了那些名不见经传的家族。侯旭东《东汉〈曹全碑〉"敦煌效谷人也"发微——兼论家族研究的视角》[②]在利用简牍复原汉代效谷县历史、悬泉置职能及县民仕宦经历的基础上，以《曹全碑》相关记载为线索，探讨曹氏一族的发展演变。在作者看来，曹氏并非学者习惯关注的赓续数百年不绝的世家大族，而是仅仅维持数代的"流星家族"，这类家族的崛起与政权密切相关，曹氏几世为孝廉并任官，在其中发挥了重要作用。及汉末政局混乱，该族因未能投身日后脱颖而出的诸集团，遂在三国以后的政权中几乎不见身影。不难看出，作者是以曹全一族的发展为例，反思以往过分倚重后世建构的父系系谱而展开的家族史研究，而更加注重现实社会中的横向关系与纵向断裂，由此展现更为丰富而多歧的

---

① 相关学术史参容建新：《80年代以来魏晋南北朝大族个案研究综述》，《中国史研究动态》1996年第4期；陈爽：《近20年中国大陆地区六朝士族研究概观》，《中国史学》第11卷，2001年，第15—26页；卢朝：《近十五年魏晋南北朝士族研究综述》，《昭通师范高等专科学校学报》2009年第6期；仇鹿鸣：《魏晋之际的政治权力与家族网络》（修订本），上海古籍出版社，2020年，第13—24页；《失焦：历史分期论争与中文世界的士族研究》，《文史哲》2018年第6期；等等。

② 侯旭东：《东汉〈曹全碑〉"敦煌效谷人也"发微——兼论家族研究的视角》，《学术月刊》2022年第7期。

历史实际。

敦煌效谷曹氏的兴衰与政权息息相关，汉晋时期荆南地方家族的发展则极有可能植根于乡里。林昌丈《汉晋铭刻与荆南家族》[①]首先通过考释汉晋时期荆南地区的七种碑刻，确认这些碑石的性质主要是“德政碑”与墓碑，铭文叙说当地家族的姓氏来源、官宦履历与政绩德行等方面；继而，通过分析碑石置立地点，探讨蒋、周、熊、谷、罗等家族在荆南地区的空间分布，指出他们往往各据一方，或即盘踞某一小流域。以此为基础，作者推测这种分布格局应与荆南地区长期缓慢的区域开发状况相关，亦即某一流域或地块的开发，往往存在着充当帅首地位的家族，以此家族为核心，指导民众进行流域开发、土地经营，在此过程中，这些家族遂在地方社会中获得较高的政治、社会地位。作者进而得出结论，荆南“某一家族所拥有的地方凝聚力首先来自于当地民众的支持而不是其仕宦经历”。汉晋时期地方家族的权力究竟源自政权还是乡里？这不禁令人想起日本学界六朝贵族制论中豪族共同体与寄身官僚论的论争。站在地域社会史的角度，上述分歧与其说有是非之分，毋宁说是不同地域地方家族的发展存在不同轨迹。

南北分立时期，地处南北之交的青齐地区因集合南北、侨旧、城乡等各种矛盾，向为学者所关注，生于斯长于斯的青齐家族也备受瞩目。魏斌《龙口晋墓砖铭与太元廿年青齐情势》[②]立足2007年山东龙口市芦头镇东梧桐村北发掘的四座晋墓，尝试探讨东晋孝武帝太元年间的青齐家族状况。文章首先依据东梧桐墓地是由两座西晋墓、两座东晋墓构成的家族墓地，指出墓主家族在西晋时期已有一定地位，且当地大族势力在东晋仍长期延续；进而依据太元年间（376—396）的铭文墓砖，结合王弥、曹嶷、辟间浑等人的经历，推测墓主很可能是以地方大族身份保据东莱。基于此，作者判断，尽管永嘉

① 林昌丈：《汉晋铭刻与荆南家族》，《中华文史论丛》2016 年第 2 期。

② 魏斌：《龙口晋墓砖铭与太元廿年青齐情势》，《华东师范大学学报》（哲学社会科学版）2017 年第 2 期。

乱后不断有河北侨民南迁，但可能一直到南燕统治青齐为止，青齐大族在当地仍处于政治主导地位；且河北侨民对青齐地区的影响，更显著地发生于青齐西部和临淄、广固一带，青齐东部的“土著”特征则更为显著。又夏炎《〈朱岱林墓志〉与魏晋南北朝青齐家族再认识》[①]以北齐武平二年（571）《朱岱林墓志》为线索，探讨乐陵朱氏家族的迁徙及交游状况。文章首先结合史传记载，推测朱岱林曾祖朱霸因崔浩国史之狱及兵役之累被迫渡河迁居青齐，而选择定居侨置乐陵郡则与乐陵本为朱氏郡望相关；北魏后期，朱岱林与出身悬殊的廷尉卿崔光韶、侍中贾思伯、黄门郎徐纥关系密切——崔光韶出身高门士族，贾思伯出身与朱岱林门第相当的小姓，徐纥则为寒素，推测同为青齐乡里构成推动这种跨阶层交游的重要因素。基于此，作者判断在北魏后期的青齐地区，家族的地域性已然超越阶层性，成为当地家族发展的重要推动力。

青齐家族中，有一个群体尤受学者倾目，此即“青齐土民”。青齐土民是南北朝时期经历较为复杂的一个群体，曾历经数次迁徙，他们先是随慕容德从河北南渡青齐，后主动或被迫迁往江南、代京，尔后或又返回青齐。[②]丰富的经历，加之相关石刻颇有存留，使得青齐土民成为学者眼中的“宠儿”。陆帅即有两篇文章关注到南朝境内的青齐土民。在与胡阿祥合撰的《〈明昙憘墓志〉所见南朝境内的“青齐土民”》[③]一文中，作者以墓志为据，尝试勾勒明昙憘所属平原明氏家族的历史变迁，指出明氏家族原属冀州豪强，十六国末期随慕容德南渡黄河，以及刘宋泰始初年北魏攻陷三齐，明氏家族一支迁往江

① 夏炎：《〈朱岱林墓志〉与魏晋南北朝青齐家族再认识》，《南开学报》（哲学社会科学版）2021 年第 3 期。

② 关于青齐土民，参唐长孺：《北魏的青齐土民》，《魏晋南北朝史论拾遗》，中华书局，2011 年，第 93—123 页。

③ 陆帅、胡阿祥：《〈明昙憘墓志〉所见南朝境内的“青齐土民”》，《东岳论丛》2014 年第 3 期。

南，定居建康；刘宋时期，明氏家族主要担任地方官职，且与青齐土民联姻，婚宦具有明显的地域性，符合其地方豪强的身份；另一方面，明氏亦尝试依靠军功突破家格，获得升迁，尤其是在宋齐鼎革中表现活跃，最终实现由地方豪强向教养贵族的转变。又陆帅独撰《“青齐土民”与南朝社会——以五六世纪摄山千佛岩为中心》[①]注意到南齐永明年间（483—493）陆续兴建的南京摄山千佛岩造像，其创建者及受众主要是南渡的“青齐土民”及与之关系密切的士人、僧侣、齐梁皇室、摄山周边的居民等，早年南渡的高门贵族及南朝佛教界则由于信仰习惯、佛教传统等对此似无兴趣，其结果便是，青齐土民聚居的都城建康以北地区出现一定程度的“青冀化”倾向。从这些研究可以看出，青齐家族无论入南还是入北，均在相当长的时间内保持固有的社交网络及文化传统，而在青齐地域酝酿的乡里关系，也构成了影响甚至左右家族发展的重要因素。

青齐家族之外，这一时期其他一些地区的地方家族也得到学者基于碑志的探讨。譬如河东敬氏，谷川道雄《東西両魏時代の河東豪族社会—「敬史君碑」をめぐって—》[②]在唐长孺《跋敬史君碑》一文的启发之下，瞩目东魏兴和二年（540）立《敬史君碑》，借以追究河东敬氏的祖先世系及分布，指出在东西魏对立之际，河东敬氏之两支平阳泰平敬氏与河东蒲坂敬氏分别支持东魏、西魏，及至隋唐，两个家族的后裔均仕宦显达。在作者看来，敬氏虽为地方豪右，但并未列入郡姓，其族之所以能在门阀著姓的影响之下地位获得提升，则是因为在战乱时代成功动员并武装了乡里民众。显然，作者是在重视十六国北朝地方豪右构成历史推动力的脉络下审视河东敬氏的成长的。又河内司马氏，郭津嵩《回归故里与重塑旧族——北朝隋唐的河内司马氏家

① 陆帅：《“青齐土民”与南朝社会——以五六世纪摄山千佛岩为中心》，《东南文化》2015 年第 6 期。

② ［日］谷川道雄：《東西両魏時代の河東豪族社会—「敬史君碑」をめぐって—》，载［日］砺波护编《中國中世の文物》，京都：京都大学人文科学研究所，1993 年。

族》[1]利用北朝隋唐多方司马氏相关墓志，通过分析河内司马氏家族与乡里的分合，试图展现北方士族群体在北朝隋唐经历的重新整合过程。作者指出，司马氏自南入北，最初居于代北，并逐渐融入代人集团，随着孝文帝迁洛，北魏尝试重建门阀秩序，汉人士族纷纷回归故里，司马氏也通过封爵、任官、迁居、迁葬、籍贯书写等重建与乡里的联系，再次成为河内地方大族；及东西分裂，河内处于东、西相持的前线，司马氏主要宗族脱离河内，加之隋唐时期士族的“中央化”，司马氏的主要房支定居洛阳，再次消解了与河内故里的联系。类似还有弘农杨氏，黄桢《制造乡里：北魏后期的弘农习仙里杨氏》[2]立足北魏杨播家族相关墓志，考察该族迁籍华阴、改造郡望的过程。文章首先通过杨播先世长期活动于河北的事实，确认这支杨氏本为河北土著，不过从孝文帝朝开始，为了攀附名族弘农杨氏，他们伪造世系，杜撰迁徙故事，到乡里任官，进而在华阴潼乡习仙里建立田宅、墓地，最终将自己塑造成弘农杨氏正宗。不过，作者也意识到，尽管该支杨氏以弘农为乡里，但其生活重心仍在京师洛阳。又汲郡尚氏，王仁磊《碑铭所见北朝河内宗族初探——以汲郡尚氏为中心的考察》[3]以与汲郡尚氏相关的造像记、石碑为线索，瞩目其题名，探讨该族在北朝时期的分布，指出汲郡尚氏主要分布在当时的汲县，随着时代推移，汲郡尚氏不断有人向外迁徙，东魏北齐都城邺城附近地区亦有汲郡尚氏后人分布，直至唐代仍有后裔生活在这些地区；进而对建立碑铭动机进行了分析，确认其目的不仅有为家人祈福、表达佛教信仰，还有感恩统治者、表达国家认同的含义。此外河东柳氏，北村一仁《新出墓誌

① 郭津嵩：《回归故里与重塑旧族——北朝隋唐的河内司马氏家族》，载荣新江主编《唐研究》（第 17 卷），北京大学出版社，2011 年，第 159—178 页。

② 黄桢：《制造乡里：北魏后期的弘农习仙里杨氏》，载袁行霈主编《国学研究》（第 36 卷），北京大学出版社，2015 年，第 255—276 页。

③ 王仁磊：《碑铭所见北朝河内宗族初探——以汲郡尚氏为中心的考察》，《云冈研究》2022 年第 4 期。

から見た西魏・北周期の河東柳氏——柳虬とその家族》[①]基于近年所出河东柳氏西眷之一支柳虬家族的相关墓志，系统梳理该族亲族、姻戚关系及家族成员的仕宦经历，尝试复原其在西魏、北周的发展情况。作者着重指出：其一，柳虬第四子柳吉甫长期担任宇文护幕僚；其二，柳虬长子柳鸿渐或曾参与周齐对于河东地区的争夺，并可能因汾州之战战败而遭贬官。这些研究从不同侧面展示了在变革与战乱持续的大变动时代，地方家族如何因时而变、苦心经营。

至于隋唐时期的地方家族，矢野主税于1978、1979年发表的《隋唐時代の上層郷邑社会（そのⅠ）》《隋唐時代の上層郷邑社会（そのⅡ）》[②]以罗振玉洛阳、邺下、山右、芒洛《冢墓遗文》所收唐代襄州、相州、潞州、河南府地区墓志为线索，探讨各自地区的人口流动、郡望及籍贯书写、婚姻关系、家族葬地等问题。基于具体分析，作者得出结论，即与汉魏六朝地方豪族大抵植根于乡里不同，隋唐时期的地方豪族常常作为地方官僚进行全国规模的迁徙移居，他们以俸禄为生，并在任职所在地结成婚姻关系，由此在地方形成与之前完全不同的乡里社会。

矢野主税探讨的是王朝统治下的地方家族，唐代后期藩镇时代的地方家族，学者也有留意。张天虹瞩目藩镇上层，所撰《中晚唐五代的河朔藩镇与社会流动》[③]结合墓志与史传，系统梳理河朔藩镇若干家族的升降兴亡；其后《从石刻文献看家族变迁与唐后期幽州政局——以刘氏和朱氏为中心的考

① ［日］北村一仁：《新出墓誌から見た西魏・北周期の河東柳氏——柳虬とその家族》，《東洋史苑》第92、93合并号，2021年，第62—112页。

② ［日］矢野主税：《隋唐時代の上層郷邑社会（そのⅠ）》，《第一経大論集》第7卷第3、4号合集，1978年，第1—45页；《隋唐時代の上層郷邑社会（そのⅡ）》，《第一経大論集》第8卷第4号，1979年，第1—40页。

③ 张天虹：《中晚唐五代的河朔藩镇与社会流动》，社会科学文献出版社，2021年，第177—213页。

察》[①]进一步将新刊朱愿墓志、刘泂墓志等与房山石经题记、传世文献相互印证，探讨幽州曾执掌节钺的两大家族的兴衰历程，指出安史之乱后的一段时间内，刘氏家族和朱氏家族在幽州根基深厚，成员众多，关系紧密，由此得以先后执掌幽州节钺，不过朱氏由于兄弟失和，且先后走上叛唐道路，引发军民离心，刘氏则由于刘总举族归朝、切断了与幽州军民的联系，最终均从幽州政治舞台上淡出，而缺少朱氏、刘氏这样的"地方领袖家族"的幽州政局，自此也陷入长期动荡。胡耀飞《上党雍氏考——藩镇时代下层武将家族个案研究》[②]则将目光投向下层，以上党雍氏为例，探讨藩镇时代下层武将家族的生存状况。文章以与上党雍氏相关的十三方碑志为中心，梳理上党雍氏在中古时期的迁徙、流布及仕宦、婚姻情况，指出从北朝到隋唐，潞州一直都有雍氏家族成员，世代聚居，长安也有个别雍氏成员居住；雍氏家族多担任基层行政官僚，虽间有个别成员努力晋升，但并未改变家族整体地位；碑志展示的雍氏家族的联姻对象，总体而言地位相当，社会身份不高。

除了华夏内地的地方家族，地处边疆的地方家族也因相关石刻频有出土，引发学者关注。其中尤以岭南地区的地方家族，得益于相关墓志、石碑甚夥，最受学者重视，王承文即先后发表数篇文章，探讨岭南地方家族的源流及兴衰演变。关于岭南地方家族的源流，历来有土著说和中原说两种见解，学者众说纷纭，迄无定论。[③]王承文主张中原说，在1996年发表的《唐代粤西两份

① 张天虹：《从石刻文献看家族变迁与唐后期幽州政局——以刘氏和朱氏为中心的考察》，《山西大学学报》（哲学社会科学版）2023年第4期。

② 胡耀飞：《上党雍氏考——藩镇时代下层武将家族个案研究》，载常建华主编《中国社会历史评论》（第15卷），天津古籍出版社，2014年，第149—165页，后收入氏著《晚期中古史存稿》，第32—57页。

③ 譬如钦州宁氏，相关讨论参郑维宽、梁玮羽：《王朝制度渐进视角下岭南土酋族属的建构——以钦州宁氏家族为中心》，《成都理工大学学报》（社会科学版）2014年第2期。

摩崖碑与韦氏家族的渊源》[1]以唐永淳元年（682）刻《澄州无虞县六合坚固大宅颂》对粤西澄州韦氏家族渊源的描述为据，确认韦氏源自京兆韦氏，同时认为诸如钦州宁氏、高凉冯氏、泷州陈氏、雷州陈氏、罗州杨氏苏氏等，也为南迁北人后裔。承此，2015年发表的《中古岭南南部沿海宁氏家族渊源及其夷夏身份认同——以隋唐钦州宁氏碑刻为中心的考察》[2]进一步瞩目钦州宁氏，再次确认宁氏家族的北方渊源，并从保持儒家文化传统、重视家族观念、特殊婚姻关系、葬俗等在文化认同层面的表现加以佐证。又2009年发表的《南朝隋至唐初中央王朝与交州关系论考——以越南现存〈大隋九真郡宝安道场之碑文〉为中心的考察》[3]将目光投向九真黎氏，以越南河内历史博物馆藏隋大业十四年（618）立《大隋九真郡宝安道场之碑文》为中心，在明确黎氏源出中原的基础上，对该族在中古以降漫长时期内的历史演变进行了梳理，指出黎氏在永嘉之乱中南迁，萧梁时期进一步移至极南的九真；梁武帝中期，得益于武帝开拓海外、佛教外交及延续汉末以来的治边策略，黎氏在九真崛起，迄至隋朝，黎氏仍受重用；不过在唐代，随着岭南被纳入流官化统治方式，王朝委派北方或外地官员治理岭南，九真黎氏的政治特权趋于衰落；此后在五代和宋初，随着政治形势变化，当地逐渐脱离华夏王朝统治，九真黎氏重新崛起，不仅先后建立两个黎氏王朝，在非黎氏执政时也长期维持崇高地位。

如上所见，基于碑志的中古地方家族研究，多数指向的并非那些门地显

① 王承文：《唐代粤西两份摩崖碑与韦氏家族的渊源》，载饶宗颐主编《华学》（第1卷），中山大学出版社，1996年，第222—232页。

② 王承文：《中古岭南南部沿海宁氏家族渊源及其夷夏身份认同——以隋唐钦州宁氏碑刻为中心的考察》，载武汉大学中国三至九世纪研究所编《魏晋南北朝隋唐史资料》（第31辑），上海古籍出版社，2015年，后收入氏著《唐代环南海开发与地域社会变迁研究》，中华书局，2018年，第52—103页。

③ 王承文：《南朝隋至唐初中央王朝与交州关系论考——以越南现存〈大隋九真郡宝安道场之碑文〉为中心的考察》，原题《越南现存〈大隋九真郡宝安道场之碑文〉考释》，《文史》2009年第4期，后收入氏著《唐代环南海开发与地域社会变迁研究》，第259—309页。

赫、世胄绵长的家族，而是政治、社会地位相对较低的家族。他们大约仅在小范围地域内保有一定势力，且可能无法长期维持，在以传世文献为本的传统家族研究中，他们不可避免地充当着“边缘人”的角色。然而不可否认的是，在特定地域、特定时间内，他们又是地方社会的重要构成，甚至举足轻重，离开了他们的地方社会，必定是不完整的。得益于石刻文献，“失语”的他们进入学者视域，并在学者的描摹下显现身影，而地方社会的历史图景，也随着他们的“加入”变得更加充实清晰。

二、宗教信仰研究

与社会结构相似，宗教信仰也是碑志所见中古地域社会史研究的题中应有之义。按，中古碑志所记，不少均与宗教信仰相关。造像记本自佛道信仰固不必说，不少石碑也是在寺庙道观创建或重建过程中竖立。至于墓志，与宗教信仰关联稍远，但自南北朝以降，墓志对志主宗教信仰的描述也渐趋普遍。故整体而言，迄今所见中古碑志，相当一部分内容均是围绕宗教信仰展开，以此而论，宗教信仰成为基于碑志的中古地域社会史研究的重要课题，也就不难理解了。

按照侧重的差异，学者基于碑志对中古特定地域内宗教信仰的研究大致可以区分为两类：一类主要偏于宗教信仰自身，譬如信仰题材的分布，信仰的兴衰演变，神圣空间的形成与变迁，僧尼道士传布信仰的活动等；另一类则更倾向于观察信仰周边人群及社会，更关心信仰“世俗”的一面，譬如普通信众的人际关系，基于信仰的社会网络，信仰的现实功能，信仰背后的地域社会图景，等等。

关于信仰题材的分布，侯旭东《五六世纪北方民众佛教信仰——以造像记为中心的考察》[①]通过观察造像记中崇奉对象的演进，在重点分析佛教信众

① 侯旭东：《五六世纪北方民众佛教信仰——以造像记为中心的考察》，中国社会科学出版社，1998年，增订本，社会科学文献出版社，2015年，第160、176—247页。

身份差异的同时提示各地信仰的不同，表示释迦、弥勒造像与崇拜初盛于洛阳，崇尚玉像多见于今河北一带，观世音崇拜遍于北土，卢舍那多见于山东一带，并指出发愿文内容亦显示各地信仰或存异同。类似，仓本尚德《北朝仏教造像銘研究》[①]也以造像记所展示的崇奉对象及若干指向特定佛教经典的文字为线索，揭示北朝宗教尤其是佛教信仰的地域性特征，譬如陕西关中地区道佛信仰融合，并与斋会紧密结合，山西流行宣扬佛名信仰、忏悔礼仪的菩萨戒思想，以河北为中心出现新的观音信仰等。尤李《唐代幽州地区的佛教与社会》《房山石经〈佛顶尊胜陀罗尼经〉及其相关问题考论》[②]等也利用房山佛经，探讨佛教律宗、禅宗及《佛顶尊胜陀罗尼经》在幽州地区的传播与流衍。这些研究表明，中古时期不同地域在佛教内部各种思想之间尚存在偏好，由此更为清晰地呈现出各地佛教信仰的细微之处。

佛教之外信仰题材的分布，按道教及其相关信仰，施舟人《历经百世香火不衰的仙人唐公房》[③]以东汉《仙人唐公房碑》为线索，分析在汉中地区历久绵延的唐公房信仰，强调尽管蜀地在兴起唐公房信仰同时，广为流行天师道，但唐公房信仰这种仙人崇拜未必即可简单归于道教。斋藤龙一新刊《中国道教像研究》[④]则对北魏迄至唐代道教造像的地域特征予以全面梳理，借以展示不同地域道教内部信仰的倾向。至于中古时期佛道之外的宗教信仰，如祆教、景教等的分布情况，前述粟特移民部分已有提及，兹不赘述。

无待赘言，无论外来宗教佛教、祆教、景教，还是本土蕴生的道教或其他民间宗教，它们在各地或广泛或集中的分布，乃是特定人群推广传布的结

① ［日］仓本尚德：《北朝仏教造像銘研究》，京都：法藏馆，2016 年。

② 尤李：《唐代幽州地区的佛教与社会》，中国社会科学出版社，2019 年，第 201—207、233—273 页；《房山石经〈佛顶尊胜陀罗尼经〉及其相关问题考论》，《暨南学报》（哲学社会科学版）2009 年第 2 期。

③ 施舟人：《历经百世香火不衰的仙人唐公房》，载林富士、傅飞岚（Franciscus Verellen）主编《圣迹崇拜与圣者崇拜》，允晨文化，2000 年，第 85—99 页。

④ ［日］斋藤龙一：《中国道教像研究》，京都：法藏馆，2024 年。

果；它们在地方扎根立足之后，也难免会经历兴衰演变。关于中古宗教的传播及流衍，学界已有极为丰富的积累，而基于碑志的考察，则提供了在特定地域社会内宗教传布及演变的微观场景。刘淑芬《五至六世纪华北乡村的佛教信仰》[①]以造像记为主要资料，细致梳理了佛教在五至六世纪华北乡村传布及活动的具体状况。文章指出，五、六世纪时佛教在华北乡村地区非常盛行，游化村落的僧人是促使佛教渗透华北乡村的主要原因；由于佛教经典鼓励造像，以及佛教修行方法和仪式上的需要——包括"观佛"修行方法，以佛像为中心布置"道场"，形同寺院，可在此举行仪式和法会，浴佛、行像、行道等佛教仪式的需要等，归心佛教的村落居民倾力造像；乡村居民基于宗教上的虔诚，组织了叫作"义邑"或"法义"的信仰团体，僧人作为指导者"邑师"，领导他们从事建造佛像、寺院、兴办公共建设和慈善事业，并且共同修习佛法，举办及参与斋会和若干仪式；而随着佛教在华北村落深入流行，对乡村社会也造成很大影响，不仅促进了社会的整合，缩小了社会阶层之间的差距，还深深影响着乡村信徒的日常生活乃至价值标准。这样，从佛教传播到信众组织，再到佛教的活动仪式与社会功能，作者向我们展示了华北乡村佛教活动的诸多细节。

刘文描绘的是佛教在地方传播的一般图景，魏斌《南朝佛教与乌伤地方——从四通梁陈碑刻谈起》[②]则展示了中古时期某地佛教传播的具体景象。文章从梁陈时期建立的《梁智者法师碑》《陈善慧大士碑》《陈善知阇黎碑》《陈惠集法师碑》四通碑刻入手，探讨了佛教在东阳郡乌伤县（今属浙江义乌）的区域传播及影响。作者认为，与出身乌伤大族楼氏、后成功进入建康

---

① 刘淑芬：《五至六世纪华北乡村的佛教信仰》，《"中研院"历史语言研究所集刊》第63本第3分册，1993年，后收入氏著《中古的社邑与信仰》，上海古籍出版社，2023年，第3—52页。

② 魏斌：《南朝佛教与乌伤地方——从四通梁陈碑刻谈起》，《文史》2015年第3期，后收入氏著《"山中"的六朝史》，生活·读书·新知三联书店，2019年，第213—273页。

佛教界的释慧约（智者法师）相比，乌伤地方佛教传播更多得益于头陀僧人嵩头陀与进入建康佛教界未果的傅大士（善慧大士）。梁代前期，嵩头陀游方于乌伤地区，以苦行、神异获得民众供养，在金衢盆地山脉边缘建立多所寺院。乌伤稽停里人傅大士受其影响，以弥勒化身为号召，借助于乡里社会的血缘和地缘关系，建立起颇具规模的村邑宗教团体。傅大士虽一度被招引至建康，但未获重视，于是返回乌伤，以双林寺为中心，通过频繁举行法会及不食上斋、毁伤身体、烧身等苦行推广佛教。借由这一个案，以往略显暧昧的佛教在江南腹地的传播状况获得一定程度澄清。这一个案也表明，佛教在地方传播的图景绝非千篇一律，而是充满地域特性。

中古时期陆续在各地涌现的神圣空间之兴衰演变，也是中古地方宗教信仰研究的题中应有之义。关于佛教神圣空间，吉川忠夫《五、六世紀東方沿海地域と佛教—攝山棲霞寺の歴史によせて—》[①]聚焦南京摄山栖霞寺，以唐上元三年（676）立《明征君碑》为线索，挖掘栖霞寺独特的地域特征。据文章梳理，《明征君碑》碑主为南北朝时人明僧绍，出生于前文曾有提及的青齐地方家族，曾在长广郡崂山（今青岛崂山）经营学塾。刘宋泰始五年（469），北魏进占青齐，僧绍辗转南逃，先迁往东海郁州（今江苏连云港东云台山一带），后定居摄山，立栖霞精舍。及僧绍病故，其子舍僧绍故宅建立栖霞寺。作者认为，明僧绍的生活背景对栖霞寺影响深远，不仅表现在与栖霞寺有关的僧人多和僧绍一样来自东部沿海地区，栖霞寺的信仰变迁也与此密切相关：起初，栖霞寺主要信仰追求长生的阿弥陀佛，源自僧绍曾经生活的崂山、郁州流行神仙信仰；六世纪，栖霞寺成为三论宗中心，与北方佛教联系密切的僧人同样在其中发挥了重要作用，使得栖霞寺成为北方佛教在南方的基地，为江南佛教带来新的潮流。

得益于资料丰富的房山石经，气贺泽保规《唐代房山雲居寺の発展と石

---

① ［日］吉川忠夫：《五、六世紀東方沿海地域と佛教—攝山棲霞寺の歴史によせて—》，《東洋史研究》第43卷第3号，1983年，第1—27页。

経事業》[①]利用房山石经中的翔实记载，在塚本善隆1930年代论述的基础上，系统考察了隋唐时期石刻佛经及云居寺的发展。文章将房山石经的兴起置于北朝后期刻经事业的大背景上，指出北齐时期，都城邺城附近已出现末法时代用来护法的刻经事业；隋代静琬将刻经范围向北推移至房山，并将大乘经典刻在整块石版上；收藏石经的洞窟，起先是七个，后增加两个，形成保留至今的九个洞窟，其刊刻次序为：第五洞（雷音洞）、第六洞→第七洞（涅槃堂）、第八洞（华严堂）→第三洞→第四洞（法华堂）→第一洞、第二洞；而随着刻经事业发展，大约在唐代初期，云居寺在石经山下建立。在上述梳理的基础上，作者将目光转向刻经资助者，指出云居寺历时长久的刻经事业，并非依靠特定个人力量，而是由范围广泛的当地有力者协力进行；尤其是开元年间最为兴盛，得益于金仙长公主的斡旋，云居寺于开元十八年（730）获赐开版不久的开元大藏经；作者又以天宝元年（742）开始刻造的《大般若波罗蜜多经》为例，指出这一事业是在以幽州为中心的新兴都市工商业者的支持下进行的。

2018年，浙江省永康市出土一件制作于唐开元二十二年（734）的石灯柱，其中详细记载了石灯所在寺院新建寺自南齐永明二年（484）至唐开元二十三年（735）二百五十年间的发展历程。立足此件石刻，并结合方志记载，裴长春、武绍卫《中古时期永康城中的佛教景观——以新出新建寺石灯柱为中心》[②]细致考察了5—16世纪新建寺（宋代以后改名兴圣寺）及永康城佛教的兴衰演变。文章指出，新建寺始建于南齐永明二年，最初位于永康城西郊，至陈太建元年（569）移入城内，成为永康城城西的宗教信仰中心；及唐

① ［日］气贺泽保规：《唐代房山雲居寺の発展と石経事業》，载［日］气贺泽保规编《中國仏教石経の研究—房山雲居寺石経を中心に—》，京都：京都大学学术出版会，1996年，第23—105页。

② 裴长春、武绍卫：《中古时期永康城中的佛教景观——以新出新建寺石灯柱为中心》，载武汉大学中国三至九世纪研究所编《魏晋南北朝隋唐史资料》（第44辑），上海古籍出版社，2021年，第143—163页。

代，新建寺发展迅速，先后建造多处殿堂、佛像，寺院空间大为扩展；宋代以降，新建寺改名兴圣寺，但随着官府行政机构的发展，兴圣寺在与官府机构争夺土地的过程中于嘉靖十五年（1536）惨遭废止，由此持续一千余年的新建寺退出历史舞台。这一考察，为理解江南腹地地方性城市佛教的发展提供了很好的个案。

江苏宜兴善权寺是另一得到学者关注的江南地方性城市的佛教神圣空间。游自勇、冯璇《会昌法难后之寺院重建与规制——以宜兴善权寺为例》[①]利用业已不存的9世纪后期的两通碑刻——李蠙赎寺碑和牓文碑，在复原碑刻文字的基础上，探讨善权寺在会昌法难后的重建历程。文章指出，会昌法难中，善权寺被毁弃，成为钟离氏私产；及唐宣宗重扬佛法，昭义军节度使李蠙以私俸赎买并延请住持、选择僧人，重建善权寺，还为寺院制定新规，以禅宗丛林制度及田庄经济来保障善权寺健康发展；随着李蠙去世，地方官府成为善权寺主导者，善权寺由此变成一座官寺，直到唐朝灭亡，善权寺内的修建仍在继续。通过这一个案，作者尝试思考9世纪后期中国东南佛教重振的机制，指出从皇帝、地方官员到复出的僧侣、地方大族，都对佛教保有持续的热情与信奉，东南地区雄厚的财力支撑又提供了有利的外部条件，这些因素共同作用，推动了9世纪后期东南佛教迅速复兴。

随后，游自勇《宋代功德坟寺的转移与内部运作——以宜兴善权寺为例》[②]复瞩目善权寺在宋代的发展，利用淳祐三年（1243）王迈撰《仙游县傅氏金石山福神道院记》、寺内宋碑《重装大殿佛像记》、南宋后期名臣李曾伯撰《善权禅堂记》等，勾勒善权寺在不同家族间的归属权转移。文章指出，宋徽宗时期，善权寺成为傅楫家族的功德坟寺，其间曾短暂改为崇道观，赵

① 游自勇、冯璇：《会昌法难后之寺院重建与规制——以宜兴善权寺为例》，《文史》2022年第1辑。

② 游自勇：《宋代功德坟寺的转移与内部运作——以宜兴善权寺为例》，《华林国际佛学学刊》第6卷第2期，2023年。

氏南渡后复为广教禅院，由李纲等人出资重建，尽管此时善权寺名义上仍为傅氏功德寺，但似已直接置于官府的管控之下；至13世纪中叶，善权寺转归大学士李曾伯所有，成为李氏家族的功德坟寺。通过以上梳理，作者确认善权寺在佛寺、道观及不同家族功德坟寺间的角色转换，并非出自自主选择，而是因应政治形势及官僚显贵、地方势力争夺的结果。

如果说新建寺、善权寺只是名不见经传的地方寺院，陆扬新刊《〈修禅道场碑〉与唐代天台宗复兴运动新解》[①]则瞄准在天台宗历史上具有重要意义、位于天台山佛陇的禅林寺，探讨其建立及对天台宗的影响。文章以唐元和六年（811）立《修禅道场碑》为线索，通过释读碑文及碑侧、碑阴题刻，细致展现湛然及其弟子所建立的宗教网络和以佛陇为中心的寺院建设。在作者看来，在湛然修禅道场基础上建立的禅林寺，不仅得到台州地方官府全力支持，李吉甫执政的中央朝廷可能也有介入，而随着禅林寺的建立，在佛陇展开的天台宗复兴运动在建制上迈进了一大步，佛陇与国清寺的关系亦发生调整，前者在寺院体系内的地位上升，再度成为实际的天台精神中心。文章还对日本天台宗将道邃尊奉为天台宗湛然付法祖师的记载进行了反思，旨在还原树立《修禅道场碑》的湛然弟子行满在天台宗复兴运动中的突出贡献，强调行满作为佛陇修禅道场和之后建立的禅林寺的座主，就天台体系内部建制而言，是掌握湛然开创的天台复兴运动脉搏的关键人物。

以上论述大抵围绕单一寺院展开，聂靖《9—11世纪的燕云佛教与禅宗——以蓟州盘山碑刻为线索》[②]则聚焦蓟州盘山寺庙群，考察其在唐末迄至辽代的兴衰演变。文章立足唐五代辽金与盘山相关的碑铭，首先还原盘山佛教的发展沿革与空间结构，指出早期盘山佛寺主要在山下接近平原处，后逐

① 陆扬：《〈修禅道场碑〉与唐代天台宗复兴运动新解》，《北京大学学报》（哲学社会科学版）2024年第2期。

② 聂靖：《9—11世纪的燕云佛教与禅宗——以蓟州盘山碑刻为线索》，载叶炜主编《唐研究》（第28卷），北京大学出版社，2023年，第363—392页。

步向中盘与峰顶发展；水源与山林资源是寺庙选址的重要考虑因素，“五个盆池隐毒龙”的传说象征了早期山上寺院的分布与边界。基于此，作者尝试勾稽盘山兴起的内外因素，指出盘山佛教声誉渐隆与本地禅僧宝积、道宗、晓方的弘法有关，及临济义玄兴于镇州，普化、存奖、志闲等盘山僧众与临济宗发生联系，盘山禅门镶嵌入禅宗谱系与信息网络，由此盘山成为外地禅僧游学参访的圣地；同时，会昌灭佛导致幽蓟城市中的僧人避难盘山，本地寺院与僧人数量骤增，一定程度上加速了农禅结合的进程。不过，随着石敬瑭割燕云于辽，盘山禅门失去了与南方禅宗的联系，逐渐沦为禅宗网络中的“失语者”，不可避免地走向衰落。不难看出，作者虽然强调盘山禅门有其地域特殊性，但并不忽视地域与全国整体的联系，强调是否进入禅宗主流话语与信息网络对一处山门具有绝大影响，正如作者所总结的那样，盘山之兴得乎“预流”，而盘山衰落亦可归因于网络关系之断绝。

以上就是基于碑志对中古佛教神圣空间的探讨，类似取径下的道教神圣空间研究，首先应举出雷闻的多篇论述。在《唐代潜山的信仰世界——以石刻材料为中心》[①]一文中，作者通过解读两方石刻文献——唐大历七年（772）立《唐天柱山司命真君庙碑》和开成五年（840）立《潜山真君庙左真人仙堂记》，指出潜山九天司命真君庙的置立是在玄宗崇道运动的高潮中实现的，天宝九载（750）创立祠庙以及十载（751）奉安御额，均表明该庙具有强烈的官方色彩，而迟至大历年间立碑，则可能与同样将潜山视为宝地的佛教竞争相关；安史乱后，原本即在潜山具有影响的左慈开始得到官方崇祀，并在地域社会的信仰体系中更受重视。《碑志所见的麻姑山邓氏——一个唐代道教世家的初步考察》[②]一

① 雷闻：《唐代潜山的信仰世界——以石刻材料为中心》，载南华大学敦煌学研究中心编《敦煌学》（第27辑）“柳存仁先生九十华诞祝寿专辑”，乐学书局，2008年，第223—238页。

② 雷闻：《碑志所见的麻姑山邓氏——一个唐代道教世家的初步考察》，载荣新江主编《唐研究》（第17卷），后收入魏斌主编《古代长江中游社会研究》，上海古籍出版社，2013年，第257—284页。

文重点虽在以麻姑山（位于唐代抚州南城县西南）为布教根据地的邓氏，但其中亦涉及麻姑山作为道教圣地的形成，指出麻姑山的兴起，得益于得到唐玄宗赏识、道号“紫阳”的邓思瓘，邓紫阳死葬麻姑山顶、置麻姑山庙，确立了麻姑山在道教信仰体系中的地位；中唐时期，麻姑山略显暗淡，不过随着邓延康的努力，麻姑山的名声开始从抚州传布至整个江南，又从江南播于两京。此外，《龙角仙都：一个唐代宗教圣地的塑造与转型》[①]利用唐开元十七年（729）立《大唐龙角山庆唐观纪圣之铭》、天宝二年（743）立《大唐平阳郡龙角山庆唐观大圣祖玄元皇帝宫金箓斋颂》、长庆三年（823）立《庆唐观李寰谒真庙题记》等碑刻，考察晋南浮山县羊角山作为宗教圣地的塑造与转型过程，指出羊角山由于在李唐开国战争中出现过太上老君五次化现的神话，唐高祖李渊在当地置立祠庙，老君信仰成为当地主流信仰；及唐玄宗兴起崇道高潮，羊角山更受重视，玄宗不仅将老君庙改为庆唐观，还御制御书《纪圣铭》，派中使与京城高道前往那里参加为国祈福的金箓斋，庆唐观由此兼具道教宫观与皇家宗庙的双重性质，并在此后长期扮演护国角色；不过随着李唐灭亡，庆唐观失去与王朝正当性的关联，不得不面临转型，一方面，其道众通过制造祥瑞及更名天圣，试图与新王朝建立关联，另一方面加强与地域社会的联系，转型成为浮山县祷雨之所，由此更加融入当地民众的日常生活。三项研究，虽然考察对象不一，但其中亦有共通之处，即指出在神圣空间的形成过程中，王朝权力发挥了举足轻重的作用。

雷氏研究之外，魏斌《句容茅山的兴起与南朝社会》[②]以萧梁普通三年

① 雷闻：《龙角仙都：一个唐代宗教圣地的塑造与转型》，《复旦学报》（社会科学版）2014年第6期，更为详实的文本后收入陈金华、孙英刚主编《神圣空间：中古宗教中的空间因素》，复旦大学出版社，2014年，第333—366页。

② 魏斌：《句容茅山的兴起与南朝社会》，《历史研究》2014年第3期，后收入氏著《“山中”的六朝史》，第95—137页。魏斌曾讨论一系列神圣空间的形成，如天台山、南岳衡山、东阳金华山、六朝会稽海岛、宫亭庙等，间或使用石刻文献，如天台山研究中用到沈约撰《桐柏山金庭馆碑》，南岳衡山研究中用到梁元帝萧绎撰《南岳衡山九真馆碑》等，但石刻并未构成主要依据，唯此篇以石刻文献为重要线索。

（522）刻立于茅山南洞口的《九锡真人三茅君碑》为线索，考察了以句容茅山为中心的南朝道教信仰地理的形成。作者注意到题名于碑的“齐梁诸馆高道”人数众多，籍贯明确，呈现出侨旧混杂的特征。基于此，作者尝试探讨三茅君的信仰内涵，指出三茅君是三位原籍关中、渡江成为茅山之主的“神仙侨民”，推测这种侨寓情节的三茅君传记，出现于杨、许降神的东晋中期，或与南渡道士相关；三茅君被赋予的信仰职责是“监泰山之众真，总括吴越之万神”，即主管江南侨旧民众的升仙之路和生死问题，具有融合侨旧的信仰面貌。在这种“宗教想象力”的影响下，三茅君信仰广为传布，茅山也成为道教圣地，在过江侨民尤其是同样出身侨民的宋、齐、梁三朝统治者的支持下，刘宋以后道馆日渐增多，齐梁时期更是走向极盛。可以看出，作者是在北人南渡、侨旧融合的背景下思考神圣空间茅山之兴起的，亦即在作者看来，句容茅山的圣地化过程，某种意义上正是东晋南朝政治体制侨旧融合的政治社会图景在信仰层面的展现。

侧重宗教信仰自身的研究大致如上所述，偏于信仰周边人群、社会的研究，学者瞩目的焦点之一便是普通信众的组织形态，尤其是所谓社邑或曰义邑问题。围绕社邑，学界相关研究甚夥，特别是基于敦煌文书的探讨，成果极为丰硕，[①]从碑志出发的考察，也为解明中古社邑的构成及活动提供了诸多细节。[②]与地域社会相关，刘淑芬《香火因缘——北朝的佛教结社》[③]利用造像记等，辨析北朝时期山东地区和关陇地区佛教社邑的区域性特色，指出山东地区的社邑具有三个特色：一是社邑名称，相对于北方多数地区（包括山西、

① 以敦煌文书为中心的敦煌社邑研究，相关学术史参赵大旺：《敦煌社邑研究 80 年的回顾与展望》，《中国史研究动态》2019 年第 2 期。

② 以石刻为中心的北朝社邑研究，相关学术史参［日］仓本尚德：《北朝仏教造像銘研究》，第 38—41 页；张媛：《北朝邑义考略——以陕西地区石刻造像为中心》，《文博》2023 年第 2 期，第 88 页注 1。

③ 刘淑芬：《香火因缘——北朝的佛教结社》，载黄宽重主编《中国史新论・基层社会分层》，联经出版事业公司，2009 年，后收入氏著《中古的社邑与信仰》，第 80—94 页。

河北、河南、陕西）多称“义邑”，其成员称“邑义”，山东地区佛教结社成员则多称“法义”（或作“法仪”），其组织也称“法义”；二是成员之间互称“兄弟姊妹”；三是山东法义的执事较为简单，仅有“维那”“维那主”“都维那”三种名衔，而“维那主”之衔仅见于本区。关陇地区的佛教社邑具有四个特色：一是陕西的造像碑有并造佛、道教像者，且几乎仅见于陕西；二是关陇地区出现异于其他地区的义邑执事名衔，包括部分执事名衔杂糅道教色彩，甘肃一带义邑成员多称“邑生”，少数僧尼带有俗家姓氏；三是部分义邑兼具宗教之外的职能；四是多有非汉民族组成义邑，或加入汉人义邑，参与造像。仓本尚德同样利用造像记，对北朝时期更大范围内社邑的地域特征进行了梳理，譬如按照社邑普通成员的名衔差异，区分出五大区域，其中河南、山西、陕西大部分地区多称“邑子”，甘肃陇东地区、陕西西部多称“邑生”，河北及山东北部西部、河南东北部多称“邑义”“邑人”“母人”，河北、山东黄河入海口地区出现以“王主比丘”主导的社邑，山东青州、济南多称“法义”；至于社邑其他成员的名衔，各地也间有差异。[①]这些基于跨地域比较而提炼的各地社邑以成员名衔为中心的地域特征，为理解社邑的地方性提供了线索。

具体到各地社邑，北齐天统三年（567）立、位于今河北定兴县石柱村的标异乡义慈惠石柱，系为表彰当地佛教社邑的慈善活动而立，为考察北朝后期地方社邑的构成及运行提供了珍贵材料。刘淑芬《北齐标异乡义慈惠石柱——中古佛教社会救济的个案研究》[②]通过梳理石柱文字，指出在北魏末东魏初的战乱中，以王兴国为首的石柱村佛教社邑（柱文称“义”），在战乱之后发起掩埋尸骨（“乡葬”）、救济饥民的事业；至东魏武定二年（544），随着名僧昙遵加入，社邑获得更多经济来源，在信众的支持下，社邑所建义堂在新官道旁建起庞大义坊，并发起更大规模的赈济活动，包括北齐天保八年

① ［日］仓本尚德：《北朝仏教造像銘研究》，第94—172页。

② 刘淑芬：《北齐标异乡义慈惠石柱——中古佛教社会救济的个案研究》，《新史学》第5卷第4期，1994年，后收入氏著《中古的社邑与信仰》，第229—265页。

（557）救助承担修筑长城之役的民夫，河清三年（564）救助遭受水灾的饥民；进而，作者进一步考察义坊的成员、组织和经济基础，认为义坊成员绝大多数为当地平民百姓，此外还包括当地大族、官僚及昙遵的信徒，义坊组织结构相对简单，仅包括上座、寺主、居士三个职称，其钱财主要来自施主捐赠。佐川英治《北齐标异乡义慈惠石柱所见的乡义与国家的关系》[①]也论及该社邑的发展历程，指出其大致经历了四个阶段：王兴国等最初施行乡葬提供义食；地方大族卢文翼延请高僧昙遵到访；武定四年（546）设置新义堂；居士路和仁主持义坊。作者还对施主捐赠土地的性质及与均田制的关系进行了辨析。二文通过对石柱村社邑的精细梳理，向我们展示了一个在特殊时期、特殊地点出现的社邑之发展历程及组织结构，它既具备若干一般佛教社邑的共同特征，也包括一些特定地域环境下衍生的独特元素。

又颜尚文《法华思想与佛教小区共同体——以东魏〈李氏合邑造像碑〉为例》[②]以东魏兴和四年（542）立《李氏合邑造像碑》为线索，探讨河北正定地区以《妙法莲华经》为信仰的佛教社邑之形成。文章指出，以出身地方豪族的李次、李显族为首，李氏一族及村中居民共同信奉《法华经》，并组成法华社邑团体；社邑以都邑主、邑主比丘为领导，唯那为干部，众多邑子为基层成员；社邑遵循法华精神，共同建立寺院讲堂，延请僧侣讲诵《法华经》，塑造“二佛并坐”法华佛像，举行开光、供养、斋戒、行道等法华法会活动，并进一步从事村落小区之外的造井、种树等公益活动。据此可见，尽管李氏社邑明确是以《法华经》为指导思想，但其组织结构、社会活动与其他社邑并无根本不同。

对于同时期关中地区的社邑，学者也有探讨。仓本尚德《北朝時代の関

---

① ［日］佐川英治：《北齐标异乡义慈惠石柱所见的乡义与国家的关系》，载牟发松主编《社会与国家关系视野下的汉唐历史变迁》，华东师范大学出版社，2006 年，第 248—260 页。

② 颜尚文：《法华思想与佛教小区共同体——以东魏〈李氏合邑造像碑〉为例》，原题《法华思想与佛教社区共同体》，《中华佛学学报》第 10 期，1997 年，后收入氏著《中国中古佛教史论》，宗教文化出版社，2010 年，第 416—436 页。

中における道仏二教の義邑について》[①]聚焦北朝时期关中地区制作佛道二教混合造像的社邑，首先将二教混合造像区分为以佛像为中心的佛道像和以道教神像为中心的道佛像，由此将造像分为佛像、佛道像、道教像、道佛像四种，指出制作不同造像的社邑成员名衔上存在差异，其中“邑谓”“制律”“呗匿”多见于佛像，“弹官”“侍者”“平望”多见于道（道佛）像；进而作者加入时间维度，注意到西魏以降，关中地区道佛像、道教像数量减少，佛像、佛道像数量增加，推测可能是由于彼时信仰佛教的氐人、羌人因参加酋帅毛遐、毛鸿宾兄弟平定北地郡叛乱的战争而地位上升，故有能力制作更多佛像。张媛《北朝邑义考略——以陕西地区石刻造像为中心》[②]也以陕西地区出土的九十五件石刻造像为据，综合考察北朝佛教、道教及佛道混合的社邑，明确时人将社邑称为邑或邑义、邑仪、仪邑，而在三种社邑中，以佛教社邑最多（六十六例），佛道混合社邑次之（二十二例），道教社邑最少（七例），进而通过分析造像题材和发愿文，指出相比道教及佛道混合社邑，佛教社邑对自身教义、造像活动、供奉主神等有更为清晰的认识，并推测道教造像或受佛教造像影响；此外对于关中地区独有的佛道混合社邑，也注意到在北魏最多，推测或与彼时佛道并崇、二道并重的社会风气有关。这些研究虽不如基于北齐标异乡义慈惠石柱对华北社邑的考察那样具体而微，但同样从若干细节展现了北朝关中地区社邑的地方色彩。

基于碑志的唐代社邑研究主要集中在幽州地区，这显然同样受益于房山石经。早在1987年，梁丰《从房山“石经题记”看唐代的邑社组织》[③]即发现

① [日] 仓本尚德：《北朝時代の関中における道仏二教の義邑について》，原题《北朝造像銘にみる道仏二教の関係—関中における邑義の分析を中心に—》，《東方宗教》第109号，2007年，后收入氏著《北朝仏教造像銘研究》，第173—228页。

② 张媛：《北朝邑义考略——以陕西地区石刻造像为中心》，《文博》2023年第2期。

③ 梁丰：《从房山“石经题记”看唐代的邑社组织》，《中国历史博物馆馆刊》1987年第10期。

石经题记中出现大量邑、社，指出这些邑、社虽主要从事造经活动，但并非仅是为造经而临时组织起来，其成员，邑一般设邑主、邑官、平正、录事，普通成员称邑人，社由社官统一管理，僧侣、俗人均可担任社官；文章还对邑/社异同、邑/社与由商业同行组织的“行”的关系、邑/社中的佛道混合现象等进行了分析。又1989年，唐耕耦发表《房山石经题记中的唐代民间结社》[①]更为系统地梳理了石经题记中的社邑情况。首先针对行业性社邑，通过统计出现时间及规模，指出行业性社邑分布较为集中，主要位于幽州范阳郡和大历四年（769）自幽州分出的涿州治所，时间也集中分布在玄宗天宝年间和德宗贞元年间；进而围绕地区和跨地区社邑，通过列表统计的方式确认其主要集中在天宝、贞元年间，但也指出不同时期社邑构成存在差异，即天宝年间的社邑多为行业性社邑和以州郡县命名的社邑，成员以工商业者和城市居民为主，贞元年间则以村名、乡名的社邑为多，成员以乡村居民为主，判断这反映出贞元时期城市工商业大不如天宝时兴盛。最后，作者还参照敦煌社邑文书，对社邑的组织结构、人数规模、社会身份、上经月日等进行了探讨。通过这些梳理，文章对房山石经所见幽州社邑进行了全景描摹，在确认幽州社邑与其他地域社邑异同的基础上充分挖掘前者的独特之处，并注意其在不同时期的历史演变，由此呈现了唐代幽州社邑的整体图景。

长期致力于房山石经研究的气贺泽保规也注意到石经中的社邑，先后发表多篇文章探讨石经刊刻背后的人群。在1988年刊出的《唐代幽州の地域と社会—房山石経題記を手がかりとして—》[②]一文中，作者以房山石经中《大般若经》题记为线索，梳理其中的社邑组织，由此勾勒出一个以房山云居寺

① 唐耕耦：《房山石经题记中的唐代民间结社》，《文献》1989年第1期。

② [日]气贺泽保规：《唐代幽州の地域と社会—房山石経題記を手がかりとして—》，载唐代史研究会编《中國都市の歴史的研究》，东京：刀水书房，1988年，第157—167页。

为中心的信仰范围，并指出名为“行”的各类行会亦参与其中。之后1996年发表的《唐代房山雲居寺の発展と石経事業》[①]，作者继续瞩目幽州社邑，通过分析天宝元年（742）开始并在唐代后半叶大量刻造的《大般若波罗蜜多经》题记，发现同业组织的“行”与信仰团体组织的“社”参与了这类石经的制作，由此确认刻经事业得到了以幽州为中心的新兴都市工商业者的支持。又2013年发表的《房山雲居寺石経事業と唐後半期の社会》[②]，作者进一步聚焦唐代后半期，指出与安史之乱前由都市居民构成石经事业的核心力量不同，唐代后半期幽州卢龙军节度使及一般居民逐渐参与刻经，且其范围扩大至以卢龙军（幽州）为中心的河北全境，人群也兼有胡汉。这样，通过对房山刻经人群的历时性梳理，作者从另一维度向我们展示了唐代幽州社邑构成乃至地域社会全体的变迁状况。

社邑是佛教传入中国之后的产物，那么在社邑出现之前，宗教信仰人群的组织形态又是怎样的？魏斌《东汉地方神祠的信仰形态——重读六通元氏碑刻》[③]即致力于发掘社邑组织前史。文章通过分析保存至今的六通河北元氏县碑刻——《祀三公山碑》（元初四年，117）、《三公山神碑》（本初元年，146）、《封龙山颂》（延熹七年，164）、《无极山碑》（光和四年，181）、《三公之碑》（光和四年，181）、《白石神君碑》（光和六年，183），指出这些山神祠虽由地方官府主导建立，官府在面临祈雨禳灾需要和长吏德政追求时也会进行祭祀，但山神祠更为日常性的信仰图景则是用于庙巫和周边地域民众的祭祀祈祷活动；而民众祭祀分为个人和集体性两种，后者包括血缘性家族和

① ［日］气贺泽保规：《唐代房山雲居寺の発展と石経事業》，载［日］气贺泽保规编《中國仏教石経の研究—房山雲居寺石経を中心に—》，第23—105页。

② ［日］气贺泽保规：《房山雲居寺石経事業と唐後半期の社会》，载［日］气贺泽保规编《中国中世仏教石刻の研究》，东京：勉诚出版，2013年，第296—333页。

③ 魏斌：《东汉地方神祠的信仰形态——重读六通元氏碑刻》，《中华文史论丛》2021年第1期。

超越血缘的地域性群体两种结合方式，与早期道教组织和佛教社邑有着内在的共通性。亦即在作者看来，早期道教组织和佛教社邑并非无源之水，而是均可以在地方神祠信仰中找到滥觞，地方神祠信仰中出现的集体性运作方式，既可以成为早期道教组织的民俗基础，在佛教传入后也容易转化为社邑造像、造寺和斋会等集体性的佛事行为。

除去有组织的信仰形态，围绕特定地域信仰周边人群、社会的研究还有以下一些。爱宕元《唐代江南における宗教的関係を媒介とした士人と地域社会—「潤州仁静観魏法師碑」を手掛りに—》[1]以立于唐仪凤二年（677）的《润州静观魏法师碑》为线索，探讨基于宗教信仰而形成的特定地域内道俗士人之间的联系。通过分析碑主魏（隆）法师的出身、师承、宗教地位及碑阴题名所见信众的身份地位，作者指出，作为茅山派道士的魏法师虽出身寒门士族，但凭借崇高的宗教地位在地方影响巨大，赢得包括地方官僚、魏氏族人和周边民众的礼敬。在此基础上，周鼎《家族、地域与信仰：〈唐润州仁静观魏法师碑〉所见唐初江南社会》[2]进一步申述魏法师与信众之间的关联，指出和魏法师出身的任城魏氏在西晋末南渡、以侨姓低级士族活跃于京口一带类似，碑文与碑阴所见信众，大多也是东晋以降迁徙、定居于京口的侨民后裔，及至唐初，多已完成土著化。不难看出，在作者看来，魏法师除了以宗教信仰为媒介与地方民众建立联系，东晋南朝形成的家族网络也在其中发挥着影响。基于此，作者对唐初江南地域人群关系演变提出更具理论意义的思考，即虽然历经王朝鼎革、政区废置等，但在江南地域社会内部，人群结构与人际结合的样态均呈现出静态感、延续性的一面。这一认识为观察六朝隋

① ［日］爱宕元：《唐代江南における宗教的関係を媒介とした士人と地域社会—「潤州仁静観魏法師碑」を手掛りに—》，载［日］谷川道雄编《中国士大夫階級と地域社会との関係について総合的研究》，《昭和五七年度科学研究費総合研究 A 研究成果報告書》，1983 年，后收入氏著《唐代地域社会史研究》，第 333—355 页。

② 周鼎：《家族、地域与信仰：〈唐润州仁静观魏法师碑〉所见唐初江南社会》，《史林》2019 年第 1 期。

唐地域社会的演进提供了新的面向，对反思诸如“士族中央化”的既有解释框架不无裨益。

爱宕、周二文系围绕单件碑志展开，一地集中分布的造像记则为观察地域内信仰周边人群提供了更为丰富的素材。北村一仁即在之前基于正史等传世文献考察南北朝时期边境人群的基础上，利用造像记对边境地域的信仰人群进行审视，尤其是东魏北齐与西魏北周的边境地域，最受瞩目。《南北朝後期潁川地区の人々と社会—石刻史料を手掛かりとして—》[①]首先扼要说明了东魏北齐、西魏北周对立时期颍川地区的地理环境及政局状况，继而以当地所见四方造像碑记——东魏兴和二年（540）立《敬史君禅敬寺刹前铭》、西魏大统十三年（547）立《杜照贤等立四面佛题名》、东魏武定八年（550）立《杜文雅等十四人造像记》、北齐武平五年（574）立《张思伯造浮图记》——为中心，指出身处战乱漩涡的颍川民众制作造像，一方面旨在祈求佛、观世音菩萨等护佑，另一方面则希望通过基于血缘、地缘、信仰等形成以“乡豪”等为中心的“邑”，与王朝国家建立联系。换言之，在作者看来，地方民众自发组织、制作的佛教造像，并非只是单纯信仰的产物，同时还含有向王朝表示效忠、借以谋求生存的特定政治意图。

随后《北朝～隋初期の河東地域における諸仏教事業の背景—絳邵地区出土仏教碑記の研究・序説—》[②]同样瞩目东西政权对立之际边境地域的造像事业，在梳理河东北部绛邵地区（约当今山西运城北部）的环境、北朝后期至隋初地方政局及佛教传布状况的基础上，系统分析当地出土的造像碑记，指出从北朝到隋初，当地佛教信众往往结成社邑进行造像、修筑寺院乃至个

① ［日］北村一仁：《南北朝後期潁川地区の人々と社会—石刻史料を手掛かりとして—》，《龍谷史壇》第129号，2008年，第45—81页。

② ［日］北村一仁：《北朝～隋初期の河東地域における諸仏教事業の背景—絳邵地区出土仏教碑記の研究・序説—》，《東洋史苑》第81号，2013年，第62—113页。按，本文重点讨论社邑，但考虑到与上下文一脉相承，故置于此。

人表彰等集体事业，这些社邑包括三种类型：其一是以单个家族为中心、基于血缘而形成的社邑；其二是以地域内居住，包括多姓氏人群、基于地缘而形成的社邑；其三是以长官与僚佐为中心、基于官缘而形成的社邑。其中第三类社邑成员主要为非汉族人群。

在前文分析的基础上，北村进一步探讨分别从属东西政权的边境地域民众造像之间的异同。以同者言之，即是强调不少造像均带有强烈的政治意涵。《両魏期における正平高涼楊氏と地域社会—仏教造像事業をめぐる人々とその目的—》[①]以西魏大统六年（540）立《巨始光等造像碑》、北魏永安三年（530）后不久立《僧智薛凤归等道俗造像记》为中心，具体考察绛郃地区的豪族正平高凉（今属山西稷山）杨氏，探讨其参与造像事业的考量及意义，指出北魏末至东、西魏对立时期，当地形成以杨氏为中心并联合地方官巨氏及地方大族王氏、张氏等的社邑。在东、西魏对立之际，他们出资造像，试图通过向政权表达归属，实现维护地方自治的目的，而造像主导者即是归属西魏的杨氏。

对该时期从属东部政权的边境地域造像的分析见于以下二文。《北朝国境地域における仏教造像事業と地域社会—山西陽城出土「上官氏等合邑造釋迦仏像摩崖」を手がかりとして—》[②]以山西阳城出土的北齐天保六年（555）立《上官氏等合邑造释迦佛像摩崖》为线索，确认以上官氏一族为主要构成的社邑制作此摩崖，带有强烈的政治意图：一方面，借以宣示对东魏、北齐政权的忠诚，凝聚当地人心；另一方面，还有意与同样在边境地域进行佛教事业的西魏、北周将军杨檦进行对抗。《北魏、东魏时期端氏县酒氏家族的佛

① ［日］北村一仁：《両魏期における正平高涼楊氏と地域社会—仏教造像事業をめぐる人々とその目的—》，《龍谷史壇》第140号，2015年，第29—78页。

② ［日］北村一仁：《北朝国境地域における仏教造像事業と地域社会—山西陽城出土「上官氏等合邑造釋迦仏像摩崖」を手がかりとして—》，《東洋史苑》第84号，2015年，第1—46页。

教造像事业》[①]则以安平端氏酒氏家族在北魏、东魏时期制作的一系列造像为中心，指出与北魏时期酒氏造像题名未见官职、表明与北魏政权关系较为疏远不同，东魏时期造像题名中酒氏不少都有官职。在作者看来，东魏政府试图通过任命当地人担任地方官吏的方式拉拢他们，这是酒氏家族成员获得官职的重要原因，而酒氏也借助造像表达效忠东魏的态度，以期维护自身利益。据此可见，尽管这些造像的“金主”构成相对简单，大抵由一族制作，但政治意涵同样直接且丰富，绝非只是单纯基于个人信仰。

至于分别从属东西政权的边境地域民众造像之间的差异，北村认为西魏、北周一方多建造大型造像碑，参与者多是由作为地方官吏的当地豪族或北族贵族主持，当地民众作为僚佐或普通民众参与其中；与之相对，东魏、北齐很少制作这类大型造像，参与造像的地方官吏也不多。关于此，前文中已有所涉及，《北朝～隋における民衆仏教と地域社会—山西省運城市出土の仏教石刻を用いて—》[②]和《北朝国境地域社会における造像事業と人々—汝水上～中流域の状況について—》[③]分别考察分属西魏、北周和东魏、北齐的造像，进一步论证此问题。前者围绕西魏、北周在河东地区两个军事据点树立的造像碑——北周保定元年（561）立于玉壁城的《延寿公碑》和天和六年（571）立于龙头城的《拔拔嵘碑》，指出二碑均是以地方长官为主导、结合作为僚佐的地方豪右和乡里民众制作而成，显示出浓厚的社会、政治色彩；后者聚焦同样位于东西边境地域的汝水上、中流域的八件造像碑记，在分析其

① ［日］北村一仁：《北魏、东魏时期端氏县酒氏家族的佛教造像事业》，载楼劲主编《魏晋南北朝史的新探索——中国魏晋南北朝史学会第十一届年会暨国际学术研讨会论文集》，中国社会科学出版社，2015年，第518—534页。

② ［日］北村一仁：《北朝～隋における民衆仏教と地域社会—山西省運城市出土の仏教石刻を用いて—》，龍谷大学アジア仏教文化研究センター《2014年度研究報告書》，2015年，第379—404页。

③ ［日］北村一仁：《北朝国境地域社会における造像事業と人々—汝水上～中流域の状況について—》，《東洋史苑》第86、87号，2016年，第267—324页。

地理位置、造像规模及参与人群的基础上，确认其与西魏、北周主导下河东地区的造像事业不同，即汝水上、中游的八件造像均非由地方官主导的大规模造像事业。在作者看来，这种差异其实反映出东西政权统治方针存在差异，即北周试图通过佛教积极介入地方社会，而北齐则似乎无此用意。

无论如何，重视边境地域尤其是从属西魏、北周地区的造像背后的政治意涵，这在北村一仁对边境地域造像的认识中是非常突出的。[①]当然，北村也意识到并非所有立于边境地域的造像都旨在表达政治意愿。《河南省洛寧県出土「北周牛氏千仏碑」に見る東西国境地域社会—「南北朝～隋代仏教石刻タイムマップ」の活用例—》[②]即瞩目河南洛宁出土、北周保定五年（565）立《北周牛氏千佛碑》，在细致分析其建立背景、参与人群的基础上，指出其与河东地区由地方长官主导的大型造像不同，确认该碑系当地土豪牛氏基于私人意愿而立，其中并未窥见明显的政治意图。又《東魏～北斉期の「豫北」地域における造像と社会事業—義井・義橋・八関斎—》[③]对于一度为战火所波及的豫北地区的造像、营立佛寺乃至建造义井、义桥等慈善事业，也强调其主导者为李氏、吕氏、廉氏、尚氏、张氏等地方大族，并判断法华信仰传统及地方经济发展乃是推动诸族开展造像及慈善事业的主要原因。要之，尽管北村关注的边境地域并不多元，仅集中在西魏、北周与东魏、北齐位于山西南部至河南北部、西部一线的边境，但作者并未将此地域信仰人群的活动描绘成单一图景，而是充分注意到各地差异，由此呈现出不同地域信仰人群

① 关于此，2017年发表的《北朝期における「邑義」の諸相——国境地域における仏教と人々》一文也有涉及，于此不赘。初刊《アジア遊学》第213号，2017年，又收入［日］窪添庆文编《魏晋南北朝史のいま》，东京：勉诚出版，2017年，第110—120页。

② ［日］北村一仁：《河南省洛寧県出土「北周牛氏千仏碑」に見る東西国境地域社会—「南北朝～隋代仏教石刻タイムマップ」の活用例—》，载龙谷大学亚洲佛教文心编研究中心编《2014年度研究報告書》，2015年，第219—242页。

③ ［日］北村一仁：《東魏～北斉期の「豫北」地域における造像と社会事業—義井・義橋・八関斎—》，《東アジア石刻研究》第9号，2022年，第1—58页。

在建造佛像等佛教活动时丰富而鲜活的历史场景。

除了北村一仁上述研究，其他学者也曾利用一地集中分布的石刻文献探讨当地信仰人群动向。刘淑芬《从本愿寺石刻看唐代获鹿的地方社会》[①]以唐代获鹿县（今河北石家庄鹿泉区）九件唐代佛教石刻为线索，探讨本愿寺在从武后长安二年（702）迄玄宗天宝四载（745）四十余年时间内发展背后的获鹿地方社会。文章首先梳理本愿寺史，提出这四十余年是本愿寺发展的重要时期，并通过碑刻题名确认本愿寺的主要支持者是获鹿本地人士，由此指出本地居民的社会阶层、生计与经济情况与本愿寺发展密切相关。在作者看来，获鹿地区在高宗和玄宗天宝初年两度兴修水利，农业生产增加，地区经济力提升，使得当地信徒更有余裕赞助寺院各项宗教活动和寺院建设；又获鹿地区居民中有不少应募从军者，从军行役之苦使他们倾向于借助宗教活动以祈求平安；此外，地方官员希望累积名望，也有助于寺院硬件设施的建设。这样，在当地居民及地方官员的支持下，加上僧人智秀的推广教化，本愿寺得以迅速发展。

刘琴丽《唐代幽州军人与佛教——以〈房山石经题记汇编〉为中心》[②]重点关注幽州军人群体的佛教信仰表现，指出不少幽州军人都曾参与刻经，盛唐至晚唐时期，更是成为当地佛教事业发展的主要支柱之一；而幽州军人刻经之诉求，除了常见的为自己和亲属祈福，还包括为节度使及其家人祈福、为节度使生日祝寿等，具有一定的地域特色。作者认为，这显现出佛教已被部分幽州军人利用，成为他们政治宣传的工具。

---

① 刘淑芬：《从本愿寺石刻看唐代获鹿的地方社会》，载简牍学会编辑部主编《劳贞一先生九秩荣庆论文集》，兰台出版社，1997 年，后收入氏著《中古的佛教与社会》，上海古籍出版社，2008 年，第 115—144 页。

② 刘琴丽：《唐代幽州军人与佛教——以〈房山石经题记汇编〉为中心》，《世界宗教研究》2011 年第 6 期。

孙齐《芮城道教三百年史——以北朝隋唐造像为中心的考察》[1]是对北朝隋唐山西芮城地区信仰演变进行探讨的一篇宏文。文章以五十余件芮城地区所见北朝隋唐造像为中心，考察不同身份的人群在地区信仰历时性变迁中的地位与选择，指出在北朝时期，芮城宗教活动是以家族为中心，芮城地区最重要的家族陈氏、张氏，信奉佛教，居住在芮城县城周围，社会地位较高，相互联姻；与此同时，居住在黄河南岸的焦家、李家和蔡家则信奉道教，这一分布状况表明道教在当时属于边缘地带的弱势家族所信仰的宗教。不过在进入8世纪后，芮城道教进入"道观时代"，当地至少修建了五座道观，因道观道士能够享受授田、免赋等优待条件变得有利可图，佛教家族陈氏、张氏遂被道教吸收，并进入道观体制内部，甚至担任观主等教内高级职务，而最重要的奉道家族焦家却未能在道观中占据一席之地。在作者看来，地方强势家族在唐代道观道士的竞争中占得先机，正反映出地方权势家族对道观体制的把持和垄断。这样，通过展示信仰人群对信仰背后利益的追求，作者向我们展示了"神圣"宗教信仰极为"世俗"的一面。

段彬《高欢侍佛图与北朝晚期的肆州地域社会》[2]以2013年出土于山西忻州市忻府区的东魏武定二年（544）造高欢侍佛图为线索，并结合周边所出造像记，考察北朝晚期肆州地域人群的政治动向。文章首先通过还原高欢侍佛图的刊刻过程，推测该图系通过宣示造像者与最高权力者之间的联系，标榜造像者的现实地位。由此，作者将目光引向造像者，指出包括高欢侍佛图在内的肆州造像记往往是由临时组成的佛教社邑建造而成，这些社邑多由具有任官成员的"乡豪"家族主导构成中坚力量。作者认为，这些乡豪通过家族联姻、宗教仪式相互联结，并因受益于尔朱氏及高欢崛起而形成共同的政治

---

① 孙齐：《芮城道教三百年史——以北朝隋唐造像为中心的考察》，载叶炜主编《唐研究》（第24卷），北京大学出版社，2019年，第207—265页。

② 段彬：《高欢侍佛图与北朝晚期的肆州地域社会》，载复旦大学历史学系、《中国中古史研究》编委会编《中国中古史研究》（第10卷），中西书局，2023年，第51—77页。

态度，因此他们的造像活动绝非单纯的宗教仪式，而是借助造像攀附权力，同时彰显自身的政治、社会地位，具有浓烈的政治性色彩。

又特定地域内特定家族的宗教信仰，学者也有所留意。按，中古时期家族信仰世代传承，这一点已为学界熟知，与家族信仰相关的石刻文献的出土，则为了解其细节提供了诸多史料。吉川忠夫《唐代河東聞喜の裴氏と仏教信仰—中眷裴氏の三階教信仰を中心として—》①瞩目河东闻喜裴氏，结合正史列传与数十方墓志、塔铭、神道碑，对唐代河东闻喜裴氏一族的佛教信仰进行了全景描摹，尤其指出其中多崇奉三阶教。佐藤智水《河北省涿県の北魏造像と邑義（前編）》，注意到河北涿州出土三件北魏造像，均有高氏族人参与，据此对涿州当陌村高氏的社会地位进行了探索，根据高氏家族成员没有官爵，且未联姻幽州名族，推测该族大约处于地方中间阶层稍上的位置。②沈国光新刊《北朝隋唐冯翊严氏奉佛考——以石刻史料为中心》③聚焦冯翊严氏，广泛利用碑志、造像记、经幢等各类石刻文献，对北朝、隋唐冯翊严氏一族的奉佛事迹进行了系统梳理，指出在北朝时期，冯翊严氏已经开始倾心于佛教，尤其是在关中地区，积极进行弘法实践；至唐代，随着以严挺之为代表的唐代冯翊严氏定居洛阳，受洛阳释风影响，严氏坚持以佛教信仰作为家学传承，连续数世均有家族人员与佛教关系密切，甚至出家为僧尼；另一方面，严氏不少家族成员又因仕宦供职地方，如严武仕于巴州，严士良仕于江州，严绶仕于宣州、并州、襄州等地，他们与当地僧人发生接触，推动各地佛教事业的发展。这样，以河东闻喜裴

① ［日］吉川忠夫：《唐代河東聞喜の裴氏と仏教信仰—中眷裴氏の三階教信仰を中心として—》，载［日］吉川忠夫编《唐代の宗教》，京都：朋友书店，2000 年，第 35—61 页。

② ［日］佐藤智水：《河北省涿県の北魏造像と邑義（前編）》，《仏教史研究》第 43 号，2007 年，第 1—39 页。

③ 沈国光：《北朝隋唐冯翊严氏奉佛考——以石刻史料为中心》，载叶炜主编《唐研究》（第 29 卷），北京大学出版社，2024 年，第 337—369 页。

氏和冯翊严氏为样本，吉川和沈氏先后清晰勾勒了信仰在家族发展过程中的传递性，由此进一步丰富了学界对中古时期家族信仰的认识。

要之，基于碑志对信仰周边人群、社会的研究，虽然其行文也围绕宗教信仰展开，但信仰自身并不构成论述中心，信仰背后人群的考量——无论是出自虔诚的信仰需求，还是另有特定政治、社会目的，以及活动——譬如如何实践宗教信仰，信仰之下如何经营日常生活等，才是学者着力探讨的内容。而借助这一视角转换，“神圣”的宗教信仰与“世俗”的地域社会有了更多联结之处，由此立足前者的研究得以透视更多具体鲜活的地域社会图景。

三、地方政治研究

在社会学的传统定义中，社会乃是与国家相对立的一种存在。不过在中国古代，“普天之下，莫非王土；率土之滨，莫非王臣”，无论多么偏远，社会无时无刻不处在国家权力的控制之下，只是强弱或有差别。这也就意味着，政治是社会史研究无法回避的课题，从碑志出发的中古地域社会史研究，也有不少触及地方政治。

基于碑志的地方政治研究，按其主题，大致可以分为两类：一是围绕权力，着重考察国家权力如何渗透、支配地方，以及包括地方长官、强宗大族和普通百姓在内的地方势力如何与国家权力合作或反拨，这类研究可称之为地方统治研究；二是围绕治理，即致力于探讨地方长吏如何有效管理地方，这类研究可称之为地方治理研究。

关于国家权力如何渗透地方，简而言之，大致可以分为两种途径，一是基于制度设计，二是通过具体政治行为。关于前者，最为密切相关的便是基层地方行政建制。按传世文献对地方行政建制的记载大抵偏于郡县以上，县以下只是笼统言之，而在包括石刻文献在内的出土文献中，县以下诸如乡里城坊等行政建制，则被大量提及。因此，对于县以下基层乡里城坊的考索，便成为

碑志出发的中古地方政治研究的重要课题，无论王朝都城洛阳①、长安②、邺

① 关于汉魏洛阳，参陈长安：《邙山北魏墓志中的洛阳地名及其相关问题》，《中原文物》1997年增刊；张剑：《关于北魏洛阳城里坊的几个问题》，载洛阳市文物工作队编《洛阳考古四十年——一九九二洛阳考古学术研讨会论文集》，科学出版社，1996年，第263—269页；张金龙：《北魏洛阳里坊制度探微》，《历史研究》1999年第6期；陈建军、王莉萍、周华：《北魏洛阳城里坊新考》，载中国古都学会编《中国古都研究》（第2辑），三秦出版社，2015年，第116—132页；陈建军、苏静、周华：《汉魏洛阳城里坊搜佚》，《三门峡职业技术学院学报》2017年第3期；陈建军、周华：《汉魏洛阳城里坊补录与辨误》，《中国古都研究》2022年第1期，第54—67页。
关于隋唐洛阳，参赵超：《唐代洛阳城坊补考》，《考古》1987年第9期；赵振华、何汉儒：《唐代洛阳乡里村方位初探》，载赵振华主编《洛阳出土墓志研究文集》，朝华出版社，2002年，第41—119页；张剑：《洛阳出土墓志与洛阳古代行政区划之关系》，载赵振华主编《洛阳出土墓志研究文集》，第133—162页；李浩：《唐代乡村组织研究》，山东大学博士学位论文，2003年，第30—31页；周晓薇、王其祎、王灵：《隋代东都洛阳城四郊地名考补——以隋代墓志铭为基本素材》，《中国历史地理论丛》2009年第3辑；周晓薇、王其祎：《隋东都洛阳城坊考补》，《中国历史地理论丛》2014年第2辑；田卫卫：《唐洛阳里坊辑补——以大唐西市博物馆藏墓志为中心（上）》，载西安碑林博物馆编《碑林集刊》（第21辑），三秦出版社，2015年，第90—97页；田卫卫：《唐洛阳里坊辑补——以大唐西市博物馆藏墓志为中心（下）》，载西安碑林博物馆编《碑林集刊》（第22辑），三秦出版社，2016年，第143—150页；陈呈、马强：《唐代东都之洛阳县乡村里地名补考——以出土唐人墓志为主的考察》，《中国历史地理论丛》2016年第1期；马强：《出土唐人墓志历史地理研究》，科学出版社，2020年，第85—183页。
以隋唐两京乡里城坊为题的论著，也论及隋唐洛阳。参辛德勇：《隋唐两京丛考》，初刊1991年，三秦出版社，2006年，第146—198页；阎文儒、阎万钧：《两京城坊考补》，河南人民出版社，1992年，第609—1135页；杨鸿年：《隋唐两京坊里谱》，上海古籍出版社，1999年；《隋唐两京考》，武汉大学出版社，2005年；〔清〕徐松撰，李健超增订：《增订唐两京城坊考》（修订版），三秦出版社，2006年，第262—447页；［日］爱宕元：《両京郷里村考》，《東洋史研究》第40卷第3号，1981年，后收入氏著《唐代地域社会史研究》，第3—94页；《唐代京兆府・河南府郷里村考》，载唐代史研究会编《東アジアにおける国家と地域》，东京：刀水书房，1999年，第163—190页；陈呈：《唐两京乡村地名考论——以出土唐代墓志为主的考察》，西南大学硕士学位论文，2016年。

② 关于北周及隋唐长安，参王仲荦：《北周地理志》，中华书局，1980年，第5—19页；辛德勇：《隋大兴城坊考稿》，载侯仁之编《燕京学报》（新27期），北京大学出版社，2009年，第25—72页；田卫卫：《唐长安坊里辑补——以大唐西市博物馆藏墓志为中心》，载西安碑林博物馆编《碑林集刊》（第18辑），三秦出版社，2012年，第108—129页；武伯纶：《唐万年、长安县乡里考》，《考古学报》1963年第2期；《唐万年、长安县乡里补考》，二文后合并改题《唐代长安郊区的研究》，收入氏著《古城集》，三秦出版社，1987年，第88—138页；杜文玉：《唐长安县、万年县乡

城[1]，还是地方重镇扬州[2]、幽州[3]、成都[4]，乃至偏僻如浙东慈溪地区[5]，其基

里补考》，载史念海主编《汉唐长安与关中平原》，《中国历史地理论丛》1999 年增刊，第 395—402 页，后收入氏著《中国中古政治与社会史论稿》，三秦出版社，2010 年，第 310—316 页；尚民杰：《唐长安、万年县乡村续考》，载西安市文物保护考古所编《西安文物考古研究》，陕西人民出版社，2004 年，第 365—390 页，后收入氏著《长安绎古——汉唐历史考古文集》，文物出版社，2016 年，第 96—120 页；程义：《隋唐长安辖县乡里考新补》，《中国历史地理论丛》2006 年第 4 期；［日］户崎哲彦：《唐京兆府万年县乡里补考》，《中国历史地理论丛》2010 年第 2 期；高铁泰：《对〈唐京兆府万年县乡里补考〉的异议》，《唐都学刊》2011 年第 4 期；马强：《出土唐人墓志历史地理研究》，第 184—233 页；徐畅：《长安未远——唐代京畿的乡村社会》，生活・读书・新知三联书店，2021 年，第 87—129 页；吕笑丹：《唐万年、长安县乡村考订补》，《中国古都研究》2023 年第 1 辑，第 85—96 页。

以隋唐两京乡里城坊为题的论著，也论及隋唐长安。参辛德勇：《隋唐两京丛考》，第 1—145 页；阎文儒、阎万钧：《两京城坊考补》，第 8—608 页；杨鸿年：《隋唐两京坊里谱》《隋唐两京考》；〔清〕徐松撰，李健超增订：《增订唐两京城坊考（修订版）》，第 1—261 页；［日］爱宕元：《両京郷里村考》，《唐代地域社会史研究》，第 3—94 页；《唐代京兆府・河南府郷里村考》，载唐代史研究会编《東アジアにおける国家と地域》，第 163—190 页；陈呈：《唐两京乡村地名考论——以出土唐代墓志为主的考察》，西南大学硕士学位论文，2016 年。

① 关于东魏、北齐邺城，参王仲荦：《北周地理志》，第 904—929 页；牛润珍：《东魏北齐邺京里坊制度考》，《晋阳学刊》2009 年第 6 期；《古都邺城研究——中世纪东亚都城制度探源》，中华书局，2015 年，第 199—204 页；郭济桥：《东魏北齐邺京城乡建制》，《殷都学刊》2012 年第 4 期；王莉萍、陈建军、周华：《邺都里坊补遗》，《中国古都研究》2016 年第 2 辑；蒋子谦：《东魏北齐邺都基层建制与管理考》，《中国国家博物馆馆刊》2019 年第 11 期；杜鹃花、周华、陈建军：《东魏北齐邺都可考里坊的补录与辨误》，《三门峡职业技术学院学报》2022 年第 4 期；庄丽、陈建军：《邺城里坊续补》，《华夏考古》2023 年第 4 期；等等。

② 关于唐代扬州，参［日］爱宕元：《唐代の揚州城とその郊区》，载［日］梅原郁编《中國近世の都市と文化》，京都：京都大学人文科学研究所，1984 年，后收入氏著《唐代地域社会史研究》，第 357—413 页；陈彝秋：《唐代扬州城坊乡里考略》，《扬州大学学报》（人文社会科学版）2000 年第 2 期。

③ 关于唐代幽州，参赵其昌：《唐幽州村乡初探》，载中国考古学会编辑《中国考古学会第一次年会论文集 1979》，文物出版社，1980 年，《唐幽州村乡再探》，《首都博物馆论丛》1994 第 1 期，二文后皆收入氏著《京华集》，文物出版社，2008 年，第 36—59 页。

④ 关于唐代成都，参王文才：《成都城坊考》，巴蜀书社，1986 年；易立：《唐宋时期成都府辖县乡、里考》，载成都文物考古研究所编著《成都考古研究》（第 2 辑），科学出版社，2013 年。

⑤ 张宇佳：《越窑瓷墓志所见九至十世纪的浙东慈溪地方社会》，首都师范大学硕士学位论文，2020 年，第 21—42 页。

层乡里城坊的构成、分布、关系乃至内部空间等，均因立足石刻文献的搜简、考索而获得相当程度澄清。[①]

至于具体政治行为，将新地民众转为国家控制下的编户齐民，是学者最常论及的内容之一。林昌丈《斯叟何在？——从越嶲郡东汉光和、初平石刻谈起》[②]重新审视位于今凉山昭觉的光和三年（180）石刻与初平二年（191）石刻，并结合考古遗址分布，从微观尺度细致呈现东汉王朝行政体系沿交通线深入大凉山腹地的进程。文章通过细读光和石表所记“庚子诏书”，指出石表并非旨在刊刻庚子诏书，安斯乡的析置、乡有秩的迁转及其十四里民众的复除，才是表文呈现的核心内容，初平石刻的重点亦是如此。在作者看来，石表的刻立与东汉末政治、社会环境密切相关，亦即秦汉时期，王朝沿交通线将权力的触角伸入深远之地。不过，随着编户和王化的加深，当地包括蛮夷和汉民在内的普通民众赋役负担越发沉重，以致激起民变，在此状况下，适时调整原有赋税政策成为缓和矛盾的重要手段，两件石刻重点刊刻复除内容，其用意即在此。文章从交通道路、乡里编排和租赋复除三个要素入手，揭示在汉民、叟夷错杂而处的大凉山腹地，王朝权力与地方长吏、地方势力之间既有竞争又有合作的复杂历史图景。

在另一篇文章中，林昌丈又讨论了王朝权力如何深入闽地人群。《试论汉六朝闽地人群的编户化进程——以墓砖铭文为中心》[③]以福建地区出土墓砖铭文为中心，勾勒了闽地人群在汉魏六朝时期的编户化进程。文章首先通过对武夷山城村汉城遗址、浦城临江镇上面山遗址出土板瓦、筒瓦等建筑材料及陶器上所见工匠人名的考察，确认西汉闽越国部分人群已拥有汉名但无汉

① 又黄敏据石刻文献论及汉魏六朝多个地区的乡村里坊，参《汉魏六朝石刻乡里村坊研究》，中国社会科学出版社，2019年。

② 林昌丈：《斯叟何在？——从越嶲郡东汉光和、初平石刻谈起》，载武汉大学中国三至九世纪研究所编《魏晋南北朝隋唐史资料》（第48辑），第5—27页。

③ 林昌丈：《试论汉六朝闽地人群的编户化进程——以墓砖铭文为中心》，《文史哲》2019年第2期。

姓；随着西汉攻占闽越，闽地建立相对稳定的郡县行政体系，更多土著人群被编户入籍，由此获得华夏化特征的姓氏；及东晋、南朝时期，稍成规模的移民入闽，闽地人群的姓氏结构发生变动，形成侨旧混杂的社会面貌，但土著仍占主体。这样，以闽地人群的姓氏变化为线索，以编户化为主轴，作者向我们展示了闽地人群从“化外”至“化内”缓慢且不乏曲折的转变过程。

殷盼盼《北魏泾水中上游的族群融合与王朝管理——以〈皇甫驎墓志〉为线索》[①]则涉及北魏前期泾水中上游地区一些部族从部落社会到郡县编户的变迁历程。文章在唐长孺既有论述的基础上，聚焦《皇甫驎墓志》载志主于孝文帝延兴年间被泾州胡族推为“统酋”一事，指出统酋是北魏管理胡族部落的职务，一般由胡族酋豪担任；北魏太武帝占据泾水中上游初期，当地保留了大量胡族聚落，胡族酋豪势力强大，北魏通过封爵、任官等方式将胡族酋豪纳入管理体系，并将胡族部落编户化；随着平凉休屠胡金崖、黄石屠各路那罗、卢水胡刘超等叛乱相继被平定，胡族部落趋于瓦解，酋豪势力日渐削弱，延兴年间汉人豪右皇甫驎出任统酋，不仅反映出泾州胡族部落进一步瓦解，同时标志着泾州胡、汉势力对比发生逆转，至6世纪初，汉人豪右更是成为泾州区域政治的主导力量。

除了编户齐民，国家将权力扩展至地方的方式还有许多。譬如暴力形式的军事占领，胡开全、王怀成、王兴振、胡哲先后以位于今成都龙泉驿天落石、由北周仪同三司强独乐、大都督夫蒙儁于北周孝闵帝元年（557）制作的造像龛及摩崖石碑《北周文王碑》为据，明确宇文泰是以军事统治的方式治理蜀地。[②]魏斌

① 殷盼盼：《北魏泾水中上游的族群融合与王朝管理——以〈皇甫驎墓志〉为线索》，《中国边疆史地研究》2024 年第 1 期。

② 胡开全：《北周文王碑考释》，载四川省社会科学院、四川省人民政府文史研究馆主办《国学》（第 2 集），四川人民出版社，2015 年，第 158—167 页；王怀成：《成都龙泉驿北周文王碑及宇文泰治蜀之道》，载四川师范大学中华传统文化学院、四川省人民政府文史研究馆编《国学》（第 8 集），巴蜀书社，2020 年，第 154—155 页；王兴振、胡哲：《西魏蜀地的政区建设与治理》，《史学月刊》2024 年第 2 期。

《北周天落石军团》[①]也瞩目该碑，探讨西魏平蜀后关陇军事体制在蜀地的展开过程。文章通过分析姓氏族属，指出强独乐、夫蒙儁分别出自氐、羌，统领的是一个在蜀地戍防的关陇集团——文中称之为天落石军团，推测军团成员主要来自渭水以北的氐、羌人口聚集区，北魏末年关陇动乱，当地氐、羌等人口最终被吸纳入尔朱天光、贺拔岳、侯莫陈悦、宇文泰军团，随后在西魏平蜀以及关陇军事体制向蜀地延伸的背景下，戍防于沱江中游的武康郡，成为西魏、北周控制蜀地的重要力量。作者认为，戍防武康的天落石军团，一方面防御旧梁残余势力，一方面控遏山地蛮獠，尤其是获取蛮獠活跃山地的盐铁资源，对支撑关陇军国体制具有重要意义。

又，交通建设也是国家权力向地方延伸的重要途径。王承文《晚唐高骈开凿安南"天威遥"运河事迹释证及推论——以裴铏所撰〈天威遥碑〉为中心的考察》[②]以海上运河"天威遥"的开凿为例，论述唐代对安南统治的强化。文章以镇守安南的高骈幕僚裴铏撰于唐咸通九年（868）并正式刻立于咸通十一年（870）的《天威遥碑》为中心，在梳理其文本流传、确认"天威遥"名称的基础上，指出高骈开凿的天威遥实际位于今广西壮族自治区防城港市江山区所在的江山半岛上，而高骈之所以花费巨大人力、物力开凿这条规模巨大的海上运河，则是因为以"天威遥"及其故迹为代表的海上航运通道是中央王朝联结安南地区的重要通道，自秦汉迄至隋唐，中央王朝与安南地区大规模的人员往来、军队调遣、赋税征收和货物运输，都极大地依赖海上航运通道。基于此，作者详细梳理历代对"天威遥"及其故迹的利用，确认东汉马援征讨交趾，即曾开凿"天威遥"运河，唐朝几次大规模用兵安南，也

① 魏斌：《北周天落石军团》，《文史》2023年第2辑。

② 王承文：《晚唐高骈开凿安南"天威遥"运河事迹释证及推论——以裴铏所撰〈天威遥碑〉为中心的考察》，原题《晚唐高骈开凿安南"天威遥"运河事迹释证——以裴铏所撰〈天威遥碑〉为中心的考察》，《"中研院"历史语言研究所集刊》第81本第3分册，2010年，后收入氏著《唐代环南海开发与地域社会变迁研究》，第328—432页。

都开凿或利用此条通道，咸通六年（865），随着高骈收复安南，驻扎军队，大规模军粮运输成为重要问题，高骈遂在前人基础上于咸通九年进一步开凿“天威遥”，确保军粮供应。要之，在作者看来，高骈开凿“天威遥”运河的直接原因是对安南地区数额巨大的军需粮饷运输，更深层的原因则是唐朝安南海上通道在政治、军事和海外贸易中所发挥的重要作用；随着“天威遥”的开凿，唐王朝在安南的统治获得重要支撑。

对于王朝权力鞭长莫及之地方的地方势力授官封爵，也是国家建立羁縻式统治的常用手段。新津健一郎《从西南蛮封爵看8世纪云南地区：以〈爨公墓志〉为线索》[①]以1999年四川成都出土、制作于唐贞元二年（786）的《爨公墓志》为中心，着眼于墓志记录的爵位及其世袭情况，探讨了8世纪云南地区的社会结构和政治体制。文章通过考证墓志内容，确认志主家族原是滇东大族，与8世纪中期爨蛮混乱和南诏反唐有着密切关系。进而，作者以墓志所记“南宁郡王”为线索，指出开元年间以前，在与吐蕃关系高度紧张的情况下，唐王朝优待当地附唐部族，最终在大理、滇东两区形成作为外藩的“王”并立的结构，借以维持王朝影响力及对抗吐蕃；及740年代末，爨氏因内讧变弱，760年代更因南诏徙民政策离开滇东，南宁郡王继承人守隅也加入南诏政权；另一方面，志主爨子华则迁居四川，面对破坏唐王朝秩序的南诏，被期待恢复秩序并获得虚封南宁郡王，驻屯于与封地有关的戎州路；780、790年代，剑南西川节度使韦皋重建包括南诏册封在内的西南边界统治体制，以统治云南一带的南诏王为中心，封其他大首领为“郡王”，爨氏作为郡王，重要性不复当年。这样，以封爵为线索，作者向我们展示了唐王朝于8世纪在云南地区建立统治的努力与无奈，封爵成为窥视彼时唐王朝统治云南强弱的重要指标。

编户齐民、军事占领、交通建设、授官封爵，可以说是国家伸展权力的“硬”统治，除此之外，宗教、仪礼、文化等柔性统治方式亦常为国家所使

---

① ［日］新津健一郎：《从西南蛮封爵看8世纪云南地区：以〈爨公墓志〉为线索》，载叶炜主编《唐研究》（第26卷），北京大学出版社，2021年，第209—234页。

用。王承文《越南新出隋朝〈舍利塔铭〉及相关问题考释》[①]以隋文帝仁寿元年（601）颁发天下三十州舍利并令建塔供奉为例，检讨这种统治方式在交州施行及面临的障碍。文中通过考释2004年越南北宁省出土仁寿元年立《舍利塔铭》，确认交州为奉安舍利的三十州之一。不过，作者注意到在接受舍利的三十州中，仅交州没有出现地方官迎合隋文帝崇佛及“雅好符瑞”心理而编造出来的“感应”事迹，推断这反映出彼时控制交州的李佛子对隋文帝试图通过颁发舍利宣示隋朝主权的行动有所抵触。故在作者看来，隋仁寿元年交州舍利塔的新建，实际折射出交州李佛子割据集团与隋中央王朝之间一段复杂而微妙的关系史。

新津健一郎《後漢西南地域における地方行政と地域文化の展開——成都東御街後漢碑にみる郡學と地域社會》[②]瞩目成都出土汉阳嘉二年（133）立李君碑及元嘉二年（152）立裴君碑，结合《华阳国志》等材料，探讨东汉后期王朝对四川地区的文化统治及引发的连锁反应。文章通过考察立碑者题名，确认其中大部分为蜀郡太守属吏、在郡学等官学机构讲学的学师；进而以学师姓氏为线索，指出学师群体不仅包括本郡大姓，还包括邻郡大姓，推测这可能与游学相关。在作者看来，因游学而酝酿的跨郡人际联系，促成了将包括数个郡的四川视为一个整体的“巴蜀”地域意识的生成。由此，作者意识到一个悖论，即国家权力出于统治的需要，将以儒教为代表的政治、学术文化引入四川，但在包括四川在内的边疆地区，基于此文化而形成的知识人团体，却可能滋生对王朝的离心力。

以上诸篇大抵旨在观察国家权力如何渗透、支配地方，当然，正如数篇

---

① 王承文：《越南新出隋朝〈舍利塔铭〉及相关问题考释》，《学术研究》2014年第6期，后收入氏著《唐代环南海开发与地域社会变迁研究》，第309—328页。

② ［日］新津健一郎：《後漢西南地域における地方行政と地域文化の展開——成都東御街後漢碑にみる郡學と地域社會》，《史學雜誌》第128卷第12号，2019年，第1—32页。

文章均有所展示的那样，各类人群交错的地方也非一味顺服，甘心接受外来国家权力的介入与统治。因此，国家权力延伸至地方的过程并不总是一帆风顺，经常会面临地方势力的挑战，甚至暴力对抗。事实上，基于碑志的地方政治研究，有些即是围绕地方势力对国家权力的博弈展开。前引拙稿《近十年来中古碑志研究的新动向》，其中碑志的政治景观研究一节提到仇鹿鸣论述河朔藩镇利用德政碑等维护自身统治，即致力于此。梶山智史《刘宋〈爨龙颜碑〉所见南中大姓爨氏》[①]聚焦刘宋大明二年（458）立《爨龙颜碑》，探讨南中大姓爨氏与刘宋朝廷的权力纠纷，亦属此类。作者敏锐地发现，在关于碑主爨龙颜是否曾任宁州刺史一事上，碑文与史传存在分歧。基于此，作者推测，刘宋鉴于自己难以直接统治宁州，一方面授予当地土豪爨氏临时性的宁州刺史一职，施行间接统治；另一方面又试图通过任命“遥领”的宁州刺史，干涉爨氏对宁州的统治。与之针锋相对，爨氏则通过竖立《爨龙颜碑》，向内外宣示自己作为宁州实际统治者的特殊政治地位与权威，以及牵制希望直接统治宁州进而频繁施加压力的刘宋王朝。在此场合，石碑已然化身成为对抗国家权力的工具。

除了对抗、博弈，地方势力与王朝权力的关系还包括合作与共谋，且相比于前者，这是二者间更为常态的关系。这也就意味着，在论述地方统治之际，诸如地方官吏、豪族大姓等的日常动向，也是题中应有之义。东晋次《後漢時代の選擧と地方社會》[②]以《酸枣令刘熊碑》及《巴郡太守张纳碑》碑阴题名为例，确认东汉地方社会存在着被称为“县中士大夫”的人群，他们多是当地豪族出身，担任县廷或州郡吏员。刘增贵《从碑刻史料论汉末士

---

① ［日］梶山智史撰，武岑怡译：《刘宋〈爨龙颜碑〉所见南中大姓爨氏》，载复旦大学历史学系、《中国中古史研究》编委会编《中古中古史研究》（第8卷），中西书局，2020年，第275—288页。

② ［日］东晋次：《後漢時代の選擧と地方社會》，《東洋史研究》第46卷第2号，1978年，后收入氏著《後漢時代の政治と社会》，名古屋：名古屋大学出版社，1995年，第267—274页；付晨晨、薛梦潇、刘莹译《东汉时代的政治与社会》，上海古籍出版社，2023年，第196—203页。

族》[①]也利用多方汉碑碑阴题名确认这一点，并依据题名指出这些地方豪族且利用门生故吏关系进一步扩展势力。唐长孺《跋敬史君碑》[②]聚焦东魏兴和二年（540）立《敬史君碑》，以碑阴题名多见敬氏一族成员为线索，指出碑主敬显儁是带着以宗族为核心的部曲上任颍州刺史，同时，碑阴题名显示颍州当地大姓亦多担任州郡僚佐，因此彼时颍州地方官府大抵处于外来地方长官及其宗族与当地大姓的联合统治之下。

需要指出的是，地方势力介入地方统治，并非仅有出任州郡僚佐一途，有时候他们会维持官府之外的身份，以政府机构与地方社会中间人的角色参与地方统治，唐代文献中屡见不鲜的"乡望"或"望乡"便是这类人群的代表。船越泰次《唐代均田制下における佐史・里正》[③]在中村治兵卫依据《唐会要》等将乡望设定为与《通典》"乡官"条所见耆老/父老相当、主要负责地域内思想意识的基础上，审视长安二年（702）立于卫州共城县之《百门陂碑》所记"乡望"，基于乡望与作为国家权力直接实施者的诸色职掌人之佐史及具有国家权力代理人和被统治者二元属性的里正往往具有密切的同宗血缘联系，推测乡望属于介于大土地所有者与小农之间的富农阶层。杉井一臣《唐代前半期の郷望》[④]亦瞩目乡望的身份地位，他以更多石刻文献如《百门陂碑》、《金刚经碑》（开元七年，719）、《本愿寺石幢》（制作时间不详，推测或在景龙年间）、《大云寺弥勒重阁碑》（天授三年，692）等为据，判断乡望属

① 刘增贵：《从碑刻史料论汉末士族》，载傅乐成教授纪念论文集编辑委员会编《傅乐成教授纪念论文集——中国史新论》，学生书局，1985 年，第 338—348 页。

② 唐长孺：《跋敬史君碑》，载武汉大学历史系魏晋南北朝隋唐史研究室编《魏晋南北朝隋唐史资料》（第 4 期），1982 年，后收入氏著《山居存稿》，中华书局，2010 年，第 114—122 页。

③ [日]船越泰次：《唐代均田制下における佐史・里正》，《文化》第 31 卷第 3 号，1968 年，后收入氏著《唐代両税法研究》，东京：汲古书院，1996 年，第 337—371 页。

④ [日]杉井一臣：《唐代前半期の郷望》，载唐代史研究会编《中國の都市と農村》，东京：汲古书院，1992 年，第 297—323 页。

于酝酿庞大低级官僚的社会阶层，地位低于甲族，官品在六品以下，并指出乡望是一种县所认可并记录在案的身份，故能列席州县礼仪活动。穴泽彰子《唐・五代における地域秩序の認識—鄉望的秩序から父老的秩序へ變化を中心として—》[①]同样将目光投向《百门陂碑》等石刻文献中的乡望，在前人论述基础上进一步澄清乡望身份，认为乡望往往出身具有一定社会地位的阶层，与名望、门第、官职甚至经济实力密切相关，并以地方树立德政碑、建造桥梁等为例，指出从唐到五代，伴随贵族社会解体，地方秩序有一个从乡望秩序到父老秩序的变迁。按上述研究虽然关注的并非特定地域，而是中古某一时期地方社会中广泛存在的现象，所论也未必尽皆允当，但对地方豪族与乡望在地方秩序中所处位置的揭示，对于理解中古地域社会内地方统治的日常状况，无疑提供了诸多启示。

基于碑志的地方统治研究大抵如上所述，接着来看与地方治理相关的研究。从碑志出发的地方治理研究，一种取径是从碑文直接提取地方长吏如何实施治理的信息，另一种取径则是重视石碑自身，将石碑尤其是德政碑视为地方治理的手段之一。关于前者，如孟凡港以立于后周显德二年（955）的《济州刺史任公屏盗碑》记载碑主对济州贼患的处理为中心，结合《卫州刺史郭公屏盗碑》等，考察后周王朝对地方贼盗的治理方式，包括审才任职、任官唯贤，重典治盗、武力剿杀，赦罪招抚、加强防备，政治宣教、宽惠安民等。[②]又吕博《读〈高陵令刘君遗爱碑〉论关中郑白二渠水利往事》[③]瞩目刘禹锡撰《高陵令刘君遗爱碑》中所记高陵令刘仁师着力治理泾阳权倖雍水占田、妨碍高陵县水利灌溉一事，将其置于关中权势之家多专占水利的大背景下，考察刘仁师

---

① ［日］穴泽彰子：《唐・五代における地域秩序の認識—鄉望的秩序から父老的秩序へ變化を中心として—》，《唐代史研究》第 5 号，2002 年，第 46—65 页。

② 孟凡港：《石刻中的山东古代社会》，中国社会科学出版社，2019 年，第 225—239 页。

③ 吕博：《读〈高陵令刘君遗爱碑〉论关中郑白二渠水利往事》，载叶炜主编《唐研究》（第 29 卷），第 169—195 页。

治理地方水利的艰辛历程，指出尽管唐王朝明文规定禁止公私专占水利，但官贵往往凭借权势在郑、白二渠上游修建碾硙、堤堰谋求私利，由此影响了河渠下游高陵县的水利灌溉；基于此，刘仁师依照王朝规定，一方面开通新的水道接入泾阳，另一方面又陈请京兆府拆除上游堰塞，由此保障了高陵县民众得享渠水长利。不过，文章也提到刘仁师可能并未能拆除权势之家的碾硙，治理水利亦存限度，展示了古代王朝地方治理的复杂性。

关于后者亦即以德政碑为代表的石碑对于地方治理的意义，近年来学者多有论述，其中穴泽彰子、佐藤直人、刘馨珺、刘琴丽、夏炎、何亦凡先后从地方民吏的参与、国家与地方的互动、石碑文字的另类表达乃至石碑的神异力量等论述碑刻作用于地方治理的原理与逻辑。[①]夏炎复发表系列文章，聚焦若干地方官府所立与水旱祈祷相关的碑刻，探寻信仰工程背后的地方治理实态。《唐代地方官府水旱祈祷与水利资源控制——以泉神祠庙石刻为中心》[②]以现存数通文本完整的唐代泉神祠庙石刻为例，试图揭示地方官府围绕特定泉水资源及其神祇而实施的祈祷、修庙、立碑等行为背后的地方治理逻辑。

---

① ［日］穴泽彰子：《唐・五代における地域秩序の認識—鄉望的秩序から父老的秩序へ變化を中心として—》，《唐代史研究》第 5 号，2002 年，第 46—65 页；［日］佐藤直人：《後漢德政碑の出現とその周邊——西狹頌摩崖を事例として》，《統合テケスト科學研究》第 3 卷，2005 年，第 105—128 页；刘馨珺：《唐代“生祠立碑”——论地方信息法制化》，载邓小南、曹家齐、［日］平田茂树主编《文书・政令・信息沟通——以唐宋时期为主》，北京大学出版社，2011 年，第 463—516 页；刘琴丽：《表彰抑或利用：唐代德政碑刻立的政治意图》，《江西社会科学》2014 年第 12 期；《德政碑与唐代州县官员的政绩书写》，《四川师范大学学报》（社会科学版）2015 年第 4 期；《唐代乡族势力的地方政治参与——以德政碑为中心》，《兰州学刊》2019 年第 6 期；《德政碑所见唐代颂政歌谣考论》，《隋唐辽宋金元史论丛》（第 11 辑），上海古籍出版社，2021 年，第 60—69 页；夏炎：《唐代石刻水旱祈祷祝文的反传统表达及其在地方治理中的功用》，《史学月刊》2021 年第 5 期；何亦凡：《唐代德政类碑刻：民间社会与王朝国家互动的鲜活证明》，《中国典籍与文化》2023 年第 1 期；《德政类碑刻与唐代的地方治理》，《甘肃社会科学》2023 年第 2 期；等等。

② 夏炎：《唐代地方官府水旱祈祷与水利资源控制——以泉神祠庙石刻为中心》，《史学集刊》2021 年第 6 期。

文章首先分析武周长安四年（704）立《百门陂碑》，明确碑文虽然重在记载卫州共城县令曹怀节率领官民在百门陂神祠多次祈雨祈晴获验的事迹，其碑却非仅是为了纪念地方官水旱祈祷获验而立。作者认为，地方官府为了保护辖区内重要泉水资源不被破坏，利用当地民众浓厚的泉水祠神信仰，通过实施水旱祈祷、修建祠庙、建立碑石等仪式，间接地完成了对泉水资源的保护与掌控，且石碑的树立使得这一隐形保护举措能够持久传承。进而，作者又将目光转向开元二十四年（736）立《白鹿泉神君祠碑》、太和六年（832）刻《龙泉记》，确认它们共享同一模式。基于此，作者判断，此类祠庙碑记载祈祷获验只是表相，保护水资源才是举行盛大仪式及刻碑立石背后的真正动机，祠庙碑的地方治理意义也正体现于此。

类似，《白居易祭龙祈雨与唐后期江南地方治理》[①]同样致力于探讨信仰工程背后的地方治理实态。文章以白居易在杭州刺史任上撰《祭龙文》为线索，以后梁贞明二年（916）钱镠撰《新建钱塘湖广润龙王庙碑》与长庆四年（824）白居易撰《钱唐湖石记》为核心史料，揭示白居易杭州祭龙祈雨背后隐藏的地方治理真相：白居易举行官方祈雨，一方面希望通过精神力量稳定旱情下的社会；另一方面，则旨在进一步强化龙神信仰的力量，利用民众对神祇的敬畏之心，实施对作为西湖重要水利设施之石函和湖堤的保护。又同样关涉西湖，《白居易〈冷泉亭记〉所见唐代杭州官方建亭立石与区域治理》[②]梳理白居易长庆三年（823）撰并刻石之《冷泉亭记》，指出作为西湖水利资源治理工程之一环，白居易为了减少时人对西湖重要水资源冷泉溪的破坏，将建在“水中央”的亲水亭冷泉亭改造为岗亭，以实施冷泉溪水资源的监督保护。在作者看来，唐代地方官府在建亭之后又刻立亭记石刻，有时乃是地

① 夏炎：《白居易祭龙祈雨与唐后期江南地方治理》，《山西大学学报》（哲学社会科学版）2023 年第 4 期。

② 夏炎：《白居易〈冷泉亭记〉所见唐代杭州官方建亭立石与区域治理》，载杜文玉主编《唐史论丛》（第 36 辑），三秦出版社，2023 年，第 65—84 页。

方治理的重要手段，不应简单视为胜概营造与写景抒情。

强调信仰工程背后的地方治理意义，这一主旨在以下几篇文章中也得到延续。《白居易皋亭庙祈雨与中古江南区域社会史的展开》[①]瞩目白居易作于长庆三年（823）的《祈皋亭神文》，以南宋绍兴二十年（1150）鲍賡撰《灵惠庙记》为线索，推断钱塘、海盐、盐官的陈氏家族是推动当地皋亭神信仰的主要力量，而支配着上塘河、临平湖水利资源的陈氏建立皋亭神祠，则是希望利用佛教与祠神双重信仰，提升与巩固家族在当地的社会地位，增强家族凝聚力，并保障家族的经济利益。文章进而指出，白居易到任杭州后，为了让上塘河水灌溉两岸田地，以及在上塘河水位不足的情况下，决临平湖以灌注官河，积极寻求与钱塘、盐官陈氏家族合作，于是通过在皋亭庙举行祈雨仪式，搭建地方官府与地方家族之间利益关系的桥梁，借以实现地方治理的理想。《石刻所见唐后期藩镇的信仰工程与地域社会——九世纪前期义成军的个案》[②]以宝历二年（826）白敏中撰《滑州修尧祠记》及《滑州明福寺新修浮图记》为中心，指出义成军节度使李听于宝历二年在滑州实施了包括尧祠祈雨、修庙，新建明福寺塔，以及在两处分别建立纪念石刻的系列信仰工程，滑州当地的杜氏、齐氏家族及明福寺僧侣是明福寺的主要经营者，刘氏家族则与尧祠相关。基于此，作者认为，李听实施的诸如祈雨、修庙与建塔等信仰工程，均是地方官府与地域社会以信仰为媒介，实现官民合作的仪式性与政治性工具，而建于祠庙与佛寺的纪念性石刻则是双方合作的永久性契约，在此过程中，地方家族攫取现实利益，地方长官则在地方家族的支持下

① 夏炎：《白居易皋亭庙祈雨与中古江南区域社会史的展开》，《社会科学战线》2023年第12期。

② 夏炎：《石刻所见唐后期藩镇的信仰工程与地域社会——九世纪前期义成军的个案》，载刘中兴主编《中外论坛》2023年第3期（地域社会专号），上海古籍出版社，2023年，第3—25页。

展开地方治理。《〈胥山铭并序〉所见唐后期江南祠神信仰与区域治理》[1]以元和十年（815）杭州刺史卢元辅撰《胥山铭并序》为核心材料，指出针对当地广为流传的伍子胥信仰，卢元辅通过修庙、祭神、立碑等仪式对信仰进行强化，从官方立场承认民间祠神信仰，从而与祠庙经营者建立合作关系，并利用祠神信仰的力量筹措资金及招募劳力，以修筑海塘。基于此，作者判断，包括伍子胥庙在内的民间祠庙，并非简单的信仰空间，而是地方长吏治理地方的重要工具。《唐后期地方官府祈雨修庙立碑与南方地域社会——以虔州储谭庙碑刻为例》[2]聚焦大历五年（770）裴谞撰《储潭庙颂》与裴署撰《储潭祈雨感应颂并序》石刻，指出储潭庙为东晋时代的岭南北上移民群体所建，是民众祈求十八滩航船平安的重要信仰空间，虔州刺史裴谞因祈雨获验，遂以官方身份并率同族成员出资修庙立碑。在作者看来，裴谞的这一举措反映出外来家族裴氏、虔州地方官府与储潭庙经营者之间在虔州地域社会的复杂互动关系，而石刻则是三方合作的重要见证，在大族生存、官府地方治理与地域社会发展中具有重要的文字见证意义。要之，以上研究虽然讨论对象不一，地域也覆及江南、河北，但作者的思考可谓一以贯之，即认为地方官府围绕信仰展开的祈雨、修庙、立碑行为与地方治理之间存在互动关系，强调不应将这些仪式性行为仅仅视为一种信仰或德政表达，更要结合特定的历史时空背景，寻找仪式表象之下隐藏的地方官府区域治理的复杂历史实相。

夏炎之外，鲍隆轩《唐前期祠庙建立与地方治理中的信任危机及其应对——以相州〈尉迟迥庙碑〉为中心》[3]也论及地方长吏信仰工程背后的地方

---

① 夏炎：《〈胥山铭并序〉所见唐后期江南祠神信仰与区域治理》，《中华文史论丛》2024 年第 3 辑。

② 夏炎：《唐后期地方官府祈雨修庙立碑与南方地域社会——以虔州储谭庙碑刻为例》，《江西社会科学》2024 年第 7 期。

③ 鲍隆轩：《唐前期祠庙建立与地方治理中的信任危机及其应对——以相州〈尉迟迥庙碑〉为中心》，载杜文玉主编《唐史论丛》（第 36 辑），第 3—23 页。

治理需求。文章瞩目记录开元末相州刺史张嘉祐修建尉迟迥庙的缘起始末及其德政的《尉迟迥碑》，首先通过分析相州地区流传的尉迟迥不利长官的鬼祟传说，指出相州百姓对地方官府存在信任危机；复通过挖掘新任相州刺史张嘉祐对尉迟迥的尊奉及考量，指出张嘉祐为了促使尉迟迥信仰合法化，将尉迟迥塑造成为奉上顺下、兼具“忠”“武”的人物形象，由此确立祠庙的政治正确性基础与信仰基础，从而建立尉迟迥祠庙。在作者看来，与地方社会合作建立尉迟迥庙，是张嘉祐一次十分审慎的地方治理决策与巧妙的政治公关，是他取得相州地方社会初步认可和支持的宣传手段，同时也是他和他所在的河东张氏家族重新崛起的需要。据此可见，张嘉祐建立尉迟迥祠庙这一信仰工程，其目的并不单一，但实现地方治理乃是重要缘由，这一点毋庸置疑。

如所周知，传世文献记载的中古政治史，发生在王朝中央的宫廷政治乃是无可争议的重心，帝王将相也“当仁不让”地构成政治史的主角，地方政治纵非全无踪迹，但一定也是极为边缘的。其结果便是，在传世文献的视阈下，中古地方政治大抵晦暗不明，不仅权力结构多有尚待发覆之处，运行机制更是难言其详。而得益于安置在地方、与地方密切相关的碑志，中古地方政治的诸多微观细节能够获得一定程度的澄清。尤其重要的是，与传世文献基本立足从上到下、从中央到地方的视角不同，不少碑志乃是立足地方，甚至能够发出权力结构中“弱者”的声音。这一维度的加入，使得中古地方政治改变了只有单一旋律的演奏形式，而具有了复调效果，以此呈现的地方政治史自然也就更显丰富鲜活。

四、其他研究

除了上述得到学者充分讨论的议题，基于碑志的地域社会史研究还涉及其他议题，譬如特定地域的观念文化即曾得到部分学者关注。马强《出土唐人墓志历史地理研究》第十章《出土墓志所见唐人地域思想研究》[①]系统整理了唐人墓志中对关内、鄜邠、河南、河东、河朔、陇右及河西、巴蜀、荆楚、江淮、江南、岭南十一个地区的评价，一定程度上展现了唐人通行的地域观念，为认识各地区的整体风貌提供了线索。张天虹《唐后期幽州镇的“忠义”观：从〈涿州范阳县文宣王庙之碑〉说起》[②]以唐贞元五年（789）立《涿州范阳县文宣王庙之碑》为线索，考察唐代后期作为河朔藩镇之一的幽州镇之忠义观念。文章通过分析《文宣王庙之碑》刻立的背景及过程，推测“最务恭顺”的幽州节度使刘济树立此碑，一方面固然是向中央传递恭顺的信号，但另一方面，在幽州镇的政治环境下，其更重要的目的可能还是面向幽州镇本地读者，宣传系于地方权威的忠义观，广行教化，凝聚幽州集团。亦即在作者看来，在包括幽州在内的河朔强藩割据称雄的过程中，可能曾试图塑造一种不同于唐朝中央所宣传的忠于唐廷的忠义观念，这种忠义观念以藩镇长官为效忠对象，帮助后者割据统治。

又得益于新疆吐鲁番地区集中出土的砖志，中古时期吐鲁番当地人的故乡观念和国家认同的变迁亦为学者所瞩目。孟宪实《唐统一后西州人故乡观念的转变——以吐鲁番出土墓砖资料为中心》[③]注意到吐鲁番出土砖志记载志主故乡、郡望，以唐统一高昌为界，前后存在差异：在此之前，故乡无一例外都是高昌以外的内地某处，但高昌人实际与故乡（郡望）并不发生联系；在此之后，西州成为故乡，部分西州人却指内地某些郡望为故乡。作者认为，这种书写差异反映出当地观念及风气的转变，即统一之前，作为外来移民的高昌汉人心系故园，故在墓志中标明故乡，但受高昌社会结构及价值观念影

① 马强：《出土唐人墓志历史地理研究》，第 286—342 页。

② 张天虹：《唐后期幽州镇的“忠义”观：从〈涿州范阳县文宣王庙之碑〉说起》，载叶炜主编《唐研究》（第 24 卷），第 373—396 页。

③ 孟宪实：《唐统一后西州人故乡观念的转变——以吐鲁番出土墓砖资料为中心》，《新疆师范大学学报》（哲社版）1994 年第 2 期。

响，他们并不攀附中原名族；及统一之后，在中原崇尚郡望之风的吹拂之下，受之影响的西州人迅速建立与中原郡望的联系。裴成国《故国与新邦——以贞观十四年以后唐西州的砖志书写为中心》[①]同样注意到吐鲁番砖志在唐统一高昌前后的若干变化，试图从中发现国家认同的转变。文章瞩目以下几个变化，譬如纪年方式由“年号纪年加干支岁”变为“年号纪年加岁次干支”，采用“讳”和“字”来表记亡者名字，以“伪”字指称灭亡的高昌国并在砖志中标明墓葬所在位置等，判断前两个变化是向中原学习的结果，后一变化则源自唐朝政府对当地砖志书写的规范和要求。作者认为，这些书写变化植根于观念变迁，即唐朝攻占高昌后，由于措置周到，使得高昌移民能够迅速接受中原文化并对唐朝国家建立认同，而吐鲁番砖志书写的变化，正是这种认同的外在标记。作者另一篇《高昌国末年以降砖志书写中的“高昌人”》[②]又以吐鲁番砖志中的“高昌人”书写为线索，梳理当地“高昌人”认同的兴衰演变，认为高昌人认同在高昌国时代业已产生，高昌国晚期，随着外部威胁加剧，部分墓表明确将籍贯系于交河郡，标志“高昌人”认同的觉醒；及高昌亡国，外部势力的进入使得高昌遗民的自觉意识进一步增强；永徽初年部分高昌王族和豪族返回故地，他们的“高昌人”认同与当地的遗民认同合流，使得永徽、龙朔年间墓志中“高昌人”书写显著增多；不过，处于自发状态的“高昌人”认同因为无法得到强化，最终归于消亡，与此同时，“西州人”的认同则日趋强势。从地域观到忠义观，再到故乡观念、国家认同，上述五篇文章虽然焦点不一，时代、地域也有差异，但均系围绕观念文化展开，这一点毋庸置疑。

观念文化之外，诸如地区开发、经济生产、风俗民情、战争灾难等一般

① 裴成国：《故国与新邦——以贞观十四年以后唐西州的砖志书写为中心》，《历史研究》2012 年第 5 期。

② 裴成国：《高昌国末年以降砖志书写中的“高昌人”》，《中国边疆史地研究》2020 年第 1 期。

社会史议题，学者也有所关注。陈昊《石之低语——墓志所见晚唐洛阳豫西的饥馑、疾疫与伤痛叙述》[①]通过解读唐咸通年间的四方墓志——《张留客墓志》《崔纾墓志》《贾洮墓志》《沈子柔墓志》，在既有研究的基础上，展现咸通九年至十二年（868—871）洛阳和豫西发生的疾疫、饥馑，以及时人对此的伤痛记忆。文章并不重在描述疾疫、饥馑具体场景，而是围绕四桩个案，阐述不同身份人士在当时的遭际，包括时任河南府户曹参军的贾洮与时任汝州临汝县令的崔纾在遭遇疾疫之际的不同应对方式，妓女沈子柔与源匡秀的倾城之恋及疾疫感受，李瑄妾室张留客的佛教信仰及与其夫李瑄的真挚情感，以此为基础，进一步探究作为见证者与叙述者的贾涉、崔延辉、源匡秀、李瑄如何记忆伤痛。文章另辟蹊径的处理，虽然失去了对这场灾难的整体观察，但娓娓道来的生离死别，却令读者感受到更富“人性”也更为鲜活的地域社会史。

马强、孟凡华《出土唐人墓志所见唐代巴蜀图景考论》和刘儒《唐代岭南墓志所见粤西地域风貌、民俗风情及南迁士人之民族态度》[②]均是以一地出土墓志为中心，探讨墓志所呈现的地域社会图景。前者瞩目巴蜀，讨论巴蜀地区城市经济的繁荣、山川形胜的典故化、交通线路的险阻以及时人对巴蜀的地域评价；后者聚焦岭南，论述自然地理、节气物候、民族风俗、风土人情、南迁士人任官、王朝统治政策乃至民族关系、民族态度等。二文立足墓志文字，对巴蜀、岭南两地进行全景式观察，试图呈现地域社会的整体面貌。不过，考虑到墓志文字多程式化表达，则这类文字究竟能多大程度地反映时人认识，或仍可斟酌。

---

① 陈昊：《石之低语——墓志所见晚唐洛阳豫西的饥馑、疾疫与伤痛叙述》，载荣新江主编《唐研究》（第 19 卷），北京大学出版社，2013 年，331—360 页。

② 马强、孟凡华：《出土唐人墓志所见唐代巴蜀图景考论》，《中华文化论坛》2020 年第 5 期；刘儒：《唐代岭南墓志所见粤西地域风貌、民俗风情及南迁士人之民族态度》，《云南民族大学学报》（哲学社会科学版）2020 年第 3 期。

同样关涉岭南，张琦《唐宋桂州的山岩开发与地方社会》[①]着重论述岭南西部桂林地区的景观开发。文章在充分整理桂林地区唐宋石刻资料的基础上，结合方志、文集等传世文献，对桂州城内外山岩的开发进行深描，确认地方官游宴和僧道信仰活动是桂州山岩开发的主要动力，并尝试分析二者异同，指出地方官员因掌握政治、经济和人力资源，在地方开发建设中发挥主导作用，但文人官员出于游宴和留名目的开发的山岩，因缺少民间社会的自主维护，数十年后或重归荒芜，有些又经后代士大夫之手得以修复；僧人、道士主要通过山林苦修、造像、寺庙营建和瘗龛开发山岩，他们主导的开发，因其宗教功能与民间的联系，往往具有更强的生命力。由此可见，作者虽然讨论的是山岩开发，瞩目的却是人，山岩开发过程中地方官、僧道、民众之间的联结与互动才是作者关注的重心。换言之，作者乃是以交汇不同人群的山岩为中心，具体而微地展现桂州城内外人群互动的生动图景。

岳思彤《中晚唐五代上林湖地区的瓷业生产与地域社会》[②]将目光投向学者已多有留意的浙江慈溪上林湖地区，着重探讨当地的瓷业生产。文章通过分析上林湖地区出土瓷墓志所记信息，勾勒了当地瓷墓志风气的形成过程和瓷业生产的演变，指出在安史乱后，在湖州移民的推动下，具有瓷业生产传统的上林湖畔逐渐出现制作、使用瓷墓志的风气，且随着人员、商品往来及瓷业生产扩张，这一风气在宣宗大中前后向周边地域传播，由此形成一种独特的地域风习；与此同时，上林湖地区出现瓷器生产技术的革新，诞生秘色瓷并成为贡瓷，由此国家开始在当地推行保制，以组织窑工、保证生产；五代时期吴越国又在此设立窑务，系于省司，进一步加强对当地瓷业生产与制瓷工匠的控制。而随着上林湖瓷业被纳入官营，当地部分百姓开始进入底层官吏队伍，与普通

① 张琦：《唐宋桂州的山岩开发与地方社会》，载武汉大学中国三至九世纪研究所编《魏晋南北朝隋唐史资料》（第48辑），第70—111页。

② 岳思彤：《中晚唐五代上林湖地区的瓷业生产与地域社会》，《中华文史论丛》2024年第1期。

窑民间出现阶层分化。通过细致分析，文章从信息并不丰富的墓志文字中发掘出上林湖瓷墓志风气形成、传播和瓷业生产、管理的宏大地域图景，提出很多新知。

仇鹿鸣《战争、死亡与信仰：唐末五代的泽潞地方社会》[①]是作者基于唐代潞州墓志分析泽潞地方社会系列中的一篇。与前文关注移民书写不同，本文更注重揭示泽潞地方社会的现实状况，指出作为唐末五代梁、晋双方争夺最激烈的地区，潞州墓志中保留了大量有关战争、流散和死亡的经历与记忆；文章复留意丧葬习俗，指出当地长期流行家族合葬传统，并指出在佛教逆修斋供的影响下，中唐以后逐渐兴起预修坟墓之风；文章还论及宗教与经济，认为宗教网络存在韧性，窑业是藩镇财政的重要来源。要之，文章立足潞州出土墓志，广泛讨论泽潞地区在唐末五代涉及社会、文化方面的诸多转变，其旨趣即如作者所说，乃是试图以泽潞地区为例，展示一个普通区域在战争外力冲击之下的变迁与恒定。

结　语

基于碑志的地域社会史研究大致即如上所述，其成果之丰硕厚重，由此可见一斑。尽管我们不能断言，没有碑志支撑，中古地域社会史研究即无从展开，毕竟无论传世文献，还是以敦煌吐鲁番文书为代表的出土文献，也都包含大量地域史信息。不过，天然具有地域属性、与地方社会密切相关的碑志，在许多场合构成中古地域社会史研究的重要史料基础，这一点毋庸置疑。尤其是考虑到碑志作为一手文献，常常能突破作为传世文献书写主体的知识精英的限制，传达在传世文献中相对边缘的“弱者”的声音，则碑志之于中古地域社会史的价值，无论怎么高估都不算过分。而在碑志的

① 仇鹿鸣：《战争、死亡与信仰：唐末五代的泽潞地方社会》，《中华文史论丛》2024年第1期。

支撑下，中古地域社会史不仅能够展现更多传世文献所不及的内容，且更为生动鲜活。

当然，中古碑志的地域社会史研究也还存在继续推进的空间。第一，研究尚多薄弱环节。如上所见，迄今基于碑志的中古地域社会史研究，在议题选择上颇不均衡，社会结构、宗教信仰、地方政治等获得学者较多青睐，而社会经济、民众生活、地理环境等，则关注较少。之所以如此不均，一方面固然与碑志信息有所侧重相关，但另一方面，学者的问题意识恐怕也负有不可推卸的责任。按，社会结构、宗教信仰、地方政治，因关涉中古时代族群、宗教、豪族等关键词，历来为学者瞩目，而诸如社会经济、民众生活、地理环境，则长期处于多数学者的视域之外。在此传统之下，中古碑志的地域社会史研究偏重前者，也就势所必然。无论如何，社会经济、民众生活、地理环境等作为地域社会的重要构成，缺少它们的地域社会图景是不完整的，补足后者，不仅可以深化对地域社会的理解，对认识社会结构、宗教信仰、地方政治等热点问题也多有补益。

第二，缺乏地域社会的整体史。经过长期耕耘，基于碑志的中古地域社会史研究已在多个具体问题上取得令人瞩目的成果，中古地域社会的面貌也获得相当程度的澄清。不过，迄今所有研究大抵只围绕地域社会的某一侧面，在诸多单个侧面积累已丰的情况下，基于碑志的中古地域社会史研究是否还能挑战更高目标——建立地域社会的整体史？固然，对于围绕单件碑志展开的地域社会史而言，这大概是无法完成的任务，不过对于若干石刻文献集中涌现的地区，譬如出土大量墓志的洛阳、长安、邺城、潞州，分别出土具有地域特色的砖志和瓷墓志的新疆吐鲁番和浙江慈溪地区，造像记或刻经题记较为集中的陕西铜川耀州地区和唐代幽州等，这种可能性并非全无。事实上，考虑到立足敦煌吐鲁番文献考察河西地域整体史已经成果丰硕，利用简牍探讨战国秦汉迄至西晋的中南地域史也在进行之中，则利用石刻文献群建立中古特定时期特定地域的整体史，无疑也是未来应当开拓的方向。

附记：本文写作源自中国社会科学院古代史研究所陈爽先生于2022年10月在复旦大学举办的“碑之转身——中古中国石碑与石刻文化学术研讨会”上的提示。文章写作过程中，河南农业大学北村一仁、北京师范大学雷闻、南开大学夏炎、复旦大学徐冲、复旦大学仇鹿鸣、山东大学孙齐、长春师范大学李弘喆、日本御茶水女子大学三浦雄城、武汉大学薛梦潇、清华大学智慧等先生曾惠赐相关成果。又本文获得清华大学基础文科发展项目资助。对于以上帮助，谨此一并致谢。按，中古碑志地域社会史研究成果极为丰富，本文虽尽力搜简，但遗漏在所难免，归类失当及误解文意之处也或存在，敬请相关作者及读者谅解。

征稿简约

一、《魏晋南北朝史研究》是由中国社会科学院古代史研究所魏晋南北朝史研究室主办的专业性学术刊物。本集刊的论文以魏晋南北朝史领域的研究为主，时段可上溯秦汉，下及隋唐，空间范围亦可跨越地区国别，呈现更广阔地域背景下的宏观考察。既可以有对具体文献和史事的考据，也可以有对魏晋南北朝史、中古史学科建设的理论思考，只要坚持正确的学术导向，内容充实，文字洗练，具有一定的深度和广度，均欢迎赐稿至weijinhistory@163.com，并在邮件标题栏中注明"《魏晋南北朝史研究》投稿"。

二、本刊提倡严谨、求真的学风，坚持"百花齐放、百家争鸣"的方针，坚持相互尊重的自由讨论。本刊发表的文章均不代表本刊意见，由作者文责自负。

三、本刊只接受首发投稿。已在正式出版物和网络上刊发者，均不视为首发。

四、来稿须严格遵守学术规范，严禁剽窃、抄袭，反对一稿多投。来稿请提交Word与PDF格式电子稿各一份。注释采用本刊体例，详见各期内文；引用文献、版本信息均须核对无误。如获得省部级及以上项目基金资助，可在首页页下注明，格式如：本成果得到×××项目（项目编号：×××）资助。项目资助标注不超过两项。文中涉及的图片，需插入正文对应位置，并另附注明序号、名称、出处的高清图片电子版（图片大小应在3M以上），并确保无版权争议。

五、本刊实行双向匿名专家审稿制度，择优录用。稿件中请勿出现作者个人信息。有关作者真实姓名（发表时笔名听便）、工作单位、职称或职务、通讯地址、邮政编码、电话号码和电子邮箱，请另纸提供，以便联系。

六、本刊对刊登的稿件拥有信息网络传播权、转授权和为期两年的专有版权。作者如有异议和特殊要求，请于投稿时声明。

七、本刊不以任何形式收取编辑费、审稿费、版面费等费用。收稿后逾2个月未作答复，作者可自行处理。稿件正式刊印后，将呈送稿费、赠送样刊两本及电子版抽印本。

《魏晋南北朝史研究》编辑部